山香教育

教师招聘考试 高效

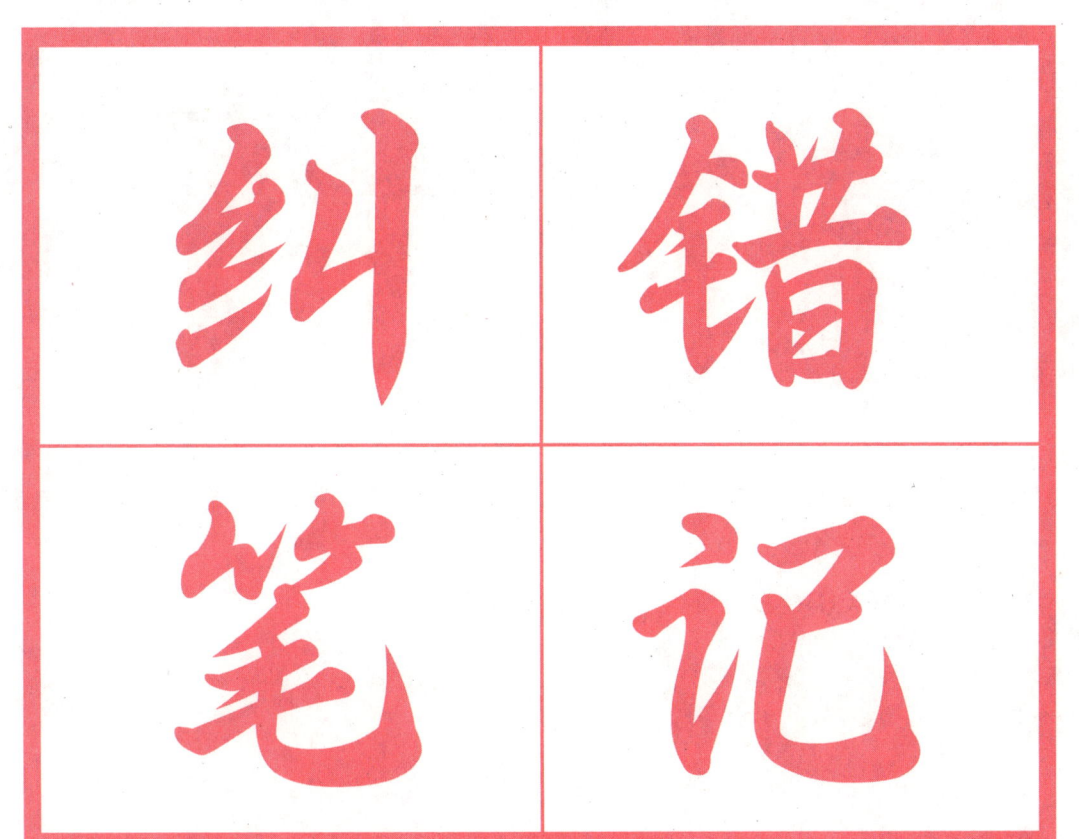

纠错笔记

教育理论基础

山香教育考试命题研究中心 主编

让错题到此为止

人恒过，然后能改。但最不能原谅的是多次犯同一种错误！

做错题无非是两种情况，一是会做但没做对；二是没有头绪真的不会做。这样的问题即使是已经"上岸"的考生平时也会遇到。

把错题——尤其是"上岸"考生也错过的题整理成笔记，重点突破，问题就迎刃而解啦！

朋友，"我"就是山香教育纠错笔记，"我"愿把上岸学员的成功经验与您分享！"我"是对历届学员解题错误的系统汇总，"我"分类整理了学员们日常复习及考试中的错题，剖析了错误原因，更正了解题方法，巩固了知识点，加强了重点知识的复习。

当您的学习找不到路时，就转个弯，因为"我"在转角处等您。

"我"是献给莘莘学子的一份厚礼，而且是唯一的，独一无二的。有了"我"，不可能＝不，可能！

有了"我"，您的错题将到此为止！

目 录

第一部分　教育学 ……………………………………………… 001

第一章　教育与教育学（易错点22个）…………………………… 001

第二章　教育的基本规律（易错点6个）…………………………… 022

第三章　教育目的与教育制度（易错点16个）…………………… 029

第四章　教师与学生（易错点16个）……………………………… 045

第五章　课程（易错点14个）……………………………………… 061

第六章　教学（易错点25个）……………………………………… 074

第七章　德育（易错点8个）……………………………………… 097

第八章　班级管理与班主任工作（易错点10个）………………… 105

第二部分　心理学 ……………………………………………… 114

第一章　心理学概述（易错点8个）……………………………… 114

第二章　认知过程（易错点32个）………………………………… 122

第三章　情绪情感和意志过程（易错点8个）…………………… 154

第四章 个性心理 （易错点18个） …………………………………… 163

第三部分 教育心理学 …………………………… 182

第一章 教育心理学概述 （易错点5个） ………………………… 182

第二章 心理发展及个别差异 （易错点10个） …………………… 187

第三章 学习理论 （易错点18个） ………………………………… 200

第四章 学习心理 （易错点35个） ………………………………… 219

第五章 教学心理 （易错点7个） …………………………………… 251

第六章 心理健康与教师职业心理 （易错点9个） ……………… 259

第四部分 教育法律法规 （易错点16个） ……… 268

第五部分 新课程改革与教师职业道德

（易错点8个） …………………………………… 280

易错演练参考答案 ……………………………………………………… 287

第一部分 教育学

第一章 教育与教育学

本章共提炼22个易错点。

易错点1 "教育"的日常用法

在日常生活中,"教育"的用法大致可分为三类:

(1)作为一种过程的"教育",表明一种深刻的思想转变过程,如"我从这部影片中受到了一次深刻的教育"中的"教育";

(2)作为一种方法的"教育",如"你的孩子真有出息,你是怎么教育孩子的"中的"教育";

(3)作为一种社会制度的"教育",如"教育是振兴地方经济的基础"中的"教育"。

易错分析

作为一种过程的"教育"与作为一种方法的"教育"是容易混淆的知识点,考生可结合二者的关键点进行区分:前者强调受教育者从某种"经验"中获得启示、启发,常伴随受教育者的思想转变过程;后者则强调教育者采取怎样的方式来教育受教育者。

例题1:在家长会上,小刚母亲碰到小红母亲时说:"你家小红教育得真好,她每次考试都名列前茅。"小刚母亲所说的教育属于(　　)

A. 一种过程的教育　　　　B. 一种方法的教育

C. 一种社会制度的教育　　D. 一种社会公德的教育

答案:B

解析:作为一种方法的"教育"的典例是:"你的孩子真有出息,你是怎么教育孩子的"中的"教育"。故选B项。

易错点2 "教育"一词在我国的最早出处和最早解释

在我国,"教育"一词最早见于《孟子·尽心上》中的"得天下英才而教育之,三乐也"。孟子是最早将"教""育"二字用在一起的人。

许慎在《说文解字》中这样解释:"教,上所施,下所效也","育,养子使作善也"。

> **易错分析**
>
> 考生易混淆"教育"一词在我国的最早出处与最早解释。考生在做题时,需要注意题干中的关键词或题干的意思是"最早连用""最早见于"还是"最早解释"。

例题2:在汉语中,最早将"教"和"育"连起来使用的教育家是(　　)

A.孔子　　　　B.荀子　　　　C.孟子　　　　D.老子

答案:C

例题3:在我国,"教育"一词最早见于东汉许慎的《说文解字》。(　　)

答案:×

解析:在我国,"教育"一词最早见于《孟子·尽心上》一文。

易错点3 广义的教育与狭义的教育

广义的教育,指增进人的知识与技能、发展人的智力与体力、影响人的思想观念的活动。它包括社会教育、学校教育和家庭教育。

狭义的教育指学校教育,是教育者依据一定的社会要求,依据受教育者的身心发展规律,有目的、有计划、有组织地对受教育者施加影响,促使其朝着所期望的方向发展变化的活动。

> **易错分析**
>
> 广义与狭义的教育的定义是容易混淆的知识点,考生可结合二者的关键点进行区分:广义的教育——"一切增进人",不仅包括学校教育,还包括家庭教育和社会教育;狭义的教育——"三有"(有目的、有计划、有组织)。

例题4：在日常生活中，路边的公益性广告属于（ ）

A. 家庭教育　　　　　　　　B. 学校教育

C. 狭义的教育　　　　　　　D. 广义的教育

答案：D

解析：广义的教育指增进人的知识与技能、发展人的智力与体力、影响人的思想观念的活动，包括社会教育、学校教育和家庭教育。狭义的教育指学校教育。路边的公益性广告属于广义的教育中的社会教育。故选D项。

易错点4　教育"定义"的方式

美国分析教育哲学家谢弗勒认为教育的定义方式有三种：

规定性定义是指作者自己所创制的定义，其内涵在作者的某种话语情境中始终是同一的。

描述性定义是指对被定义对象的适当描述或对如何使用定义对象的适当说明。

纲领性定义是一种有关定义对象应该是什么的界定。

易错分析

谢弗勒三种定义教育的方式是容易混淆的知识点，考生可结合每种定义方式的关键点进行区分：规定性定义——"自创"；描述性定义——"实然""究竟是"；纲领性定义——"应然""应该是""理想状态"。

例题5：雅斯贝尔斯认为，教育是人对人的主体间灵肉交流的活动。根据谢弗勒有关教育定义的分类，这种界定属于（ ）

A. 描述性定义　　　　　　　B. 纲领性定义

C. 功能性定义　　　　　　　D. 规定性定义

答案：D

解析：题干中雅斯贝尔斯认为的教育，属于作者自己所创制的定义，即属于规定性定义。

易错点 5　教育的本质属性

教育的本质属性是育人,即教育是一种有目的地培养人的社会活动,这是教育区别于其他事物现象的根本特征,也是教育的质的规定性。教育的具体而实在的规定性体现在:

(1)教育是人类所特有的一种有意识的社会活动;

(2)教育是人类有意识地传递社会经验的活动;

(3)教育是以人的培养为直接目标的社会实践活动。

易错分析

教育的本质属性是考试的重点和难点。有的考生把人类的教育行为与动物的养育行为相混淆或将人类有意识的教育行为与人类的本能行为相混淆,从而在考试过程中出错。考生在理解教育的本质属性时需重点理解三个词:有目的、培养人、社会活动。"有目的"使得教育与本能活动区分开;"培养人"是指人是教育的对象,只有人类社会才有教育,动物界没有教育;"社会活动"强调教育是人与人的交往活动,而不是个体活动。理解了教育的本质属性即可判断某一活动是否为教育活动。

例题6:下列现象中,不属于教育现象的是(　　)

A. 到电影院看电影　　　　　　B. 幼蜂学筑巢

C. 师傅带徒弟　　　　　　　　D. 课外活动学做航空模型

答案:B

解析:教育是人类所特有的一种有意识的社会活动,教育的本质属性是育人,幼蜂学筑巢属于动物的本能行为,不属于教育现象。

例题7:下列现象中,不属于教育现象的是(　　)

A. 妈妈教孩子洗衣服　　　　　B. 初生婴儿吸奶

C. 成人学开车　　　　　　　　D. 木匠教徒弟手艺

答案:B

解析： 初生婴儿吸奶属于本能行为，故不属于教育现象。

易错点6 教育的社会属性

(1) 永恒性。只要人类社会存在，就存在着教育。

(2) 历史性。不同时期的教育有其不同的历史形态、特征。

(3) 继承性。不同历史时期的教育有共同特点，前后相继。

(4) 长期性。无论从一个教育活动完成的角度，还是从一个个体的教育生长的角度，其时间周期都比较长。

(5) 相对独立性。教育有其自身的规律，具有相对独立性，可以"超前"或"滞后"于当时的社会发展。

(6) 生产性。教育是生产性活动，与其他生产活动相比，在对象、过程与结果等方面有自己的特殊性。

(7) 民族性。教育是在具体的民族或国家中进行的，有其民族性的特征。

易错分析

教育的各个社会属性是容易混淆的知识点，考生可结合每个属性的关键点进行区分：永恒性强调教育与人类社会共始终；历史性强调古与今的不同，如春秋战国时期"百家争鸣"，西汉时"尊崇儒术"；继承性强调古与今的相同，如《论语》《学记》等古代著作中的一些教育理念至今仍被借鉴；长期性强调时间周期长，如十年树木，百年树人；相对独立性强调教育有其自身的规律；生产性强调教育是生产性活动（物质生产和精神生产）；民族性强调不同民族或国家在教育思想、制度、内容等方面的不同。

例题8： 教育具有（　　）等社会属性。

A. 永恒性　　　　　　　　　　B. 历史性

C. 民族性　　　　　　　　　　D. 相对独立性

答案： ABCD

例题9： 教育是年青一代成长和社会延续与发展不可缺少的条件，为一切社会所

必需,与人类社会共始终。从这个意义上说,教育具有( )

A. 生物性　　　　B. 阶段性　　　　C. 历史性　　　　D. 永恒性

答案:D

例题10: 中国封建时期的教育是女子无才便是德,但是在现代社会,强调的是男女平等。这体现了教育的( )

A. 永恒性　　　　B. 阶级性　　　　C. 历史性　　　　D. 相对独立性

答案:C

例题11: 教育受一定社会的政治经济等因素的制约,但也有其自身的规律,会存在超前或滞后于社会发展的现象。这是教育的( )的体现。

A. 永恒性　　　　　　　　　　　B. 长期性

C. 相对独立性　　　　　　　　　D. 生产性

答案:C

易错点7　教育的基本要素

关于教育的基本要素,主要有以下几种常考的说法:

(1) 三要素说

①教育者、受教育者、教育影响。

②教育者、受教育者、教育媒介。

③教育者、受教育者、教育措施。

④教育者、受教育者、教育内容。

(2) 四要素说

①教育者、受教育者、教育内容与教育物资。

②教育者、受教育者、教育内容和教育手段。

易错分析

关于教育的构成要素的说法比较多,但两个必备的要素是教育者和受教育者。另外,考生需注意:教育者≠教师,受教育者≠学生,前者包含后者。

例题12：教育的基本要素包括(　　)

A.教师、学生、教材　　　　　　　　B.教师、学生、教学方法

C.教育者、受教育者、教育目标　　　D.教育者、受教育者、教育影响

答案：D

易错点8　教育的起源

代表学说	代表人物	观点
神话起源说(最古老)	朱熹(中)	教育由人格化的神(上帝或天)所创造；教育的目的是体现神或天的意志
生物起源说(第一个正式提出；在教育起源问题上开始转向科学解释)	利托尔诺(法) 沛西·能(英)	教育是一种生物现象，而不是人类所特有的社会现象。教育的产生完全来自动物的本能，是种族发展的本能需要
心理起源说	孟禄(美)	教育起源于日常生活中儿童对成人的无意识模仿
劳动起源说（社会起源说）	主要集中在苏联(如米丁斯基、凯洛夫等)和我国	在马克思历史唯物主义理论指导下形成，认为教育起源于人类所特有的生产劳动

易错分析

不同教育起源学说的代表人物及其所属国家是易考点也是易混点，考生在识记此知识点时，可运用串联关键词的方法来记忆。例如：神中朱，生法利英沛，心美孟，劳苏中(第一个字代表的是教育起源说的名称，后面的是国别及代表人物)。

此外，考生还可以通过题干中的关键词判断对应的教育起源学说，如"本能""动物界"对应的是生物起源说；"无意识模仿"对应的是心理起源说；"劳动""马克思主义"对应的是劳动起源说。

例题 13：下列教育起源学说与其代表人物对应正确的是（　　）

①生物起源说——沛西·能

②心理起源说——孟禄

③劳动起源说——凯洛夫

A. 仅①③　　　B. 仅①②　　　C. 仅②③　　　D. ①②③

答案：D

例题 14：教育是与种族需要、种族生活相适应的、天生的，而不是获得的表现形式；教育既无须周密的考虑使它产生，也无须科学予以指导，它是扎根于本能的不可避免的行为。这种教育起源说属于（　　）

A. 神话起源说　　　　　　　　B. 生物起源说

C. 心理起源说　　　　　　　　D. 劳动起源说

答案：B

解析：题干中的观点出自沛西·能，他是生物起源说的代表人物之一。

易错点9　古代东西方教育的主要内容

中国	奴隶社会	六艺	礼、乐、射、御、书、数
	封建社会	四书	《大学》《中庸》《论语》《孟子》
		五经	《诗》《书》《礼》《易》《春秋》
西欧	教会教育	七艺	"三科"（文法、修辞、辩证法）和"四学"（算术、几何、天文、音乐）
	骑士教育	七技	骑马、游泳、击剑、打猎、投枪、下棋、吟诗

易错分析

古代东西方教育的主要内容是常考知识点，但由于这些知识点比较零碎，极易混淆。故考生在识记这些知识点时，可结合上面的表格进行区分记忆。

例题 15：中国古代的儒家经典"四书"是指《大学》《中庸》《孟子》和（　　）

A.《春秋》　　　B.《论语》　　　C.《礼记》　　　D.《学记》

答案：B

例题16：教会教育的主要教育内容不包括（　　）

A. 文法　　　　B. 修辞　　　　C. 下棋　　　　D. 音乐

答案：C

易错点10　我国古代具有代表性的学校类型

夏	"序""校"	我国最早的学校
商	"大学""小学""庠""序""瞽宗"	比较正规的学校教育场所
西周	"国学"（大学、小学）、"乡学"（塾、庠、序、校）	比较完备的学校教育制度
春秋	私学	私学的兴起冲破了"学在官府"的限制
战国	稷下学宫	齐国官办，养士的一个缩影
汉	太学、鸿都门学（研究文学艺术的学校）	中央官学
唐	"六学"（国子学、太学、四门学、律学、书学、算学）、"二馆"（崇文馆、弘文馆）	中央官学
宋	书院（私立、官办、私立公助）	著名的六大书院：白鹿洞书院、石鼓书院、岳麓书院、应天府书院、嵩阳书院、茅山书院
明	社学	主要开设在城镇和乡村地区，是对民间儿童进行教育的重要形式
清	学堂	1905年（清光绪三十一年），科举制度被废除

易错分析

在教师类考试中，该知识点的考查以客观题为主，经常是通过描述某类学校的特点，让考生选择最佳答案。难度不大，但一些考生会因不了解每类学校的特点而出错。所以，考生备考时，需要掌握我国古代比较典型的学校类型及每类学校的特点，具体可参考表格内容。

例题17：下列属于中国古代官学的有（　　）

A. 西周国学　　　B. 汉代太学　　　C. 唐代国子学　　　D. 宋代书院

答案：ABC

解析：宋代的书院主要有私立、官办、私立公助三种，所以从性质上看只有一部分属于官学。

例题18：明代在城乡设立了一种对儿童进行教育的机构,在招生择师、学习内容、教学活动等方面形成了较完备的制度。这种机构是（　　）

A. 书院　　　　B. 学堂　　　　C. 社学　　　　D. 私塾

答案：C

易错点11　教育的全民化与教育的民主化

教育的全民化,即全体国民都有接受教育的基本权利并必须接受一定程度的教育,通过各种方式满足基本的学习需求。也就是教育对象的全民化,亦即教育必须向所有人开放。全民教育特别重视使适龄儿童受到完全的小学教育和使中青年脱盲。

教育民主化是对教育的等级化、特权化和专制性的否定。教育民主化首先是指教育机会均等；其次指师生关系的民主化；再次指教育方式、教育内容等的民主化,为学生提供更多自由选择的机会；最后是追求教育的自由化。概言之,教育民主化是指全体社会成员享有越来越多的教育机会,受到越来越充分的民主教育。

易错分析

教育的全民化与教育的民主化是容易混淆的知识点,考生在区分这两者时,可通过以下内容来理解记忆：

全民化（初级）——基础、全体国民必须接受,强调必备性

民主化（进阶）——拥有更多的机会,强调发展性

例题19：教育必须向所有人开放,人人都有接受教育的权利且必须接受一定程度的教育。这体现了20世纪以后教育应（　　）

A. 思辨化　　　　B. 全民化　　　　C. 多元化　　　　D. 技术现代化

答案：B

例题20：近期，中央有关部门开始着力解决课外辅导泛滥的问题，以求打破财富对教育资源配置的不良影响。这种做法体现了当代教育改革发展的（　　）特点。

A. 终身化　　　　B. 全民化　　　　C. 民主化　　　　D. 多元化

答案：C

解析：教育民主化强调教育机会要均等，即教育要为所有的社会成员提供平等的教育权利，包括入学机会的均等、教育过程中享有教育资源机会的均等和教育结果的均等，这意味着要对社会弱势学生群体给予特殊照顾。故选C项。

易错点12　教育社会现象与教育认识现象

教育社会现象是反映教育与社会关系的现象，比如学校布局的调整、教师工资的增长或拖欠、毕业生的去向、学校管理体制的改革等。

教育认识现象是反映教育与学生认识活动（学习活动）关系的现象，比如学生的思想方法问题、学习问题、心理健康问题，教师的教学方法问题等。

另外，有些教育现象既是教育社会现象，又是教育认识现象。比如，制订教学计划，进行课程改革等。

易错分析

教育社会现象与教育认识现象是容易混淆的知识点，考生可结合二者的关注层面进行区分：前者侧重于宏观层面，关注教育系统与整个社会结构、制度、文化以及经济发展等外部环境的相互作用和影响；后者聚焦微观层面，探讨的是教育过程中个体的学习与发展规律，包括学生在认知、情感、态度、价值观等方面的形成和发展，以及教师如何通过教学方法促进这些过程。

例题21：教育社会现象是反映教育与社会关系的现象。下列选项中属于教育社会现象范畴的有（　　）

A. 教师的教学方法问题　　　　B. 毕业生的去向
C. 学校管理体制的改革　　　　D. 学生的心理健康问题

答案：BC

易错点 13　《论语》与《学记》中的教育思想

《论语》
- (1) 启发诱导:"不愤不启,不悱不发"
- (2) 因材施教
- (3) 学、思、行相结合:"学而不思则罔,思而不学则殆""学以致用"
- (4) 温故知新:"温故而知新,可以为师矣"

《学记》
- (1) 教学相长:"是故学然后知不足,教然后知困。知不足,然后能自反也;知困,然后能自强也。故曰:教学相长也"
- (2) 尊师重道:"师严然后道尊,道尊然后民知敬学"
- (3) 藏息相辅:"大学之教也,时教必有正业,退息必有居学"
- (4) 豫时孙摩:预防+及时+循序+观摩学习
- (5) 启发诱导:"道而弗牵,强而弗抑,开而弗达"
- (6) 长善救失:"教也者,长善而救其失者也"
- (7) "学不躐等"

易错分析

《论语》与《学记》中所包含的教育思想是容易混淆的知识点,考生可以将两者的具体内容用大括号的形式列出来,进行对比记忆。此外,在学有余力的情况下,还可适当记忆《论语》及《学记》中的经典语句,以便更好地应对各种考题。

例题22:以下不属于《学记》的教育思想的是(　　)

A. "不愤不启,不悱不发"

B. "化民成俗,其必由学"

C. "教学相长""及时而教"

D. "道而弗牵,强而弗抑,开而弗达"

答案:A

解析:A项出自《论语·述而》,原文为:"不愤不启,不悱不发,举一隅不以三隅反,则不复也"。

易错点 14　中国古代教育家孔子、孟子等人的教育思想

人物	教育思想
孔子	"仁"、"有教无类"、启发性教学等
孟子	性善论、"明人伦"
荀子	性恶论、"化性起伪"、闻—见—知—行的学习过程
墨翟	"兼爱""非攻",注重文史知识的掌握、逻辑思维能力的培养和实用技术的传习
老子	"绝学无忧"、"道法自然"、培养"上士"或"隐君子"

易错分析

我国古代各教育家的思想观点是易考点也是易混点,考生在复习过程中可结合表格的内容进行对比记忆,着重掌握不同教育家主要的教育思想。

例题 23: 主张"化性起伪"的中国古代教育家是（　　）

A.孔子　　　　　　　　　　B.孟子

C.荀子　　　　　　　　　　D.韩非子

答案:C

例题 24: 把人伦关系概括为五种,即"父子有亲,君臣有义,夫妇有别,长幼有序,朋友有信",并且还提出了性善论的我国古代教育家是（　　）

A.老子　　　B.孔子　　　C.孟子　　　D.庄子

答案:C

解析: 孟子持"性善论",这是其教育思想的基础。他还认为教育的目的在于"明人伦"。故题干描述的教育家是孟子。

易错点 15　《学记》与《雄辩术原理》在教育史上的地位

《学记》(收入《礼记》)是中国也是世界教育史上的第一部教育专著,成文大约在战国末期。

《雄辩术原理》(《论演说家的教育》或《论演说家的培养》)是西方最早的教育著作,也被誉为古代西方的第一部教学法论著。

> 易错分析

《学记》与《雄辩术原理》在人类教育史上的地位是常考点也是易混点。考生可结合两本著作出现的时间对其不同地位进行区分:一般认为,《学记》成文于战国(公元前475~公元前221)末期,《雄辩术原理》的作者为昆体良(公元35~公元95)。从时间上看,《学记》的出现要比《雄辩术原理》早几百年,故《学记》是世界上最早的一部教育著作。

例题25: 中国和西方最早的教育著作分别是( )

A.《论语》与《理想国》　　B.《论语》与《大教学论》

C.《学记》与《论演说家的教育》　　D.《学记》与《爱弥儿》

答案:C

易错点16　古代西方教育家苏格拉底、柏拉图等人的教育思想

人物	教育思想	代表作
苏格拉底	"产婆术"	——
柏拉图	教育与政治有密切联系	《理想国》
亚里士多德	在教育史上首次提出"教育遵循自然"的观点、主张对儿童进行分阶段教育	《政治学》
昆体良	提出模仿、理论、练习三个循序渐进的学习过程理论	《雄辩术原理》(《论演说家的教育》或《论演说家的培养》)

> 易错分析

苏格拉底、亚里士多德等人的教育思想及其代表作是常考点也是易混点,考生在识记这些知识点时,可结合表格的内容进行对比记忆。

例题26: 不是凭借教授的知识,而是凭借提问刺激对方思考,通过对方的思考

亲自发现真理。提出这种教育方法的教育家是(　　)

A.孔子　　　　B.孟子　　　　C.苏格拉底　　　　D.柏拉图

答案:C

解析:题干所述为苏格拉底提出的对话式的教学方法,即"产婆术"的特点。

例题27:提出"模仿、理论、练习"三个循序渐进的学习过程理论的教育家是(　　)

A.苏格拉底　　　　　　　　B.柏拉图

C.亚里士多德　　　　　　　D.昆体良

答案:D

易错点 17　卢梭与洛克的教育思想

人物	代表作	教育思想	名言
卢梭	《爱弥儿》	①性善论;②自然主义教育思想	出自造物主之手的东西都是好的,而一到了人的手里,就全变坏了
洛克	《教育漫话》	①"白板说";②"绅士教育论"	我们日常所见的人中,他们之所以或好或坏,或有用或无用,十分之九都是他们的教育所决定的。人之所以千差万别,便是由于教育之故

易错分析

卢梭和洛克的教育思想及其代表作是常考知识点也是易混点。考生在记忆此知识点时,可运用以下记忆技巧:卢梭性善爱弥儿,洛克白板画(话)绅士。

例题28:在近代西方教育史上,提出过著名的"白板说"的教育思想家是(　　)

A.夸美纽斯　　　　　　　　B.卢梭

C.洛克　　　　　　　　　　D.裴斯泰洛齐

答案:C

例题29： 自然主义教育思想的作品《爱弥儿》是由以下哪位教育家所著的（　　）

A. 杜威　　　　B. 卢梭　　　　C. 洛克　　　　D. 赞科夫

答案：B

易错点18　"旧三中心论"与"新三中心论"

杜威的理论是现代教育理论的代表，区别于传统教育"课堂中心""教材中心""教师中心"的"旧三中心论"，他提出了"儿童中心（学生中心）""活动中心""经验中心"的"新三中心论"。

易错分析

"旧三中心论"与"新三中心论"是容易混淆的知识点，考生可结合二者的关键点进行区分：前者更多体现的是传统教育中静态、权威化、灌输式的教学模式；后者则提倡动态、民主化、探索式的现代教育理念，重视学生主体性、体验性和情境性学习。

例题30： 下列属于杜威"新三中心论"内容的有（　　）

A. "教师中心"　　　　　　　　B. "课堂中心"

C. "经验中心"　　　　　　　　D. "活动中心"

答案：CD

易错点19　杜威与陶行知的教育思想

杜威
- 教育即生长
- 教育即生活
- 教育即经验的改组或改造
- 学校即社会
- 从做中学

陶行知
- 生活即教育（生活教育的本质论及核心）
- 社会即学校（生活教育的范围论）
- 教学做合一（生活教育的方法论）

易错分析

作为杜威的学生,陶行知的教育思想受杜威实用主义教育思想的影响颇深,但又不同于杜威的教育思想,这主要是由当时中国的国情决定的。考生在备考时要注意二者的差别:杜威强调在学校中进行教育,将学校社会化,把学校改造为简化、净化的雏形社会;陶行知强调在生活中接受教育,以社会为学校。

例题31:以下属于杜威的观点的是( )

A.教育即生活　　B.社会即学校　　C.教育即生长　　D.从做中学

答案:ACD

解析:"社会即学校"是陶行知的观点。

例题32:陶行知生活教育理论的主要观点有( )

A.生活即教育　　B.社会即学校　　C.教育即生长　　D.教学做合一

答案:ABD

解析:"教育即生长"是杜威的观点。

易错点20 我国最早与世界上最早的马克思主义教育学著作

凯洛夫于1939年主编的《教育学》被公认为世界上第一部马克思主义的教育学著作,并对我国建国后乃至现在的教育都产生了很大的影响。

我国教育家杨贤江于1930年以李浩吾为化名出版的《新教育大纲》是我国第一部马克思主义的教育学著作。

易错分析

我国最早与世界上最早的马克思主义教育学著作是常考点也是易混点,考生需要准确识记,切忌被著作出版时间误导。杨贤江的《新教育大纲》(1930年出版)虽然比凯洛夫的《教育学》(1939年出版)出版时间更早,但是在国际上凯洛夫的《教育学》影响力更大,因此凯洛夫的《教育学》被公认为世界上第一部马克思主义的教育学著作。

例题33：世界上第一部以马克思主义理论为指导的教育学专著是（　　）

A.凯洛夫的《教育学》　　　　　　B.杨贤江的《新教育大纲》

C.夸美纽斯的《大教学论》　　　　D.杜威的《民主主义与教育》

答案：A

例题34：中国第一部试图以马克思主义观点论述教育问题的著作是（　　）

A.《新教育大纲》　　　　　　　　B.《教育学》

C.《大教学论》　　　　　　　　　D.《教学与发展》

答案：A

解析：我国第一部以马克思主义观点论述教育的著作是《新教育大纲》。

易错点21　教育文献的等级

	概念	表现形式
一次文献	以作者本人的实践为依据而创作的原始文献,是直接记录事件经过、研究成果、新知识、新技术的文献	专著、论文、调查报告、档案材料等
二次文献	对原始文献加工、整理,使之系统、条理化的检索性文献	题录、书目、索引、提要和文摘等
三次文献	在利用二次文献的基础上对某个范围内的一次文献进行广泛深入的分析研究之后,综合浓缩而成的参考性文献	动态综述、专题述评、数据手册、年度百科大全以及专题研究报告等

易错分析

一次文献、二次文献和三次文献的特点是容易混淆的知识点。考生在复习时,可抓住这三种文献的关键特征来识记。例如：一次文献强调作者原创,内容更具体；二次文献多具有检索功能；三次文献的综合性、浓缩性更高。

例题35：杜威所著的《民主主义与教育》在文献等级中属于（　　）

A.一次文献　　　B.二次文献　　　C.三次文献　　　D.四次文献

答案：A

018

解析： 一次文献包括专著、论文、调查报告、档案材料等以作者本人的实践为依据而创作的原始文献。故选 A 项。

易错点 22 参与观察法与非参与观察法

根据观察者是否直接参与被观察者所从事的活动，可将观察法分为参与观察法和非参与观察法。

参与观察法是指研究者直接参加到所观察对象的群体和活动当中去，不暴露研究者真正身份，在参与活动中进行隐蔽性的研究观察。

非参与观察法不要求研究人员站到与被观察对象同一地位上，而是以"旁观者"的身份，可采取公开的，也可以采取秘密的方式进行。

易错分析

参与观察法与非参与观察法是容易混淆的知识点，考生在解题过程中，一定要认真审题，看观察者是否"直接参与"被观察者所从事的活动。

例题36： 在教育研究中，透过单向玻璃进行的隐蔽性观察属于（　　）

A. 显性观察　　　B. 参与观察　　　C. 叙述观察　　　D. 非参与观察

答案： D

解析： 题干中"透过单向玻璃进行的隐蔽性观察"说明观察者没有直接参与被观察者所从事的活动，属于非参与观察。

易错演练

一、单项选择题

1. 明确提出了"师严然后道尊"思想的是（　　）

A.《论语》　　　　　　　　　　B.《孟子》

C.《学记》　　　　　　　　　　D.《中庸》

2. 提出"使无业者有业，使有业者乐业"教育思想的是（　　）

A. 黄炎培　　　B. 陈鹤琴　　　C. 蔡元培　　　D. 陶行知

3. 我国汉代出现的研究文学艺术的专门学校是(　　)

　　A. 庠　　　　　B. 鸿都门学　　　　C. 国子学　　　　D. 书院

4. "儿童对年长成员的无意识模仿就是最初教育的发展。"此观点属于教育的(　　)

　　A. 生物起源说　　　　　　　　B. 生活起源说

　　C. 劳动起源说　　　　　　　　D. 心理起源说

5. "自然教育"的思想渊源已久,(　　)在教育史上首次提出"教育遵循自然"的原则,注意到儿童心理发展的自然特点和发展阶段。

　　A. 卢梭　　　　B. 亚里士多德　　　C. 昆体良　　　　D. 柏拉图

6. (　　)不仅注重文史知识的掌握和逻辑思维能力的培养,而且提出"兼爱、非攻"的思想。

　　A. 韩非子　　　B. 墨翟　　　　　　C. 孔子　　　　　D. 庄子

7. 陶行知"生活教育"的方法论是(　　)

　　A. 教学做合一　　　　　　　　B. 创新思维

　　C. 活动与发展　　　　　　　　D. 要素启发

8. 学校领导通过随堂听课的方式,了解教师执行课程标准和教学计划情况,这属于(　　)

　　A. 参与式观察　　　　　　　　B. 非参与式观察

　　C. 实验室中的观察　　　　　　D. 间接观察

9. 王老师针对"学生学习英语的积极性不高"这一问题进行研究。他尝试选择小组合作学习的方法进行教学,并在教学过程中及时观察学生的表现,了解学生的反馈,还请教育理论工作者共同开展研究,不断对小组合作学习的内容、形式、方法等进行调整,最终较好地解决了这一问题。这属于(　　)

　　A. 实验研究　　　B. 调查研究　　　C. 个案研究　　　D. 行动研究

10. 研究者为研究二战期间犹太人在华的教育状况,特在哈尔滨和上海的图书馆、档案馆查阅资料,并且查到了一些相应的档案资料。研究者查阅的这些资料属于(　　)

　　A. 一次文献　　　B. 二次文献　　　C. 三次文献　　　D. 四次文献

二、多项选择题

1. 陶行知的"生活即教育"和杜威的"教育即生活"的相同点是（　　）

   A. 承认教育和生活之间存在着密切的联系

   B. 承认教育对改造生活的重要作用

   C. 认为生活含有重要的教育意义

   D. 认为学校是社会生活的一种形式

2. 欧洲中世纪教会教育的内容"七艺"包括"三科"和"四学"，其中"三科"是指（　　）

   A. 绘画　　　B. 文法　　　C. 修辞　　　D. 辩证法

3. 下列属于商代教育机构的有（　　）

   A. 庠　　　B. 序　　　C. 瞽宗　　　D. "大学"

4. 唐朝中央官学设有"六学二馆"，对学生入学资格有明确的规定：国子学须文武三品以上的子孙，太学须文武五品以上的子孙……弘文、崇文二馆均收取宗室、外戚、宰相和一品官员的子弟。对此，下列说法正确的是（　　）

   A. 反映了古代社会学校教育的道统性

   B. 反映了古代社会学校教育的象征性

   C. 反映了古代社会学校教育的等级性

   D. 反映了古代社会学校教育的终身性

三、判断题

1. 第一个正式提出的有关教育起源的学说，也是第一个具有代表性意义的学说，就是以孟禄为代表的心理起源说。（　　）

2. "藏息相辅"即要把课内与课外活动相结合，相互补充。（　　）

3. 《教育漫话》是17世纪英国著名哲学家和思想家洛克的代表作，反映了其"绅士教育"思想。（　　）

第二章　教育的基本规律

本章共提炼6个易错点。

易错点1　生产力、政治经济制度与科学技术对教育发展的制约作用

生产力	政治经济制度	科学技术
制约着教育发展的规模和速度 制约着教育结构的变化 制约着教育的内容、方法与手段 制约着学校的专业设置	决定教育的领导权 决定受教育权 决定教育目的 决定着教育内容的取舍 决定着教育体制 制约教育的改革与发展	改变教育者的观念 影响受教育者的数量 影响教育质量 影响教育的内容、方法和手段

易错分析

该知识点在考试中常以选择题的形式出现，难度不大。但因这三种因素都会影响教育发展的诸多方面，而且对教育发展的影响又存在交叉点（如都会影响教育内容），故一些考生容易混淆，为此，考生可结合上述表格内容进行对比记忆。

例题1： 下列关于教育与社会政治经济制度关系的表述，不正确的是（　　）

A. 社会政治经济制度决定教育目的

B. 社会政治经济制度决定教育的领导权

C. 社会政治经济制度决定受教育者的权利

D. 社会政治经济制度决定教育的规模和速度

答案：D

解析： 生产力的发展水平制约着教育发展的规模和速度。

例题2： 制约并影响教育内容、方法与手段的因素有（　　）

A. 社会政治经济制度　　　　B. 生产力

C. 科学技术　　　　　　　　D. 人口质量

答案：BC

易错点 2　教育的社会横向流动功能与纵向流动功能

教育的社会流动功能，按其流向可分为横向流动功能与纵向流动功能。

教育的社会横向流动功能是指，社会成员因受到教育和训练而提高了能力，可以根据社会需要，结合个人意愿与可能，更换其工作地点、单位等，做水平的流动，改变其环境而不提升其在社会阶层或科层结构中的地位，亦称水平流动。

教育的社会纵向流动功能是指，社会成员因受教育的培养与筛选，能够在社会阶层、科层结构中做纵向的提升，包括职称晋升、职务升迁、薪酬提级等，以提高其社会地位及作用，亦称垂直流动。

易错分析

教育的社会横向流动功能与纵向流动功能是易混点，考生可进行对比记忆：

横向流动功能（水平）——无阶层或地位变动；

纵向流动功能（垂直）——有阶层或地位变动。

例题 3：《神童诗》中的"朝为田舍郎，暮登天子堂"是对古代选官制度——科举制的贴切形容，同时也体现了社会流动功能中的（　　）

A. 上下流动　　　　　　　　B. 左右流动

C. 纵向流动　　　　　　　　D. 横向流动

答案：C

解析：教育的社会纵向流动功能是指，社会成员因受教育的培养与筛选，能够在社会阶层、科层结构中做纵向的提升，包括职称晋升、职务升迁、薪酬提级等，以提高其社会地位及作用，亦称垂直流动。"朝为田舍郎，暮登天子堂"的解释为：早上你还是一个乡村野夫，（因为读书，因为机缘）到晚上就能进入朝廷入将拜相，吃皇粮了。这体现了社会成员通过教育的筛选，社会阶层有所提升、社会地位有所提高，属于纵向流动，故选 C 项。

易错点3　个体身心发展的动因理论

代表理论	基本观点	代表人物
内发论（遗传决定论）	强调内在因素，如"需要""成熟"，认为遗传素质起决定作用	孟子（性善论）、弗洛伊德、威尔逊（基因复制）、高尔顿（遗传决定论的"鼻祖"）、格塞尔（成熟机制）、霍尔（复演说）
外铄论（环境决定论）	外在力量决定人的发展	荀子（性恶论）、洛克（白板说）、华生
多因素相互作用论（共同作用论）	人的发展是个体的内在因素（如先天遗传素质、机体成熟的机制）与外部环境（如外在刺激的强度、社会发展的水平、个体文化背景等）在个体活动中相互作用的结果	——
辐合论（二因素论）	肯定先天遗传因素和后天环境对儿童发展的重要作用，而且二者的作用各不相同，且不能相互替代	施泰伦、吴伟士（武德沃斯）

易错分析

内发论和外铄论的观点及其代表人物是常考点也是易混点，考生需要重点掌握。在识记时，可运用口诀：内孟四尔弗，外出荀找洛华生。此外，对于多因素相互作用论和辐合论，考生应将复习重点放在其基本观点上。

例题4：下列说法中，最接近内发论思想的是（　　）

A. 仁义礼智，非由外铄我也，我固有之也，弗思耳矣

B. 生而同声，长而异俗，教使之然也

C. 一个人的身心发展是内外因素在个体实践活动中相互作用的结果

D. 最初的心灵像一块白板，一切观念和记号都来自于后天的经验

答案：A

◎解析：A项的意思是：仁义礼智都不是外部给予的，而是本身所固有的，只是平时不用心思考、领悟罢了。这体现了内发论的观点。B、D项体现的是外铄论的观点。C项体现的是多因素相互作用论的观点。

例题5：东汉许慎在《说文解字》中对教育的解释是"教，上所施，下所效也""育，养子使作善也"，就影响人身心发展的动因而言，这一说法更认可（　　）

A. 内发论　　　　　　　　　　B. 外铄论

C. 多因素相互作用论　　　　　D. 遗传决定论

答案：B

◎解析：外铄论认为人的发展主要依靠外在的力量，诸如环境的刺激和要求、他人的影响和学校的教育等。"教，上所施，下所效也"即教师、长者施行影响，作出榜样示范，让学生学习、效仿和觉悟；"育，养子使作善也"即培养学生的思想品德。许慎对于教育的理解体现了外铄论的观点。

易错点4 影响人身心发展的诸因素的不同作用

影响因素	作用
遗传（遗传素质）	物质前提
环境	提供多种可能
教育（学校教育）	主导和促进个体发展
个体主观能动性	内在动力，决定性因素

易错分析

影响人的身心发展的诸因素的不同作用是易混点，考生需注意题干中的关键词是"主导""前提""多种可能"还是"决定"，以便正确解题。

例题6：在影响人的发展的诸多因素中，起决定性作用的是（　　）

A. 遗传　　　　　　　　　　B. 人的主观能动性

C. 教育　　　　　　　　　　D. 环境

答案：B

🔍解析：个体的主观能动性是人的身心发展的内在动力，也是促进个体发展从潜在的可能状态转向现实状态的决定性因素。

例题7：遗传素质是人身心发展的（　　）

A. 主导因素　　　　　　　　B. 决定因素

C. 物质前提　　　　　　　　D. 内部动力

答案：C

🔍解析：遗传素质是人的身心发展的物质前提，环境为个体的发展提供了多种可能，而教育作为特殊的环境对人的身心发展起主导作用，个体主观能动性是人的身心发展的内因和动力。

易错点5　个体身心发展的阶段性与不平衡性（不均衡性）

阶段性：个体身心发展在不同的年龄阶段表现出不同的总体特征及主要矛盾，面临着不同的发展任务。

不平衡性（不均衡性）：一方面是指身心发展的同一方面的发展速度，在不同的年龄阶段是不平衡的；另一方面是就个体身心发展的不同方面而言的，青少年身心的不同方面所达到的某种发展水平或成熟的时期是不平衡的，有的方面可能在较早年龄就达到较高水平，而有的方面则晚些。

> **易错分析**
>
> 个体身心发展的阶段性与不平衡性是易混点，考生在理解这两个特征时需注意：掌握阶段性规律的关键是"不同年龄阶段表现出不同的总体特征"，掌握不平衡性规律的关键是"同一方面在不同年龄阶段的发展速度和不同方面的发展水平都是不平衡的"。

例题8："既不能把小学生当中学生看待，也不能把初中生和高中生混为一谈，不同年龄阶段的个体具有不同的年龄特征。"这说明学生发展的规律具有（　　）

A. 顺序性　　　B. 差异性　　　C. 不均衡性　　　D. 阶段性

答案：D

解析： 题干强调的是不同年龄阶段的个体具有不同的年龄特征，即反映了个体发展的阶段性规律。

例题9： 在一个人的发展过程中，有的方面在较低的年龄阶段发展得好，有的方面则要到较高的年龄阶段才能达到成熟的水平。这反映人的身心发展具有（　　）

A. 不平衡性　　　　　　　　B. 顺序性

C. 阶段性　　　　　　　　　D. 互补性

答案：A

解析： 题干所述反映的是个体身心发展在不同方面的发展水平是不平衡的，即反映了人的身心发展具有不平衡性。

易错点6　个体身心发展的个别差异性与不平衡性（不均衡性）

个别差异性： 个体之间的身心发展以及个体身心发展的不同方面之间，存在着发展程度和速度的不同。

个体身心发展的不平衡性（不均衡性）的相关内容参见上文"易错点5"。

易错分析

个体身心发展的个别差异性与不平衡性是易混点，考生可参考以下内容进行理解：不平衡性（不均衡性）主要是指同一个体，而个别差异性则主要指不同个体。此外，个别差异性也表现在群体间，如男女性别的差异。

例题10： 有的人记忆力强，有的人感知力强，有的人语言表达能力强，有的人写作能力强。这说明人的发展具有（　　）

A. 顺序性　　　　　　　　　B. 阶段性

C. 不平衡性　　　　　　　　D. 个别差异性

答案：D

解析： 题干所述体现了个体之间身心发展的差异，说明人的发展具有个别差异性。

027

易错演练

一、单项选择题

1. 某教师的一对双胞胎女儿，一个观察能力强，一个记忆力好。这体现出个体身心发展的（　　）规律。

   A. 互补性　　　　　　　　　　B. 顺序性
   C. 个别差异性　　　　　　　　D. 不平衡性

2. 关于学校教育影响人发展的独特功能的表现，下列表述不正确的是（　　）

   A. 学校教育对于个体发展做出社会性规范
   B. 学校教育对个体发展的影响有即时和延时的价值
   C. 学校教育能有效控制和协调影响学生发展的各种因素
   D. 学校教育具有开发个体特殊才能和发展个性的功能

3. 三国时期，诸葛亮在《诫子书》中提到"才须学也，非学无以广才，非志无以成学"，这里所提到的影响人的发展因素有（　　）

   ①遗传　②教育　③环境　④个体主观能动性

   A. ①②　　　B. ②③　　　C. ②④　　　D. ①③

4. 精神分析学派认为人的性本能是最基本的自然本能，是推动人发展的潜在的、无意识的、最根本的动因。这是（　　）的观点。

   A. 内发论　　　　　　　　　　B. 外铄论
   C. 多因素相互作用论　　　　　D. 辐合论

5. 在小学阶段教学多采用直观形象的方式，而进入中学以后则可进行抽象讲解。这体现了儿童身心发展具有（　　）

   A. 个别差异性　　B. 阶段性　　C. 顺序性　　D. 不平衡性

6. "寒门出贵子"这句话体现了教育的（　　）

   A. 生态功能　　　　　　　　　B. 社会纵向流动功能
   C. 经济功能　　　　　　　　　D. 社会横向流动功能

7. 孔子按智力和知识的不同，把人分为了四等："生而知之者，上也；学而知之者，次也；困而学之，又其次也；困而不学，民斯为下矣。"同时他认为"唯上智与下愚不移"。这一观点是（　　）

   A. 多因素相互作用论　　　　　B. 外铄论
   C. 成熟论　　　　　　　　　　D. 内发论

8. 资本主义教育通过专门设置"公民课""宗教教育"向年青一代宣传资产阶级的思想和宗教精神,这体现了( )对教育的内容的影响。

A. 生产力　　　　　　　　　　B. 政治经济制度
C. 文化　　　　　　　　　　　D. 科学技术

二、判断题

1. "今人之性,生而有好利焉,顺是,故争夺生而辞让亡焉。"这句话体现的是外铄论的观点。（   ）

2. 人的发展的阶段性启示教师要抓住学生发展的关键期,不失时机地采取有效措施,促进学生健康发展。（   ）

第三章　教育目的与教育制度

本章共提炼 16 个易错点。

易错点 1　教育目的与教育方针

联系	①它们在对教育社会性质的规定上具有内在的一致性,都含有"为谁(哪个阶级、哪个社会)培养人"的规定性 ②教育方针是教育目的的政策性表达,是全国各级各类教育的目的和必须遵循的准则,教育目的只是教育方针的若干组成要素之一
区别	①"教育目的"是理论术语和学术性概念,属于教育基本理论范畴和目的性范畴;"教育方针"是工作术语和政治性概念,属于教育政策学范畴和手段性范畴 ②教育目的着重于对人才培养规格做出规定,在对人培养的质量规格方面要求较为明确;教育方针着重于对教育事业发展方向提出要求,在"办什么样的教育""怎样办教育"方面更为突出 ③教育目的有时是由社会团体或个人提出的,对教育实践可以不具约束力;教育方针则是由政府或政党提出的,对教育实践具有强制性 ④教育方针作为国家教育政策的概括,它对于教育工作产生的影响要大于教育目的

易错分析

教育目的与教育方针是容易混淆的知识点,考生可从以下内容着手进行区分:教育目的着重于对人才培养规格做出规定,教育方针着重于对教育事业发展方向提出要求。

例题1: 下列对"教育目的与教育方针的关系"理解错误的一项是( )

A. 教育方针所含的内容比教育目的更多些

B. 教育方针在对人培养的质量规格方面要求较为明确

C. 教育目的和教育方针在对教育社会性质的规定上具有内在的一致性,都包含"为谁培养人"的规定性

D. 教育方针着重解释了"办什么样的教育"以及"怎样办教育"

答案:B

解析:教育目的在对人培养的质量规格方面要求较为明确;教育方针在"办什么样的教育""怎样办教育"方面更为突出。B项说法错误。

例题2: "办人民满意的教育"体现了( )对教育质量的规定性。

A. 教育方针　　　　　　B. 教育目的

C. 教育功能　　　　　　D. 教育政策

答案:A

解析:"办人民满意的教育"是对教育事业发展方向的总要求,体现了教育方针对教育质量的规定性。

易错点2　教育目的的层次结构

层次结构
- 国家的教育目的(第一层次)
- 各级各类学校的培养目标(第二层次) { 同中有异、重点突出、特点鲜明 / 教育目的与它是普遍与特殊的关系 }
- 教师的教学目标(第三层次)

易错分析

教育目的的层次结构这个知识点常会以客观题的形式考查。而对于各个"目标"所对应的层级是考生容易混淆的地方,考生可结合上述内容进行理解记忆。

例题3: 教育目的包括三个层次,下列属于第三层次的是( )

A. 国家的教育目的　　　　　　B. 各级各类学校的培养目标

C. 课时目标　　　　　　　　D. 教师的教学目标

答案： D

解析： 教育目的包括三个层次：国家的教育目的、各级各类学校的培养目标和教师的教学目标。其中，教师的教学目标属于第三层次。

例题4： 教育目的和培养目标是同一概念。（　　）

答案： ×

解析： 教育目的是针对所有受教育者提出的，而培养目标是针对特定的教育对象提出的。培养目标是教育目的的具体化，二者是不同的概念。

易错点3　确定教育目的的依据

客观依据	①特定的社会政治、经济、文化背景 ②人的身心发展特点和需要
主观依据	人的价值选择，人们在考虑教育目的时往往会受其哲学观念、人性假设、理想人格等观念和价值取向的影响

易错分析

考生在区分确定教育目的的客观依据与主观依据时，可把主观依据和与"人"相关的内容联系起来；可把客观依据和与"社会"相关的内容联系起来。需要注意的是，"人的身心发展特点和需要"这一依据虽然也与"人"相关，但强调的是规律性的内容，这是客观存在的，故属于客观依据。

例题5： 确定教育目的的客观依据是（　　）

A. 哲学观念　　　　　　　　B. 人性假设

C. 生产力和科技发展水平　　D. 理想人格

答案： C

解析： 特定的社会政治、经济、文化背景是确定教育目的的客观依据，A、B、D三项属于确定教育目的的主观依据。

易错点 4　个人本位论与社会本位论

教育目的论	主要观点	代表人物
个人本位论	教育目的确立的根据是人的本性。教育的根本目的是人的本性和本能的高度发展。个人价值高于社会价值	孟子、卢梭、裴斯泰洛齐、福禄贝尔、马利坦、赫钦斯、泰勒、马斯洛、萨特
社会本位论	教育目的确立的根据是社会的要求。教育的目的是为社会培养合格的成员和公民,使受教育者社会化。社会价值高于个人价值	荀子、柏拉图、赫尔巴特、巴格莱、涂尔干(又译为迪尔凯姆)、纳托普、凯兴斯泰纳、孔德

易错分析

个人本位论与社会本位论的主要观点及代表人物是易混点,考生在复习过程中需要注意:若题干中强调的是"社会需要",则属于社会本位论;若题干中强调的是"个人发展""个人需要",则属于个人本位论。考生还可结合表格内容掌握其各自的代表人物。

例题6:主张"教育是为了使人增长智慧,发展才能,生活更加充实幸福"的观点属于(　　)

A. 社会本位论　　　　　　　　B. 个人本位论

C. 知识本位论　　　　　　　　D. 能力本位论

答案:B

解析:题干所述强调的是"个人发展""个人需要",属于个人本位论的观点。

例题7:有教育者提出:"社会是人们赖以生存发展的基础,教育是培养人的社会活动,教育培养的效果只能以其社会功能的好坏来加以衡量,离开社会需要,教育就不能满足社会的需求。"下列教育家的主张与上述观点一致的是(　　)

A. 孔德　　　　　　　　　　B. 凯兴斯泰纳

C. 纳托普　　　　　　　　　D. 裴斯泰洛齐

答案:ABC

解析： 题干表述符合社会本位论的观点。孔德、凯兴斯泰纳、纳托普是社会本位论的代表人物，他们的主张与题干观点一致。裴斯泰洛齐是个人本位论的代表人物。

易错点5 "教育准备生活说"与"教育适应生活说"

"教育准备生活说"的代表人物是斯宾塞。他明确提出，教育的目的就是为"完满的生活"做准备，教育的主要任务就是教会人们怎样生活，教会他们运用一切能力，做到"对己对人最为有益"。

"教育适应生活说"的代表人物是杜威。他反对将教育视为未来生活的准备，主张"教育即生活"。学校教育应该利用现有的生活情境作为其主要内容，教儿童适应眼前的生活环境，即培养完全适应眼前社会生活的人。

易错分析

"教育准备生活说"与"教育适应生活说"是容易混淆的知识点，考生可结合二者的关键点进行区分：前者主张教育要有预见性和前瞻性，强调知识储备与技能训练对未来生活的支撑作用；后者则倡导教育要与现实生活紧密结合，强调在实践中学习和成长，以及尊重儿童的当下发展需求。

例题8："为我们的完满生活做准备是教育应尽的职责。"持这种观点的人在教育上主张（　　）

A．教育准备生活说　　　　B．教育改造生活说

C．教育遵从生活说　　　　D．教育适应生活说

答案：A

解析： 斯宾塞主张教育准备生活说，他明确提出，教育的目的就是为"完满的生活"做准备，教育的主要任务就是教会人们怎样生活，教会他们运用一切能力，做到"对己对人最为有益"。题干所述属于教育准备生活说的观点。

易错点6 "人的全面发展"的基本内涵

完整发展	人的最基本素质（"做人和做事"或"身与心"或"德、智、体、美"等）的整体发展，可以偏移但不可偏废

续表

和谐发展	人的最基本素质的协调发展
多方面发展	人的各素质在主客观条件允许的范围内的多样化发展,避免发展的单一与贫乏
自由发展	人的自主的、具有独特性的、富有个性的发展,允许和鼓励个性的自由发展

易错分析

在复习过程中,考生可结合上表内容进一步理解"人的全面发展"的基本内涵。需要注意的是:(1)"完整""和谐""多方面"和"自由"并无绝对和特定的标准,实质都是要不断地追求自身的完善和丰富;(2)人的全面发展并不是指平均发展和人的发展的一律化,而是强调在人的最基本素质的整体发展的同时可以有所侧重。

例题9: 下列对"让学生全面发展"的含义解释最贴切的是( )

A. 让学生的学习成绩门门优秀

B. 统一规格,平均发展

C. 让学生德、智、体、美诸方面素质获得和谐发展

D. 鼓励冒尖,发展特长

答案:C

解析:全面发展教育要求学生各种基本素质协调和谐发展,"门门优秀""平均发展""冒尖"等都不是真正的全面发展教育。

易错点7 智育的内涵

智育是传授给学生系统的科学文化知识、技能,发展他们的智力和与学习有关的非认知因素的教育。

智育的主要内容和任务包括传授知识、发展技能、培养自主性和创造性。

易错分析

部分考生对智育的内涵理解不到位,简单地将智育等同于智力或者是技能,从而导致误选。考生可将智育中的"智"理解为与个人发展有关的所有基础,包括知识、技能、智力等。

例题10：智育就是传授知识。（ ）

答案：×

解析：智育的主要内容和任务包括传授知识、发展技能、培养自主性和创造性。

易错点8 实施美育应遵循的原则

(1)形象性原则。对学生进行美育应当运用现实的或艺术的美的形象，使学生直接感知到美的清秀、艳丽、和谐、匀称、奇特、雄伟等形式，受到美的熏陶，养成高尚的情操。

(2)情感性原则。对学生进行美育要引导他们深入到现实的和艺术的美的意境中去，激起情感上的共鸣，达到入迷、陶醉的状态，使美融化于心灵。

(3)活动性原则。对学生进行美育应该通过审美活动，让学生在活动中去感受美、鉴赏美、创造美，受到美的熏陶。

(4)差异性原则。对学生进行美育应当根据学生的年龄特征、个性差异及审美情趣的不同，选择不同的内容和方式进行，使他们的审美兴趣、爱好与创造才能得到自由的发展。

(5)创造性原则。对学生进行美育不是让学生消极、被动、静观地接受美的形式，而是应当引导他们积极主动地富有想象力和创造性地感知、理解和创造美。

易错分析

上述五个原则是容易混淆的知识点，考生可结合各自的关键点进行区分：形象性原则侧重教育方式的直观性和生动性；情感性原则侧重情感层面的互动与沉浸；活动性原则强调实践操作和参与体验；差异性原则注重个性化和适应性教育；创造性原则鼓励创新思维和原创行为。

例题11：当学生登黄山来到玉屏楼前远眺时，见到两个高大的山峰，教师便引导学生发挥想象，把耕云峰上的一块巧石想象为伸向天都峰的一只小松鼠，称为"松鼠跳天都"，另有一番情趣。该教师对学生实施美育教学时遵循了（ ）

A．情感性原则　　B．活动性原则　　C．适用性原则　　D．创造性原则

答案:D

解析:创造性原则是指,对学生进行美育不是让学生消极、被动、静观地接受美的形式,而是应当引导他们积极主动地富有想象力和创造性地感知、理解和创造美。题干中的教师在学生登黄山的过程中,引导学生积极主动地想象,从而更深刻地感知和理解黄山的美,这体现了美育的创造性原则。

例题12:美术老师上课不仅教授美术知识,还在讲授梵高的《星空》时向学生传递不向命运低头的精神。这体现了美育实施的( )

A. 形象性原则　　　　　　　　B. 情感性原则

C. 活动性原则　　　　　　　　D. 差异性原则

答案:B

解析:情感性原则要求教师对学生进行美育要引导他们深入到现实的和艺术的美的意境中去,激起情感上的共鸣,达到入迷、陶醉的状态,使美融化于心灵。题干中的美术老师在教授美术知识的同时,还向学生传递不向命运低头的精神,以期激起学生情感上的共鸣,这是运用情感性原则的体现。故答案选择B项。

易错点9　五育各自的作用

德育对其他各育起着保证方向和保持动力的作用,它体现了社会主义教育的方向,是"五育"的灵魂;

智育为其他各育的实施提供了认识基础;

体育是实施各育的物质保证;

美育和劳动技术教育是德育、智育、体育的具体运用和实施。

易错分析

五育各自的作用是极易混淆的知识点,考生可结合五育各自的具体任务来理解其作用。

例题13:德育在人的全面发展教育中起着( )作用。

A. 精神基础　　　B. 物质基础　　　C. 关键和决定　　　D. 导向和动力

答案：D

解析：德育对其他各育起着保证方向和保持动力的作用。

易错点 10 素质教育的内涵和根本宗旨

素质教育的内涵：

(1)面向全体学生；

(2)促进学生全面发展；

(3)促进学生个性发展；

(4)以培养创新精神和实践能力为重点。

素质教育的根本宗旨：提高国民素质。

易错分析

因为素质教育的内涵条目较多，所以当它以选择题的形式且与素质教育的根本目的(宗旨)的内容同时出现时，部分考生容易混淆二者的具体内容。因此，考生需对二者的具体内容进行准确识记。

例题14：关于素质教育，下列说法错误的是(   )

A. 素质教育是面向全体学生的教育

B. 素质教育是以促进学生个性发展为根本宗旨的教育

C. 素质教育是促进学生全面发展的教育

D. 素质教育坚持教育为社会主义现代化建设服务，为人民服务

答案：B

解析：A、C两项所述为素质教育的内涵。D项为我国教育方针的内容，教育方针对教育实践具有强制性，实施素质教育必须坚持我国的教育方针。素质教育的根本宗旨是提高国民素质，故B项说法错误。

易错点 11 素质教育的核心

鉴于各地命题的参考资料不同，因此对"素质教育的核心"的界定也有一定的区别。有些地区的真题点明"素质教育的核心是创新教育"，也有些地区的真题点明

"素质教育的核心是创新精神",还有地区的真题点明"素质教育的核心是创新精神和实践能力",等等。不管哪种表述,都点明了"创新"二字。

> **易错分析**
>
> 考生在复习备考过程中,只需抓住"创新"这个关键词,在此基础上灵活应对即可。

例题15：我国提倡素质教育、反对应试教育。素质教育的核心和灵魂是(　　)

A. 德育　　　　　　　　　　　　B. 创新教育

C. 智育　　　　　　　　　　　　D. 全面发展教育

答案：B

例题16：培养学生的(　　)是素质教育的核心,是知识经济时代教育的主题。

A. 主体意识和实践能力　　　　　　B. 主体意识和操作能力

C. 创新精神和动手能力　　　　　　D. 创新精神和实践能力

答案：D

易错点12　素质教育实施中存在的误区

误区
- (1) 不要"尖子生"
- (2) 要学生什么都学、什么都学好
- (3) 不要学生刻苦学习
- (4) 要使教师成为学生的合作者、帮助者和服务者
- (5) 多开展课外活动,多上文体课
- (6) 不要考试,特别是不要百分制考试
- (7) 会影响升学率

> **易错分析**
>
> 素质教育在实施中存在的不同误区是易考点也是易错点,考生需在全面理解素质教育的基础上重点掌握,不能仅从表面上去判断某一论断是否正确。

例题17：素质教育就是要学生什么都学，什么都学好。（　　）

答案：×

解析：题干所述是对素质教育使学生全面发展的误解。

例题18：从实施素质教育的角度分析，下列选项正确的是（　　）

A. 素质教育就是多开展课外活动，多上文体课

B. 素质教育就是不要刻苦学习，"减负"就是不给或少给学生留课后作业

C. 素质教育就是要使教师成为学生的合作者、帮助者和服务者

D. 素质教育是以全面提高全体学生的基本素质为根本目的的

答案：D

解析：A项是对素质教育形式化的误解。教育培养人的基本途径是教学，学生的基本任务是在接受人类文化精华的过程中获得发展。这就决定了素质教育的主渠道是教学，主阵地是课堂。B项是对素质教育使学生生动、主动和愉快发展的误解。学生真正的愉快来自通过刻苦的努力而带来成功之后的快乐，学生真正的负担是不情愿的学习任务。C项是对素质教育所倡导的"学生的主动发展"和"民主平等的师生关系"的误解。素质教育是依据人的发展和社会发展的实际需要，以全面提高全体学生的基本素质为根本目的，以尊重学生主体性和主动精神，注重开发人的智慧潜能，形成人的健全个性为根本特征的教育。D项说法正确。

易错点13　教育制度与教育体制

教育制度是指一个国家或地区各级各类教育机构与组织的体系及其各项规定的总称。它包括相互联系的两个基本方面：一是各级各类教育机构与组织的体系；二是各级各类教育机构与组织体系赖以存在和运行的一整套规则。

教育体制是一个国家配合政治、经济、科技体制而确定下来的学校办学形式、层次结构、组织管理等相对稳定的运行模式和规定。它是由教育的机构体系与教育的规范体系所组成的。

> **易错分析**
>
> 教育制度与教育体制的内涵是易混知识点,考生在复习过程中,可结合以下内容区分两者:
>
> 教育制度——机构与组织的体系及各项规定;
>
> 教育体制——相对稳定的运行模式和规定。

例题19:(　　)反映一个国家配合政治、经济、科技体制而确定下来的学校办学形式、层次结构、组织管理等相对稳定的运行模式和规定。

A. 教育制度　　　　　　　　　　B. 学校教育制度

C. 教育体制　　　　　　　　　　D. 学校领导制度

答案:C

易错点14　现代学制的类型

学制类型	代表国家	特点
双轨制	英国、法国、联邦德国等欧洲国家	学校系统分为两轨:学术教育和职业教育。两轨之间互不相通,互不衔接,不利于教育的普及
单轨制	美国	从小学直至大学,在形式上任何儿童都可以入学。有利于教育的逐级普及,但教育参差不齐、效益低下、发展失衡,同级学校之间教学质量相差较大
分支型学制(Y型学制/中间型学制)	苏联、中国	介于双轨学制和单轨学制之间,上通(高等学校)下达(初等学校),左(中等专业学校)右(中等职业技术学校)畅通

> **易错分析**
>
> 不同学制类型的代表国家及其特点是易考点也是易混点,考生在复习过程中可结合上表内容进行理解记忆。

例题20：有一种学制最早产生于美国，因为它有利于教育的逐级普及，有利于现代生产和现代科技的发展而被世界许多国家利用。这种学制是( )

A. 单轨制　　　　B. 双轨制　　　　C. 分支型学制　　　　D. 六三三学制

答案：A

例题21：英国政府1870年颁布的《初等教育法》中，一方面保持原有的专为资产阶级子女服务的学校系统，另一方面为劳动人民的子女设立国民小学、职业学校。这种学制属于( )

A. 双轨学制　　　　B. 单轨学制　　　　C. 中间型学制　　　　D. 分支型学制

答案：A

解析：英国是双轨学制的典型代表。

易错点15　旧中国的几个重要学制

学制	特点
1902年的"壬寅学制"（《钦定学堂章程》）	①张百熙起草 ②中国近代教育史上最早由国家正式颁布的学制系统，虽然正式公布，但并未实行
1904年的"癸卯学制"（《奏定学堂章程》）	①张之洞、荣庆、张百熙三人修订 ②教育目的是"忠君、尊孔、尚公、尚武、尚实" ③反映了"中学为体，西学为用"的思想，体现了半殖民地半封建的特点 ④中国近代教育史上第一部由国家颁布的并在全国实行的学制系统，成为中国近代教育走向制度化、法制化阶段的标志
1912~1913年学制（"壬子癸丑学制"）	①体现了教育机会均等 ②第一次规定了男女同校 ③我国教育史上第一个具有资本主义性质的学制
1922年的"壬戌学制"（"新学制""六三三学制"）	①在我国现代学制史上，第一次明确以学龄儿童和青少年身心发展规律作为划分学校教育阶段的依据 ②在高中增加职业科 ③国民党政府对其进行修改，并一直沿用到全国解放初期

> **易错分析**
>
> 这几个学制在考试中常以客观题的形式考查,一些考生经常会混淆各学制的特点从而出现错误。对该知识点的复习,考生需区分每个学制的不同内容及不同学制在我国教育史上的地位等并重点记忆。

例题22: 我国第一个以法令形式颁布并实施的学制是(　　)

A. 癸卯学制　　　　　　　　　B. 壬寅学制

C. 六三三学制　　　　　　　　D. 壬子癸丑学制

答案:A

例题23: 在我国现代学制沿革中,第一次规定男女同校,废除读经,并将学堂改为学校的学制是(　　)

A. 壬寅学制　　　　　　　　　B. 癸卯学制

C. 壬子癸丑学制　　　　　　　D. 壬戌学制

答案:C

解析: 壬子癸丑学制第一次规定了男女同校,废除读经,充实了自然科学的内容,将学堂改为学校。

例题24: 我国近代教育史上使用时间最长的学制是(　　)

A. 壬寅学制　　　　　　　　　B. 癸卯学制

C. 壬戌学制　　　　　　　　　D. 壬子癸丑学制

答案:C

解析: 1922年,留美派主持的全国教育会联合会颁布"壬戌学制"。1928年,国民党政府就该学制做了一些修改,但基本上继承了"壬戌学制",并一直沿用到全国解放初期。该学制是我国近代教育史上使用时间最长的学制。

易错点16　我国现行学校教育制度的结构

学校教育结构是指学校教育的总体中各个部分的比例关系和组合方式,通常可以从层次结构和类别结构两个方面来分析。

从层次结构上来看,我国现行学校教育包括学前教育、初等教育、中等教育和高等教育四个层次;

从类别结构上来看,我国现行学校教育可划分为基础教育(包括学前教育和普通中小学教育)、职业技术教育、高等教育、成人教育和特殊教育五个大类。

易错分析

我国现行学校教育制度的层次结构和类别结构是容易混淆的知识点,考生可结合二者的关键点进行区分:层次结构是从纵向角度分析,根据教育对象的年龄与程度的不同来划分的,各层次前后衔接并且不断深入;类别结构是从横向角度分析,根据教育的性质类型不同来划分的。

例题25: 我国现行学校教育制度的层次结构包括( )

A. 学前教育　　B. 初等教育　　C. 中等教育　　D. 高等教育

E. 继续教育

答案:ABCD

易错演练

一、单项选择题

1. 下列关于素质教育的说法,不正确的是( )

A. 素质教育是面向全体学生的教育

B. 素质教育是提倡全面发展的教育

C. 素质教育倡导民主平等的师生关系

D. 素质教育是全面发展的教育而不是个性发展的教育

2. 小丽和小明是同班同学。小丽是品学兼优的好学生,希望老师能够讲述一些课本以外的知识。小明学习稍吃力,希望老师能够多讲一些习题多做练习。尽管两名同学对老师的要求不同,老师选择按照课程标准的要求,在保证课堂进度的同时适度练习,同时让学生学到课本以外的知识。这个案例体现了教育目的的( )

　　A. 调控功能　　B. 评价功能　　C. 导向功能　　D. 激励功能

3. 教育目的的制定应当由受教育者的需要、潜能和个性决定,至于社会的要求

是无关紧要的,持这一观点的教育家是(　　)

A. 涂尔干　　　　B. 孔德　　　　C. 柏拉图　　　　D. 萨特

4. 下列关于教育目的与教育方针的论述,错误的是(　　)

A. 教育方针是教育事业发展的指导思想,教育目的需要通过贯彻教育方针来实现

B. 教育目的是教育活动的出发点和最终归宿,教育方针是教育活动的总方向和总指针

C. 教育方针是学术性概念,教育目的是政治性概念

D. 教育目的是针对人的发展而言的,教育方针反映的是国家对教育事业的整体要求

5. 我国教育史上第一个具有资本主义性质的学制是(　　)

A. 癸卯学制　　　B. 壬寅学制　　　C. 壬戌学制　　　D. 壬子癸丑学制

6. "教育不应再限于学校的围墙之内"是(　　)阶段的教育主张。

A. 制度化教育　　　　　　　　　　B. 现代教育

C. 前制度化教育　　　　　　　　　D. 非制度化教育

二、判断题

1. 教育方针是教育目的的政策性表达,教育目的只是教育方针的若干组成要素之一。(　　)

2. 提出构建学习化社会的理想是制度化教育的重要体现。(　　)

3. 教育制度其实就是教育体制。(　　)

4. 癸卯学制是中国实行近代学校教育制度的开始。(　　)

三、案例分析题

有人说,一个学生毕业后,智育不合格是次品,体育不合格是废品,德育不合格是危险品,美育和劳动技术教育不合格是半成品。

1. "五育"各自的任务是(　　)

A. 德育的任务是培养学生具有良好的思想品德和形成科学的世界观

B. 智育的任务只是向学生传授知识、技能,发展学生的智力

C. 体育的任务就是锻炼身体

D. 美育是培养学生感受美、鉴赏美和创造美的能力的教育

E. 劳动技术教育是引导学生掌握劳动技术知识和技能,形成劳动观点和习惯的教育

2.下列对于"五育"之间关系的叙述正确的是(　　)

A."五育"之间既不能相互替代,又不能彼此分割

B.美育和劳动技术教育是单独割裂、单独进行的

C.体育为其他各育的实施提供健康基础,是各育得以实施的物质保证

D."五育"中,德育是方向、灵魂,对其他各育起着导向和推动作用

E.智育为其他各育的实施提供了认识基础

第四章　教师与学生

本章共提炼16个易错点。

易错点1　教师的概念及根本任务

教师是履行教育教学职责的专业人员,承担教书育人,培养社会主义事业建设者和接班人、提高民族素质的使命。

教师是学校教育工作的主要实施者,根本任务是教书育人。

易错分析

很多考生会忽视教师的"育人"作用,将教师职业简单地与"教书"画上等号,故在做题时出现错误。教师不仅要传授学生科学文化知识和技能,还要促进学生的全面发展,达到"育人"的目的。

例题1：教师就是教书的。(　　)

答案：×

解析：教师不仅要教书,还要育人。

易错点2　教师的职业形象

(1)教师的道德形象。教师的职业道德是教师从事教育教学活动时的基本行为规范,是教师自己对职业行为的自觉要求。它是以敬业精神为基础、以协调师生关系为主要内容的道德规范。教师的道德形象被视为教师的最基本形象。

(2)教师的文化形象。教师的文化形象是教师形象的核心。"才高八斗""学富五车"皆是教师的典型文化特征。

(3)教师的人格形象。教师的人格形象是教师在教育教学活动中的心理特征的整体体现,具体包括教师对学生的态度,教师的性格、气质、兴趣等。教师的人格形象是学生亲近或疏远教师的首要因素。

易错分析

部分考生会误认为文化形象是教师的最基本形象,从而做错题。考生需注意,教师的职业道德是教师从事教育教学活动时的基本行为规范,不具备职业道德的教师即使学识丰富也不能作为教师,所以教师的道德形象才是教师的最基本形象。教师是以文化为中介来与学生发生关联,对学生产生实质影响,并实现对社会的文化功能的。文化不仅提供了教师形象确立的源泉、材料,而且使教师形象设计与塑造有自己的个性。所以教师的文化形象是教师形象的核心。

例题2:教师的最基本形象是(   )

A.道德形象　　　　B.文化形象　　　　C.人格形象　　　　D.专业形象

答案:A

易错点3　强硬专断型与仁慈专断型的教师管理类型

类型	教师的行为特点	学生的典型反应
强硬专断型	对学生严加监视,要求即刻无条件接受一切命令,很少表扬学生;认为没有教师的监督,学生不可能自觉学习	屈服,不信服、厌恶这种领导;推卸责任;易激怒,不愿合作,可能会在背后伤人;教师一旦离开教室,学习明显松垮
仁慈专断型	不认为自己专断独行;表扬、关心学生;口头禅:我喜欢这样做/你能给我这样做吗;以"我"为班级一切工作的标准	依赖教师,没有多大的创造性;屈从,缺乏个人的发展

易错分析

强硬专断型与仁慈专断型的教师管理类型是考生容易混淆的一个知识点,主要原因在于考生对这两种管理类型的理解不到位。考生在掌握这一知识点时,可结合上表对比记忆两种管理类型中的教师的行为特点和学生的典型反应。

例题3:某教师对学生说:"我让你们干什么,你们就得干什么。"这种教师属于( )

A.仁慈专断型　　　　　　B.放任自流型

C.民主型　　　　　　　　D.强硬专断型

答案:D

解析:强硬专断型教师对学生严加监视,要求学生即刻无条件地接受一切命令。

例题4:李老师所教的大部分学生都喜欢他的领导方式,学生们进行所有的活动都会依据李老师的指示,但学生自身的主动学习和创造能力较差。李老师的领导方式最可能是( )

A.放任自流型　　　　　　B.仁慈专断型

C.民主平等型　　　　　　D.威严控制型

答案:B

解析:在仁慈专断型的教师管理下,学生的典型反应有:在各方面都依赖教师——在学生身上没有多大的创造性;屈从,并缺乏个人的发展。题干中李老师的管理方式属于仁慈专断型。

易错点4　教师专业化发展的有关文件

文件	颁布时间	易考点
《关于教师地位的建议》	1966年	提出教师工作应被视为一种专业
《国际标准职业分类》	——	教师被列入"专家、技术人员和有关工作者"的类别中
《中华人民共和国教师法》	1993年	教师的专业技术人员身份得到确认
《教师资格条例》	1995年	进一步明确了教师应该具备的专业素质

易错分析

教师专业化发展的有关文件是考生容易混淆的知识点,考生可按照国际—国内逐渐成熟的脉络识记该知识点。

047

例题 5：1966年，联合国教科文组织在《关于教师地位的建议》中指出，应该把教师职业视为一种（　　）

A. 独立的社会职业　　　　　　　　B. 非独立的社会职业

C. 非专门化职业　　　　　　　　　D. 专门化职业

答案：D

解析：1966年10月，国际劳工组织和联合国教科文组织在巴黎会议上通过的《关于教师地位的建议》中提出：教师工作应被视为一种专业。

易错点 5　教师劳动的复杂性与创造性

	决定因素	表现
复杂性	工作性质、任务及过程的特殊性	教师劳动性质、对象、任务、过程和手段的复杂性
创造性	劳动对象的特点	①因材施教 ②教学方法上的不断更新。"教学有法，教无定法"是对教师劳动创造性的最好注脚 ③教师需要"教育机智"

易错分析

因为教师劳动的复杂性和创造性都与学生具有差异性、教师应该因材施教相关，所以考生容易混淆。在辨别二者时，考生可以把握二者的细微差别：复杂性强调的是学生具有差异性这一具体事实；创造性强调的是针对学生差异性应该采取的具体措施，落脚在针对差异性应该因材施教上。例如，如果题干的意思是学生千差万别体现了什么，此时强调的是具体事实，体现的是复杂性。如果题干表述的是学生千差万别决定了什么或者学生千差万别教师应该怎么办，强调的是具体措施，则是创造性的体现。

例题 6：教师在面对不同学生提出相同问题的时候，应该根据不同的情况，给予他们不同的回答。例如，对于那些生性犹豫的同学应该鼓励他们立刻行动，而对于那些生性鲁莽的学生应该引导他们三思而后行。这说明教师职业的特点是（　　）

A. 创造性　　　　B. 角色性　　　　C. 复杂性　　　　D. 专业性

答案：A

解析：教师劳动的创造性主要表现之一是因材施教。题干中的教师针对不同学生的特点采取不同的教学方法，做到了因材施教，体现了教师劳动的创造性特点。

例题7：由于家庭、社会、环境的影响，以及孩子的生理发展，孩子的思想、行为、价值观都会受到冲击，一些不良的现象会侵蚀到孩子的内心深处。思想偏激的孩子越来越多，性格古怪的学生越来越多，早恋的现象比较普遍，教育对象的这些新特点对教师提出了更高的要求和更新的挑战。这体现出教师劳动的（　　）

　　A.创造性　　　　B.示范性　　　　C.复杂性　　　　D.长期性

答案：C

解析：题干表述说明了教育对象的复杂性，体现出教师劳动的复杂性特点。

易错点6　教师劳动的广延性与长期性

教师劳动的广延性：广延性是指空间的广延性。教师没有严格界定的劳动场所，课堂内外、学校内外都可能成为教师劳动的空间，这个特点是由影响学生发展因素的多样性决定的。

教师劳动的长期性：长期性指人才培养的周期比较长，教育的影响具有迟效性。

易错分析

教师劳动的广延性与长期性的内涵是易混点。考生可通过把握相应的关键词来理解：广延性强调"空间"；长期性强调"培养周期长""影响迟效"。

例题8：优秀的运动员的成功，往往要追溯到启蒙教练对其进行的培养。这说明教师劳动具有（　　）

　　A.复杂性　　　　B.创造性　　　　C.示范性　　　　D.长期性

答案：D

解析：教师劳动的长期性指人才培养的周期比较长，教育的影响具有迟效性。教师劳动的成效并不是一时就可以检验出来的，而是需要教师付出长期的大量的劳动才能看到结果、得到验证,教师的某些影响对学生终身都会产生作用。题干所述说明了教师劳动具有长期性。

易错点7　教师的本体性知识、条件性知识和实践性知识

类别	主要内容	例子
本体性知识（学科专业知识）	①特定学科的基本知识和基本技能 ②特定学科的基本理论和学科体系 ③特定学科的发展脉络 ④特定学科领域的思维方式和方法论 （本体性知识是教师知识结构的核心,但达到一定水平后,它就不再是影响教学的显著因素）	语文、数学、英语知识等
条件性知识（教育科学知识）	①学生身心发展的知识 ②教与学的知识 ③学生成绩评价的知识	教育原理、心理学、教学论、学习论、班级管理、现代教育技术等
实践性知识（课堂情境知识）	教师个人的教学技巧、教育智慧和教学风格	导入、强化、发问、课堂管理、沟通与表达、结课等技巧

易错分析

教师专业知识(合理的知识结构)主要包括本体性知识、条件性知识、实践性知识和一般文化知识。前三个为易考点,特别是教师的本体性知识与条件性知识是容易混淆的知识点。考生可这样理解：缺乏本体性知识的教师不能称为教师,缺乏条件性知识的教师不能称为好的教师。

例题9：教师不了解学生的年龄特征,说明他缺乏(　　)

A.条件性知识　　B.本体性知识　　C.实践性知识　　D.背景性知识

答案：A

解析：条件性知识主要包括：(1)学生身心发展的知识；(2)教与学的知识；(3)学生成绩评价的知识。题干中的学生的年龄特征是学生身心发展的知识,属于条件性知识。

例题 10： 一位数学教师不能正确解释圆周率的含义,说明他缺乏( )

A. 本体性知识　　　　　　　　B. 条件性知识

C. 背景性知识　　　　　　　　D. 实践性知识

答案：A

解析： 题干中的数学教师不能正确解释圆周率的含义,说明其缺乏数学学科的基本知识和基本理论,也即缺乏本体性知识。

例题 11： 语文老师关于语言、文学方面的知识,属于教师知识结构中的( )

A. 一般文化知识　　　　　　　B. 条件性知识

C. 本体性知识　　　　　　　　D. 实践性知识

答案：C

解析： 本体性知识是教师向学生传授知识的必备基础。题干所述语文老师关于语言、文学方面的知识是语文学科的基本知识,这属于教师知识结构中的本体性知识。

易错点 8　教师的专业素养

教师的专业素养包括：(1)学科专业素养(即学科知识素养)；(2)教育专业素养(先进的教育理念、良好的教育能力、一定的研究能力)；(3)人格特征；(4)良好的职业道德素质。

易错分析

教师的专业素养的具体内容及其地位是常考点,也是易混点,考生在理解上述内容时需注意：教师的工作是教书育人,即作为教师,最基本的要求是要教给学生知识,故教师胜任教学工作的基础性要求是必须具有一定的专业知识,也即学科专业素养。

例题 12： 教师的教育专业素养除了要求教师具有先进的教育理念、良好的教育能力,还要求具有一定的( )

A. 研究能力　　　B. 学习能力　　　C. 管理能力　　　D. 交往能力

答案：A

解析：教师的教育专业素养包括：(1)具有先进的教育理念；(2)具有良好的教育能力；(3)具有一定的研究能力。

易错点9 教师专业发展的阶段("自我更新"取向的教师专业发展阶段论)

阶段名称	时限	典型特征
"非关注"阶段	正式教师教育之前	该阶段所形成的"前科学"的教育教学知识、观念甚至一直迁延到教师的正式执教阶段
"虚拟关注"阶段	师范学习阶段(包括实习期)	专业发展的主体的身份是学生，至多只是"准教师"
"生存关注"阶段	新任教师阶段	专业发展的关键阶段，突出特点是"聚变与适应"，产生强烈的自我专业发展的忧患意识
"任务关注"阶段	——	开始尝试通过变更教学方式和方法对学生产生影响，着重发展自己的专业知识和一般教学知识，专业态度较为稳定
"自我更新关注"阶段	——	开始对自身的专业发展进行反思

易错分析

教师专业发展的五个阶段一般以客观题的形式考查，一些考生会因混淆教师专业发展的各个阶段的主要特征而出错。对该知识点的复习，建议考生参照表格内容对比记忆每个阶段的时限及其对应的典型特征。

例题13：新任教师有强烈的自我专业发展的忧患意识，这时其处于教师专业发展的(　　)

A.自我更新关注阶段　　　　　　B.任务关注阶段

C.生存关注阶段　　　　　　　　D.虚拟关注阶段

答案：C

解析：由题干中"新任教师""忧患意识"可判断这时的教师处于专业发展的生存关注阶段。

例题14： 处于教师职业学习阶段和实习阶段的你，在教师专业发展中处在（ ）

A. 非关注阶段　　　　　　　　B. 虚拟关注阶段

C. 生存关注阶段　　　　　　　D. 任务关注阶段

答案：B

解析："虚拟关注"阶段一般是职前接受教师教育阶段（包括实习期）。

易错点10　教师专业发展的取向

理智取向： 通过正规培训，向专家学习先进的"学科知识"和"教育知识"，以提高教育理性认识水平和教学技能。

实践—反思取向： 通过实践反思，发现教育教学意义，获得实践智慧，其主要方法有写日志、传记、构想、文献分析、教育叙事、教师访谈和参与性观察等。

文化生态取向： 教师专业发展不仅仅依靠个人努力，在更大程度上还依赖于"教学文化"或"教师文化"为其工作提供意义、支持和身份认同，其主要方式是通过学习团队建设进行协同教学、合作教研，实现共同发展。

易错分析

教师专业发展的三种取向是易混点，考生在识记此知识点时可以把握住它们的关键点。理智取向主要强调正规培训和向专家学习。实践—反思取向侧重于教师自我反思，写日记、传记、构想等是进行反思的具体方式。文化生态取向认为教师专业发展应该依靠教师群体的团体合作或协作，如合作教研。

例题15： 教师专业发展的实践—反思取向强调教学文化、教师文化以及教师所处的教研组、年级组对教师专业发展的作用。（ ）

答案：×

解析：教师专业发展的实践—反思取向主张教师通过实践反思，发现教育教学意义，获得实践智慧，其主要方法有写日志、传记、构想、文献分析、教育叙事、教师访谈和参与性观察等。题干描述的是文化生态取向的观点。

例题16： 主张教师专业发展除了个人努力外，在更大程度上还依赖于教师学习团队的建设。这种观点属于教师专业发展的（　　）

A. 感性取向　　　　　　　　B. 理智取向

C. 文化生态取向　　　　　　D. 实践—反思取向

答案： C

解析： 文化生态取向认为教师专业发展不仅仅依靠个人努力，在更大程度上还依赖于"教学文化"或"教师文化"为其工作提供意义、支持和身份认同，其主要方式是通过学习团队建设进行协同教学、合作教研，实现共同发展。

易错点11　教师专业发展的主要途径

(1) 师范教育，这是教师专业化发展的起始和奠基阶段；

(2) 入职培训；

(3) 在职培训；

(4) 自我教育，即专业化的自我建构，它是教师个体专业化发展最直接、最普遍的途径。

易错分析

教师专业发展的主要途径的特点是考生容易混淆的知识点。需要注意的是，师范教育阶段是教师专业化发展的起始和奠基阶段，对教师个体的专业化发展来说，范围和内容都很有限；而自我教育实施方便、时间限制少，主动性更强，内容更具针对性。

例题17： 从专业发展途径来说，教师在教学中内省并获得实践智慧，这属于（　　）

A. 入职辅导　　B. 在职培训　　C. 同伴互助　　D. 自我教育

答案： D

解析： 教师在教学中内省即教师的自我反思，这是教师自我教育的主要方式之一。

易错点 12 "学生是独特的人"与"学生是具有独立意义的人"的含义

学生观	含义
学生是独特的人	①学生是完整的人；②每个学生都有自身的独特性；③学生与成人之间存在着巨大的差异
学生是具有独立意义的人	①每个学生都是独立于教师的头脑之外,不以教师的意志为转移的客观存在；②学生是学习的主体；③学生是责权主体

易错分析

"学生是独特的人"与"学生是具有独立意义的人"的基本含义是容易混淆的知识点。考生可按照以下内容来进行区分："学生是独特的人"强调学生本身具备的特点,而"学生是具有独立意义的人"则侧重强调学生的主体地位。

例题 18: "把学生看成是具有独立意义的人"的基本含义是(   )

A. 每个学生都是独立于教师的头脑之外,不以教师的意志为转移的客观存在

B. 学生是学习的主体

C. 每个学生都有自身的独特性

D. 学生是责权主体

答案：ABD

解析： C 项属于"学生是独特的人"的基本含义之一,不符合题干要求,故排除。A、B、D 项均属于"学生是具有独立意义的人"的基本含义。

易错点 13 关于师生关系的几种看法

学说	两种对立的观点		学生主体地位与教师主导作用相统一
	教师中心论	儿童中心论(学生中心论)	
代表人物	赫尔巴特(德)	卢梭(法)和杜威(美)	我国教育工作者
主要观点	教师在教育教学过程中起主宰作用,强调教师的权威作用	教育的目的在于促进学生的成长,因此教育要从学生的兴趣和需要出发,整个教育过程要围绕学生进行	学生在教育活动中始终处于主体的地位,教师在教育活动中始终处于矛盾的主要方面,是教育活动的主导。教师主导的根本任务是发挥并且不断提高学生的主体性

	只看到了教师的主导作用,忽视了学生的主观能动性,在教育实践中使教育活动脱离学生的实际,以致难以达到预期的效果	过分夸大了学生的主观能动性,忽视了学生是教育对象这一基本事实,结果会导致教育质量下降	—
不足			

易错分析

对于该知识点,一些考生容易混淆教师中心论与学生中心论的代表人物及主要观点。对此,考生可与教育学部分第一章的内容结合复习,当了解了各观点代表人物的教育思想后,对于该知识点的学习便会轻松许多。

例题19:"教师中心论"的代表人物是(   )

A. 赫尔巴特　　　B. 卢梭　　　C. 杜威　　　D. 赞科夫

答案:A

例题20:认为学生是教育和教学活动的中心,教师应该从学生的兴趣、个性等方面出发安排教育教学活动。这种观点属于(   )

A. 教师中心论　　　　　　　B. 学生中心论

C. 教为主导、学为主体论　　　D. 双主体论

答案:B

解析:由"学生是教育和教学活动的中心"可判断该观点属于学生中心论。

例题21:在教育活动中起主导作用的是(   )

A. 教师　　　B. 学生　　　C. 教材　　　D. 教学手段

答案:A

解析:教育活动中的师生关系是学生主体地位与教师主导作用的统一,所以教师在教育活动中起主导作用。

易错点14　师生关系的内容

在教育内容的教学上——授受关系

在人格上——平等关系

在社会道德上——互相促进关系

易错分析

师生关系的内容是常考点也是易混点,考生在复习过程中,可结合上述内容理解记忆。

例题22:师生关系在道德上是授受与服从的关系。(　　)

答案:×

解析:师生关系在道德上应是相互促进的关系。

易错点15　师生关系的基本类型

类型	表现		
	教师	学生	师生交往
专制型	教学责任心强,不讲求方式方法,不注意听取学生意愿和与学生协作	唯命是从,不能发挥独立性、创造性,学习被动	缺乏情感因素,教师的专断粗暴、简单随意会引起学生的反感、憎恶甚至对抗,造成师生关系紧张
放任型	缺乏责任心和爱心,对学生的学习和发展任其自然	对教师的教学能力怀疑、失望;对教师的人格议论、轻视	师生关系冷漠,班级秩序失控,教学效果较差
民主型	能力强、威信高,善于同学生交流,不断调整教学进程和方法	学习积极性高,兴趣广泛、独立思考,和教师配合默契	理想的师生关系类型

易错分析

师生关系的三种基本类型是考生容易混淆的知识点。对该知识点的复习,考生可抓住每种类型的关键点(专制型——专断粗暴;放任型——任其发展;民主型——有商有量)并结合表格内容进行记忆。

例题23: 张老师缺乏责任心和爱心,对学生的学习和发展采取放任自由的态度;学生对他的教学能力产生怀疑,并常常议论其人格;师生关系冷漠,教学效果较差。由此推测张老师与学生之间的关系倾向于(　　)师生关系。

A.专制型　　　　B.放任型　　　　C.民主型　　　　D.友好型

答案:B

解析:题干中张老师与学生的关系为放任型师生关系的典型表现。

例题24: 王老师能力强,威信高,善于与学生交流,经常倾听学生对于开展教学的意见。班上的学生学习积极性高、兴趣广泛,和老师配合默契。这种师生关系属于(　　)

A.专制型　　　　B.放任型　　　　C.民主型　　　　D.权威型

答案:C

解析:题干所述是民主型师生关系中教师和学生的常见表现。

易错点16　影响师生关系的关键因素

教师是教育过程的组织者,在全部教育活动中起主导作用。从根本上说,良好的师生关系首先取决于教师。

易错分析

对于影响师生关系的关键因素,一些考生可能会受"学生在教育过程中处于主体地位"的影响而误认为是"学生"。实际上,在教育活动中起着主导作用的教师才是影响师生关系的关键所在,因为教师的主导作用发挥得越好,学生学习的主动性、积极性才会越高。

例题25: 解决师生冲突的关键是(　　)

A.学生　　　　B.教师　　　　C.校长　　　　D.家长

答案:B

解析:教师是教育过程的组织者,在全部教育活动中起主导作用。从根本上说,解决师生冲突,建立良好的师生关系的关键是教师。

易错演练

一、单项选择题

1. 教师不允许学生有不同意见,包揽一切活动;学生跟着教师设计的步子走,主动性和积极性较差。这种状态最可能出现于(　　)师生关系的课堂。
   A. 放任型　　　B. 民主型　　　C. 参与型　　　D. 专制型

2. 教师个体专业化发展最直接、最普遍的途径是(　　)
   A. 师范教育　　B. 入职培训　　C. 自我教育　　D. 在职培训

3. 具有先进的教育理念属于教师的(　　)
   A. 文化素养　　　　　　　　　B. 学科知识素养
   C. 教育专业素养　　　　　　　D. 职业素养

4. 这次小明数学没有考好,课上情绪特别低落,下课后,数学老师向家长说明了这个情况。这反映了教师劳动的(　　)
   A. 长期性　　　B. 示范性　　　C. 广延性　　　D. 间接性

5. 教师认识教育对象、开展教育教学活动所需要的教育学、心理学、现代教育技术等学科知识属于教师知识结构中的(　　)
   A. 本体性知识　　　　　　　　B. 条件性知识
   C. 实践性知识　　　　　　　　D. 专业性知识

6. 学校派工作两年多的王老师参加了一次"国培计划",回校后他说:"参加这样的集中学习,收获较大,解决了我的许多困惑。"这里有效促进王老师专业发展的途径是(　　)
   A. 职业培养　　　　　　　　　B. 岗前培训
   C. 在职培训　　　　　　　　　D. 资格培训

7. 李老师每次上课之前都会思考采用哪种教学方法孩子们更容易接受。根据自我更新取向的教师专业发展阶段理论,李老师的专业发展处于(　　)
   A. 虚拟关注阶段　　　　　　　B. 生存关注阶段
   C. 任务关注阶段　　　　　　　D. 自我更新关注阶段

8. (　　)是学生主观能动性最基本的表现。
   A. 自主性　　　B. 自觉性　　　C. 独立性　　　D. 创造性

9. 学生往往会"度德而师之",因而要求教师应扮演好(　　)
   A. 研究者角色　　　　　　　　　　B. 管理者角色
   C. 示范者角色　　　　　　　　　　D. 授业、解惑者角色

10. "走上讲台,我就是课程。"这句话深刻揭示了教师劳动的(　　)
    A. 复杂性　　　B. 创造性　　　C. 长期性　　　D. 示范性

二、多项选择题

1. 我国新型师生关系的基本特征是(　　)
   A. 尊师爱生　　　　　　　　　　　B. 民主平等
   C. 教学相长　　　　　　　　　　　D. 心理相容

2. 教师劳动的特点有(　　)
   A. 复杂性　　　B. 创造性　　　C. 示范性　　　D. 长期性

三、判断题

1. 学生具有依赖性,因此并不能成为自我教育的主体。（　　）
2. 师生关系表现在教育内容上是授受关系。（　　）
3. 具有一定的研究能力属于教师的人格素养。（　　）
4. 处于"任务关注"阶段的教师专业发展的突出特点是"骤变与适应"。（　　）

四、案例分析题

夏老师一直秉持"每个孩子都是一座金矿"的教育理念。基于此,她与学生建立起两个网络平台:"心情晴雨表"和"我有话悄悄说"。通过前一个平台,学生与老师分享喜怒哀乐;通过后一个平台,学生说出老师对自己的误解或不公,老师开展自我批评。这两个平台成为夏老师与学生心灵沟通的桥梁,渐渐地,夏老师与所有学生都成了无话不谈的好朋友,成为了学生心目中的"女神"。

1. 依据理想师生关系的基本特征,夏老师与学生之间做到了(　　)
   A. 尊师爱生　　　B. 教学相长　　　C. 民主平等　　　D. 心理相容

2. 影响师生关系的因素有(　　)
   A. 教师的智慧和人格　　　　　　　B. 学生对老师的认识
   C. 学校的人际关系环境　　　　　　D. 课堂的组织环境

第五章 课程

本章共提炼14个易错点。

易错点1 "课程"的渊源

我国	唐朝孔颖达在《五经正义》中为《诗经·小雅·巧言》中的"奕奕寝庙,君子作之"一句注疏:"维护课程,必君子监之,乃得依法制也。"	"课程"一词在汉语文献中的最早显露,但并不是现代意义上的课程
	南宋朱熹在《朱子全书·论学》中亦有"宽着期限,紧着课程""小立课程,大作功夫"等句	与我们现在对课程的理解有相似之处
西方	"课程"一词最早出现在英国教育家斯宾塞的《什么知识最有价值》一文中	最早把"课程"用作一个专门的教育术语
	1918年,美国学者博比特出版《课程》一书	标志着课程作为专门研究领域的诞生

易错分析

在我国,"课程"一词的最早出处与现代意义的"课程"的提出是容易混淆的知识点,考生在备考过程中需要准确识记。此外,西方国家有关"课程"的两部著作也是易考点,考生需注意其作者、地位等。

例题1:下列表述与现代意义上的"课程"含义最不接近的是( )

A. 维护课程,必君子监之,乃得依法制也

B. 宽着期限,紧着课程

C. 一切的课程内容应当从学术中引出来

D. 课程是学习者在学校指导下的一切经验

答案:A

易错点2 古德莱德关于课程的定义

美国学者古德莱德归纳出五种不同的课程:

(1)理想的课程,即由一些研究机构、学术团体和课程专家提出的应该开设的课程。

(2)正式的课程,即由教育行政部门规定的课程计划、课程标准和教材,也就是列入学校课程表中的课程。

(3)领悟的课程,即任课教师所领会的课程。

(4)运作的课程,即在课堂上实际实施的课程。

(5)经验的课程,即学生实际体验到的东西。

易错分析

古德莱德的五种课程类型是容易混淆的知识点,考生可结合每种课程定义方式的关键点进行区分:理想的课程——专家提出的应该开设的课程(理论层面);正式的课程——课程表中的课程;领悟的课程——教师所领会、理解的课程("师定课程");运作的课程——实际实施的课程;经验的课程——学生亲身体验到的东西("生定课程")。

例题2: 根据美国学者古德莱德归纳的五种不同的课程类型,我国在义务教育阶段所制订的课程计划和统一使用的语文、英语教材属于( )

A.经验的课程 B.理想的课程
C.领悟的课程 D.正式的课程

答案:D

例题3: "一千个读者就有一千个哈姆雷特",每位学生在课堂上感受到的课程往往不同。按照古德莱德的课程层次理论,这里谈的是( )

A.正式的课程 B.领悟的课程
C.运作的课程 D.经验的课程

答案:D

解析:经验的课程,即学生实际体验到的东西。题干中每位学生在课堂上感受到的课程往往不同,就体现了经验的课程的内涵。

易错点 3　课程的分类

分类依据	类型
课程内容所固有的属性	学科课程与活动课程
课程内容的组织方式	分科课程与综合课程
对学生学习要求的角度或学生选课的自主性	必修课程与选修课程
课程设计、开发和管理的主体	国家课程、地方课程与校本课程
课程任务	基础型课程、拓展型课程与研究型课程
课程的表现形式或对学生的影响方式	显性课程与隐性课程
课程功能	工具性课程、知识性课程、技能性课程与实践性课程
课程的组织核心	学科中心课程、学生中心课程与社会中心课程

易错分析

关于课程的分类，因为其分类依据多种多样，考生很容易记混淆。考生可以参照上表的内容进行对比记忆。

例题4： 课程是指学校学生所应学习的学科总和及其进程与安排。从课程功能的角度，可把课程分为(　　)

A. 基础型课程、拓展型课程、研究型课程

B. 学科中心课程、学生中心课程、社会中心课程

C. 工具性课程、知识性课程、技能性课程、实践性课程

D. 小学课程、初中课程、高中课程

答案：C

例题5： 按照课程内容的固有属性来划分，课程可分为(　　)

A. 学科课程　　B. 综合课程　　C. 选修课程　　D. 活动课程

答案：AD

易错点 4　综合课程的几种形式

<u>相关课程</u>——也称联络课程，指两种或两种以上学科在一些主题或观点上相互

联系起来,但又维持各学科原来的独立状态的课程。(例如,在语文与历史,历史与地理,数学与物理、化学,化学与生物等相邻学科之间确定科际联系点,使各学科间保持密切的横向联系)

<mark>融合课程</mark>——也称合科课程,指把有内在联系的学科内容融合在一起而形成的一门新的学科,与相关课程不同,合并后原来的科目不再单独存在。(例如,把动物学、植物学、微生物学、生理学、解剖学、遗传学融合为生物学)

<mark>广域课程</mark>——指合并数门相邻学科的内容形成的课程,在范围上比融合课程要大。(例如,社会研究课综合了历史、地理、经济学、社会学、政治学、法学和人类学等有关学科内容)

<mark>核心课程</mark>——指以个人或社会生活的现实问题为核心,将其他学科的内容围绕核心组织起来,由一位教师或教师小组连续教学的课程。(例如,以人类生存、环境保护、交通运输、社会组织和管理、娱乐和审美活动等人类的基本活动为主题设计的课程)

易错分析

综合课程的几种表现形式是常考点,也是较难理解的知识点。考生可结合具体的例子对这几种表现形式进行理解掌握。

例题6:合并数门相邻学科内容而形成的课程,如有的国家把地理、历史综合形成"社会研究"课程,把物理、化学、生理、实用技术综合成"综合自然科学",这种课程是(　　)

A. 联络课程 B. 广域课程
C. 相关课程 D. 融合课程

答案:B

例题7:综合课程的形式有(　　)

A. 核心课程 B. 融合课程
C. 潜在课程 D. 活动课程

答案: AB

解析: 综合课程的主要形式有"相关课程""融合课程""广域课程""核心课程"等。

易错点5 隐性课程的主要表现形式

(1)**观念性隐性课程**。包括隐藏于显性课程之中的意识形态,学校的校风、学风,有关领导与教师的教育理念、价值观、知识观、教学风格、教学指导思想等。

(2)**物质性隐性课程**。包括学校建筑、教室的布置、校园环境等。

(3)**制度性隐性课程**。包括学校管理体制、学校组织机构、班级管理方式、班级运行方式等。

(4)**心理性隐性课程**。主要包括学校人际关系状况,师生特有的心态、行为方式等。

易错分析

隐性课程的四种表现形式是容易混淆的知识点,考生可结合各自的关键点进行区分:观念性隐性课程侧重于思想意识和文化价值领域;物质性隐性课程以直观可见的形式存在;制度性隐性课程指的是学校内的各种规章制度、管理结构及运行机制;心理性隐性课程关注的是人际交往过程中的情感交流、心态反应和行为模式。

例题8: 赫尔巴特曾经指出"如果不坚强而温和地抓住管理的缰绳,任何功课的教学都是不可能的"。这种观点主要体现了(　　)的特点。

A. 观念性隐性课程　　　　　　　　B. 物质性隐性课程
C. 制度性隐性课程　　　　　　　　D. 心理性隐性课程

答案: C

解析: 制度性隐性课程包括学校管理体制、学校组织机构、班级管理方式、班级运行方式等。题干中赫尔巴特强调的"管理"即属于制度性隐性课程。

易错点6　学科中心课程理论的主要流派

主要流派	代表人物	主要观点
结构主义课程理论	布鲁纳	以学科结构为课程中心，认为人的学习是认知结构不断改进与完善的过程
要素主义课程理论	巴格莱	课程的内容应该是人类文化的"共同要素"
永恒主义课程理论	赫钦斯	"永恒学科"是课程的核心

易错分析

学科中心课程理论不同流派的代表人物及其主要观点是易混点，考生在识记此知识点时，可参照上表的内容进行对比记忆。

例题9：美国教育学家布鲁纳提出的课程理论是（　　）

A. 结构主义课程论　　　　　　B. 社会本位课程论

C. 要素主义课程论　　　　　　D. 永恒主义课程论

答案：A

解析：结构主义课程理论的创始人是布鲁纳。

易错点7　行为性目标取向和表现性目标取向

行为性目标是期待的学生的学习结果，具有导向、控制、激励与评价功能。它指明了课程结束后学生自身所发生的行为变化。它的基本特点是：目标精确、具体和可操作。

表现性目标指在教育情境的种种遭遇中每一个学生个性化的创造性表现。它关注学生的创造精神、批判思维，适合以学生活动为主的课程安排。

易错分析

行为性目标取向和表现性目标取向是容易混淆的知识点，考生可结合二者的关键点进行区分：前者注重标准化和可衡量的学习成果，适用于基础知识和基本技能的教学；后者关注的是难以量化的、富有创造性和个体差异的表现，更适合创新能力培养。

例题 10：在课程目标编写时，如果某一课程目标侧重于学生需要掌握的基础知识和基本技能，其课程目标取向是（　　）

A. 普遍性目标取向　　　　　　　　B. 行为性目标取向

C. 生成性目标取向　　　　　　　　D. 表现性目标取向

答案：B

例题 11：美术课上，郭老师在讲解《创意空间》这一节课时，没有直接介绍创意空间的概念及要求，而是让学生进行自由创作，利用手中的画笔、卡纸和模具来完成创意制作。这种课程目标取向属于（　　）

A. 普遍性目标取向　　　　　　　　B. 行为性目标取向

C. 生成性目标取向　　　　　　　　D. 表现性目标取向

答案：D

解析：由"让学生进行自由创作"可知，郭老师关注的是学生的创造精神，故选 D 项。

易错点 8　课程计划与课程标准的概念

课程计划是根据一定的教育目的和培养目标，由教育行政部门制定的有关学校教育和教学工作的指导性文件。

课程标准是课程计划中每门学科以纲要的形式编写的、有关学科教学内容的指导性文件，是课程计划的分学科展开。

易错分析

课程计划与课程标准的概念是易混点，考生在理解这两个概念时，需注意：课程计划一般是宏观上的指导，而课程标准是对某一具体学科的指导。

例题 12：课程标准是由教育行政部门制定的有关学校教育和教学工作的指导性文件。（　　）

答案：×

解析：题干所述为课程计划的概念，课程标准是具体学科的指导性文件。

易错点9 义务教育阶段课程设置的特点与教学计划的特征

课程设置	教学计划
普及性	普遍性
基础性	基础性
发展性	强制性

易错分析

义务教育阶段(小学、初中阶段)课程设置的特点与义务教育阶段教学计划的特征是易混点,考生在复习过程中可结合表格内容进行对比记忆。此外,考生还需掌握高中阶段课程设置的特点——时代性、基础性和选择性,以便于与义务教育阶段课程设置的特点进行区分。

例题13： 义务教育阶段的课程应体现(　　)

A. 普及性　　　　B. 强制性　　　　C. 基础性　　　　D. 发展性

答案：ACD

解析：强制性是义务教育阶段教学计划的特征。

例题14： 我国义务教育阶段的教学计划具有以下哪几个基本特征(　　)

A. 强制性　　　　B. 普遍性　　　　C. 普及性　　　　D. 基础性

答案：ABD

解析：义务教育阶段的教学计划具有强制性、普遍性、基础性的特点。

易错点10 教材与教科书

教材是根据学科课程标准系统阐述学科内容的教学用书,它是知识授受活动的主要信息媒介,是课程标准的进一步展开和具体化。教材包括教科书、讲义、讲授提纲、参考书、活动指导书以及各种视听材料。它可以是印刷品(包括教科书、教学指导用书、补充读物、图表等),也可以是音像制品(包括幻灯片、电影、录音带、录像带、磁盘、光盘等)。

教科书是学生获取系统知识的重要工具,也是教师进行教学的主要依据。

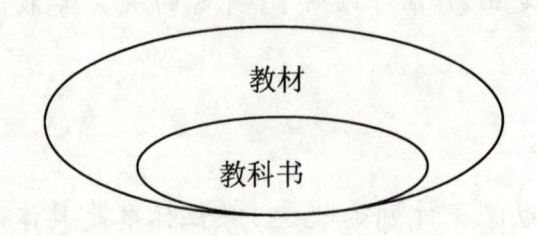

易错分析

考生出错多因混淆了教材和教科书的关系,将二者视为同一概念。教材的范围比教科书要大,二者是包含与被包含的关系,不能等同。考生可结合上述内容进行理解。

例题15：教材就是教科书。（   ）

答案：×

解析：教材是根据学科课程标准系统阐述学科内容的教学用书,它是知识授受活动的主要信息媒介,是课程标准的进一步展开和具体化。教科书是学生获取系统知识的重要工具,也是教师进行教学的主要依据。教材包括教科书,教材的范围大于教科书,二者不能等同。

易错点11　新课程倡导的中小学课程设置的特点

- 小学阶段——以综合课程为主
- 初中阶段——设置分科与综合相结合的课程
- 高中阶段——以分科课程为主

易错分析

新课改倡导的中小学的课程设置是常考点也是易混点,考生可结合以下内容来理解:不同学段设置不同类型的课程主要是考虑到学生的年龄特征及身心发展规律等,故在低年级以综合课程为主,逐渐过渡到分科与综合相结合,再过渡到以分科课程为主。

例题16：下列关于我国中小学课程设置的说法,不正确的是(   )

A. 小学教育以综合课程为主

B. 初中教育设置分科与综合相结合的课程

C. 普通高中教育以分科课程为主

D. 小学和初中属于义务教育阶段,所以均以综合课程为主

答案：D

解析：小学教育以综合课程为主，初中教育设置分科与综合相结合的课程。

易错点 12　课程设计的主要模式

模式	代表人物	主要内容
目标模式	泰勒	①以目标为课程开发的基础和核心，围绕课程目标的确定、实现和评价等环节进行课程开发 ②一个完整的课程开发过程包括四个步骤：确定课程目标（最为关键）、根据目标选择课程内容、根据目标组织课程内容、根据目标评价课程
过程模式	斯腾豪斯	课程的开发是一个连续不断的研究过程，并贯穿着对整个过程的评价和修正，教师是课程开发过程的核心人物

易错分析

上述两个课程设计模式的代表人物及其主要内容是易混点，二者的最大区别就是泰勒的目标模式强调一切活动围绕目标进行，斯腾豪斯的过程模式强调过程的重要性。此外，考生还要注意将课程设计的主要模式与课程评价的主要模式加以区分，避免混淆。

例题 17：泰勒的课程编制原理强调课程目标的主导作用。（　　）

答案：√

解析：泰勒的目标模式是以目标为课程开发的基础和核心，围绕课程目标的确定、实现和评价等环节进行课程开发的模式。

例题 18：在对课程开发时，不预先制定目标，而是详细说明内容和过程的各种原理，然后在教学活动经验中，不断进行改进、修正的课程开发模式属于（　　）

A．过程模式　　　B．目标模式　　　C．情境模式　　　D．评价模式

答案：A

解析：过程模式是指课程的开发不是为了生产出一套"计划"，然后予以实施和评价的过程，而是一个连续不断的研究过程，并贯穿着对整个过程的评价和修正。

易错点 13 课程实施的三种取向

忠实取向：设计好的课程是不能改变的，课程实施的过程应该是忠实地执行课程计划的过程。

相互调适取向：设计好的课程计划是可以变动的，课程实施过程是课程计划与班级或学校实际情境在课程目标、内容、方法、组织模式诸方面相互调整、改变与适应的过程。

创生取向：设计好的课程并不是固定不变的，课程实施的过程也是课程的设计过程。课程实施的过程是在具体教育情境中由师生共同创生新的教育经验的过程，原来设计好的课程只是这个"经验"创生过程中可供选择的材料之一。

易错分析

课程实施的三种取向是容易混淆的知识点，尤其是相互调适取向与创生取向考生更不容易区分。在识记时考生要明白，相互调适取向重在"可变"，即课程实施过程中可以对课程目标、内容、方法、组织模式诸方面相互调整、改变与适应，而创生取向要记住关键词"经验"。

例题 19：周老师上课时严格按照教材内容进行教学，反对到社会生活实践中挖掘课程资源，这反映了课程实施中的创生取向。（　　）

答案：×

解析：课程实施的忠实取向认为，设计好的课程是不能改变的，课程实施的过程应该是忠实地执行课程计划的过程。题干所述为课程实施的忠实取向。

例题 20：刘老师在教学中，特别注重课程实施过程中与学生讨论、对话和沟通所产生的灵感和实际经验。这说明刘老师的课程实施取向是（　　）

A. 忠实取向
B. 创生取向
C. 相互调适取向
D. 长善救失取向

答案：B

解析：课程实施的创生取向认为，课程实施的过程是在具体教育情境中由师生共同创生新的教育经验的过程,原来设计好的课程只是这个"经验"创生过程中可供选择的材料之一。依据题干描述可知 B 选项正确。

易错点 14　课程资源开发和利用的理念

(1)课程标准和教科书等是基本而特殊的课程资源;

(2)教师是最重要的课程资源;

(3)学生既是课程资源的消费者,又是课程资源的开发者;

(4)教学过程是师生运用课程资源共同建构知识和人生的过程。

> **易错分析**
>
> 不同的课程资源的地位是易混点,考生可以运用提取关键词的方法来记忆,如:课程标准和教科书——基本而特殊;教师——最重要。

例题21: 学校教育中基本而特殊的课程资源是(　　)

A.教师　　　　B.学生　　　　C.教科书　　　　D.校长

答案:C

例题22: 最重要的课程资源是(　　)

A.学生　　　　B.教学过程　　　　C.教材　　　　D.教师

答案:D

易错演练

一、单项选择题

1.下列哪位教育家最早把"课程"用作一个专门的教育术语(　　)

A.老子　　　　B.斯宾塞　　　　C.柏拉图　　　　D.杜威

2.(　　)是编写教科书的直接依据,是教师进行教学工作的基本依据,也是衡量各科教学质量的重要标准。

A.课程计划　　　　B.教学计划　　　　C.培养方案　　　　D.课程标准

3.下列关于课程资源的说法中,正确的是(　　)

A.教师和学生不是课程资源　　　　B.课程资源越多越好

C. 课程资源具有多样性　　　　　　D. 课程资源就是教科书

4. 课程的 CIPP 评价模式是由(　　)提出来的。

A. 泰勒　　　　　　　　　　　　　B. 斯塔弗尔比姆

C. 斯塔克　　　　　　　　　　　　D. 斯克里文

5. 教师突破教材文本,结合学生特点与课堂现实情境,创生出更适合学生的课程,这是一种(　　)的课程实施。

A. 忠实取向　　　　　　　　　　　B. 相互调适取向

C. 自由取向　　　　　　　　　　　D. 创生取向

6. 泰勒于1949年出版的《课程与教学的基本原理》一书系统地提出了课程编制的四个阶段,其中最为关键且指导课程设计展开的阶段是(　　)

A. 选择课程内容　　　　　　　　　B. 组织课程内容

C. 监测课程实施　　　　　　　　　D. 确定课程目标

7. 课堂上,教师让各小组用自己的方式展示对友情的理解,出现了故事讲述、小品表演、诗歌朗诵等多种形式。这一教学行为旨在达成(　　)

A. 行为性目标　　　　　　　　　　B. 普遍性目标

C. 表现性目标　　　　　　　　　　D. 生成性目标

二、多项选择题

1. 教材是教师进行教学活动的主要依据,下列属于教材的是(　　)

A. 教科书　　　B. 光盘　　　C. 参考书　　　D. 图表

E. 幻灯片

2. 课程评价的主要模式有(　　)

A. 过程模式　　　　　　　　　　　B. CIPP 模式

C. CSE 模式　　　　　　　　　　　D. 结果模式

E. 目的游离模式

三、简答题

简述课程资源开发和利用的理念。

第六章　教学

本章共提炼25个易错点。

易错点 1　教学与教育、智育的关系

1. 教学与教育

教学与教育是一种部分与整体的关系。教育包括教学,教学只是学校进行教育的一个基本途径。除教学外,学校还通过课外活动、生产劳动、社会活动等途径对学生进行教育。

2. 教学与智育

作为教育的一个组成部分的智育,主要是通过教学进行的,但不能把两者等同。教学是智育的主要途径,但不是唯一途径。一方面,教学也是德育、美育、体育、劳动技术教育的途径;另一方面,智育也需要通过课外活动等才能全面实现。

易错分析

教学与智育的关系是易考点也是易混点,此外,教学与教育的关系也是容易混淆的知识点。考生可通过它们之间的关系图来区分理解:

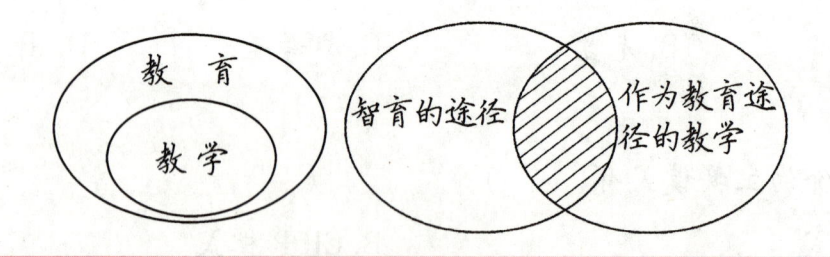

例题1:在教育理论中,教育与教学的关系是(　　)

A. 结果与过程的关系　　　　　　B. 整体与部分的关系

C. 目标与手段的关系　　　　　　D. 内容与方法的关系

答案:B

例题2:教学与智育是两个易混淆的概念,它们两个是并列关系。(　　)

答案:×

解析： 教学是智育的主要途径，智育也需要通过课外活动等才能全面实现。二者并不是并列关系。

易错点2 形式教育论与实质教育论

	代表人物	主要观点
形式教育论	洛克、裴斯泰洛齐	重视发展学生的智力
实质教育论	赫尔巴特、斯宾塞	强调传授给学生有用的知识

易错分析

形式教育论与实质教育论的代表人物及其主要观点是易混点。考生在掌握此知识点时，可结合上面的表格进行对比记忆。

例题3： 教学的主要任务在于传授给学生有用的知识，至于学生的智力和能力则无需进行特殊的培养和训练。这种观点属于（　　）

A. 形式教育论　　B. 生活教育论　　C. 自然教育论　　D. 实质教育论

答案：D

易错点3 掌握知识与发展智力的联系

（1）掌握知识与发展智力这两个教学任务统一在同一个教学活动之中，统一在同一个认识主体的认识活动之中；（2）掌握知识是发展智力的基础；（3）发展智力又是掌握知识的重要条件。

易错分析

掌握知识与发展智力的联系是考生容易混淆的一个知识点。考生在识记此知识点时，可将这两者的联系简单地记为：知识是基础，智力是条件。

例题4： 下列关于掌握知识与发展智力的关系，说法错误的是（　　）

A. 掌握知识是发展智力的基础　　B. 掌握知识就是为了发展智力

C. 发展智力是掌握知识的重要条件　　D. 二者统一在同一个教学活动之中

答案：B

易错点 4　教学方法的概念

教学方法是指教师和学生为了完成教学任务、实现教学目标而采取的共同活动方式，是教师引导学生掌握知识技能、获得身心发展而共同活动的方法。它包括教师教的方法和学生学的方法。

易错分析

部分考生对教学方法的概念理解不透彻，导致做题过程中出错。考生在遇到涉及"教学"字眼的判断题时，如果题干仅仅解释了其中的一个字——"教"或"学"，则一般都是错误的。

例题5： 教学方法就是教师讲课的方法，是教师为完成教学任务而采用的方法。（　　）

答案：×

易错点 5　注入式教学与启发式教学

注入式是一种"填鸭式"的教学方法，是指教师从主观出发，把学生看成单纯接受知识的容器，向学生灌注知识，无视学生在学习上的主观能动性。

启发式是指教师从学生实际出发，采取各种有效的形式去调动学生学习的积极性，指导他们自己去学习的方法。

易错分析

在我国传统教学中，教师多使用灌输的方式进行教学，在此过程中运用最多的又是讲授法，因此，有考生会将讲授法等同于注入式教学，这是错误的。考生要明白：衡量一种教学方法是否具有启发性，关键是看教师能否促进学生积极主动地去学习，而不是单从形式上去加以判断。

例题6： 讲授法很难关注学生的个别差异，不利于学生主动探究能力的培养，是一种注入式教学。（　　）

答案：×

解析： 运用讲授法时，如果把学生看成单纯接受知识的容器，向学生灌注知识，无视学生在学习上的主观能动性，则是注入式的教学方法；如果采取各种有效的形式去调动学生学习的积极性，则是启发式的教学方法。故不能简单地说讲授法是注入式教学还是启发式教学。

易错点6　讲授法的形式

有人将讲授法分为讲读、讲述、讲解和讲演四种，含义如下表所述：

形式	含义
讲读	读（教科书）与讲的结合，边读边讲，亦称串讲
讲述	教师向学生描绘学习的对象、介绍学习的材料、叙述事物产生变化的过程
讲解	教师向学生对概念、原理、规律、公式等进行解释、论证
讲演	教师不仅要系统全面地描述事实，而且要通过深入分析、推理、论证来归纳、概括科学的概念或结论

易错分析

讲授法的四种形式是易混知识点，考生在复习过程中可运用提取关键词的方法来掌握这四种形式的含义。例如：讲读——边读边讲，讲述——描绘、介绍、叙述，讲解——解释、论证，讲演——推理、概括。

例题7： 在教学过程中，夏老师运用通俗易懂、科学准确的语言对教材内容进行解释、说明、论证。夏老师采用的这种讲授方式为（　　）

A. 讲述　　　　B. 讲解　　　　C. 讲读　　　　D. 讲演

答案：B

解析： 讲解是教师向学生对概念、原理、规律、公式等进行解释、论证。题干中夏老师采用的讲授方式为讲解。

例题8： （　　）教学时，要求教师不仅要系统全面地描述事实，而且要通过深入分析、推理、论证来归纳、概括科学的概念或结论。

A. 讲述　　　　B. 讲解　　　　C. 讲演　　　　D. 讲读

答案：C

易错点7 谈话法与讨论法

谈话法也叫问答法,它是教师按一定的教学要求向学生提出问题让学生回答,通过问答、对话的形式来引导学生思考、探究,获取或巩固知识,促进学生智能发展的方法。

讨论法是全班或小组成员在教师的指导下,围绕某一中心问题发表自己的看法和见解,从而进行相互学习的一种方法。

易错分析

谈话法与讨论法是容易混淆的知识点,考生可结合以下内容进行理解掌握:

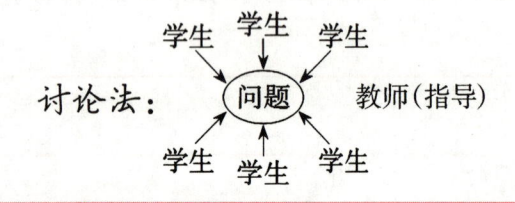

谈话法：教师 ⇌(交流互动) 学生

讨论法：学生、学生、学生 → 问题 ← 学生、学生、学生　教师(指导)

例题9:在刘老师指导下,全班围绕中英文化差异这一中心问题发表自己的见解和看法,从而进行相互学习。刘老师主要运用了(　　)

A.谈话法　　　　B.讨论法　　　　C.讲授法　　　　D.演示法

答案:B

解析:讨论法是指全班或小组成员在教师的指导下,围绕某一中心问题发表自己的看法和见解,从而进行相互学习的一种方法。刘老师指导全班围绕中英文化差异这一中心问题发表自己的见解和看法,主要运用了讨论法。

易错点8 演示法与实验法

演示法是指教师通过展示实物、教具和示范性的实验来说明、印证某一事物和现象,使学生掌握新知识的一种教学方法。

实验法是指教师引导学生使用一定的仪器和设备,进行独立操作,引起某些事物和现象产生变化,从而使学生获得直接经验,培养学生技能和技巧的教学方法。

易错分析

部分考生看到题目中有"实验"二字就认为题目考查的是实验法,从而造成误选。在复习过程中,演示法中的实验演示与实验法容易造成混淆,考生可结合以下内容进行理解:

实验演示——教师做实验,学生看

实验法——学生做实验,教师指导

例题10: 在科学课上,教师通过做水的加温和降温实验,让学生观察水的"三态"变化。这种教学方法是(　　)

A. 讲授法　　　　B. 实验法　　　　C. 演示法　　　　D. 参观法

答案:C

解析: 演示法是指教师通过展示实物、教具和示范性的实验来说明、印证某一事物和现象,使学生掌握新知识的一种教学方法。题干中的教师通过做实验让学生观察水的"三态"变化,体现了对演示法的运用。

例题11: 生物老师让同学们制作标本,用显微镜观察"在草履虫培养液中加入食盐后草履虫的反应"。该老师运用的教学方法为(　　)

A. 讲授法　　　　　　　　　　B. 实验法

C. 读书指导法　　　　　　　　D. 演示法

答案:B

解析: 题干中,生物老师让学生制作标本,让学生运用显微镜进行观察,表明该老师运用的教学方法是实验法。

易错点9　实习作业法与实践活动法

实习作业法是指教师根据学科课程标准要求,指导学生运用所学知识在课上或课外进行实际操作,将知识运用于实践的教学方法。这种方法在自然学科的教学中占有重要的地位,如数学课的测量练习、生物课的植物栽培和动物饲养等。

实践活动法是指让学生参加社会实践活动,培养学生解决实际问题的能力和多方面实践能力的教学方法。

易错分析

考生在理解实习作业法时,需要记住一些关键词,如"实际操作""自然学科"等。在做题过程中,若遇到题干中出现"地理""数学"等自然学科类字眼或者"课程标准""实际操作"等字眼时,则一般选择实习作业法。考生在理解实践活动法时,要注意与实习作业法进行区分,二者的区别在于知识是否来自书本:实习作业法培养的是学生运用书本知识从事实际工作的能力,而实践活动法强调培养学生解决实际问题的能力和多方面实践能力。

例题12:学生在教师的指导下进行数学的实地测算、地理的地形测绘、生物的植物栽培。这属于下列哪种教学方法(　　)

A. 实验法　　　　　　　　　　B. 实践活动法

C. 演示法　　　　　　　　　　D. 实习作业法

答案:D

解析:实习作业法是指教师根据学科课程标准要求,指导学生运用所学知识在课上或课外进行实际操作,将知识运用于实践的教学方法。题干中"数学的实地测算、地理的地形测绘、生物的植物栽培"都是学生在教师指导下进行的实际操作,将所学理论知识运用于实践的体现,故题干所述教学方法属于实习作业法。

易错点10　欣赏教学法与情境教学法

欣赏教学法是指在教学过程中指导学生体验客观事物的真善美的一种教学方法。欣赏教学法一般包括对自然的欣赏、人生的欣赏和艺术的欣赏等。

情境教学法是指在教学过程中,教师有目的地引入或创设具有一定情绪色彩的生动具体的场景,以引起学生一定的情感体验,从而帮助学生理解教材,并使学生的心理机能得到发展的教学方法。教师创设的情境一般包括生活展现的情境、图画再现的情境、实物演示的情境、音乐渲染的情境、言语描述的情境等。

易错分析

欣赏教学法与情境教学法都属于以情感陶冶(体验)为主的教学方法,都强调在一定的场景中进行教学,因此,一些考生难以区分二者。考生可抓住二者的关键点进行区分:欣赏教学法侧重让学生体验真善美;情境教学法侧重通过所创设的情境让学生更好地理解教材,掌握知识。

例题13:语文课上,孙老师在讲授杜甫的《绝句》,孙老师根据这首诗的每一行写一个景色的特点,创设出形象鲜明的投影片,并播放《绝句》的配乐诗朗诵录音。随着画面的展示,孙老师向同学们提问:"作者以住处为中心,写他屋子周围的景色,大家认为写了哪些景色?"学生沉浸其中,开始观察、思考。孙老师采用的教学方法是( )

A.欣赏教学法　　B.情境教学法　　C.演示法　　D.练习法

答案:B

解析:孙老师在教学时运用投影片和配乐诗朗诵录音为学生创设了诗歌的情境,引导学生深入理解诗词,体现了对情境教学法的运用。

易错点11　复式教学

复式教学是把两个或两个以上不同年级的学生编在一个教室里,由一位教师分别用不同的教材,在一节课里对不同年级的学生进行教学的一种特殊组织形式。它适用于学生少、教师少、校舍和教学设备较差的农村以及偏远地区。

复式教学保持了班级授课制的一切本质特征,与班级授课制不同的是教师要在一节课的时间内巧妙地同时安排几个年级学生的活动。复式教学组织得好,学生的基本训练和自学能力往往更强。

易错分析

部分考生会认为正是因为学生多、教师少,所以才进行复式教学,这其实是对复式教学的误解。通过概念可知,复式教学是把不同年级的学生编在同一个教室里上课,若学生太多的话,彼此影响,根本无法在一个教室里进行教学,故复式教学适用于学生少、教师少的情况。考生要注意识记复式教学的概念、适用范围及意义,以灵活应对相关试题。

例题 14：下列说法正确的是(　　)

A. 复式教学一般在同一年级内进行

B. 复式教学适用于学生多、教师少的情况

C. 复式教学是教师的教学与学生的自学或做作业交替进行

D. 复式教学时，学生的基本技能和自学能力相对较弱

答案：C

解析：复式教学一般是针对两个或两个以上不同年级的学生进行教学，故 A 项错误；复式教学适用于学生少、教师少的情况，故 B 项错误；复式教学组织得好，学生的基本训练和自学能力往往更强，故 D 项错误。

易错点 12　外部分组与内部分组

外部分组，即取消按年龄编班，而按学生的能力或某些测验成绩编班。

内部分组，即在按年龄编班的班级内，再根据学生的成绩将他们分成若干个不同的小组。

易错分析

外部分组与内部分组是易混点，考生可参考以下内容进行理解：

外部分组——直接按照能力或成绩编班

内部分组——在班级内，再根据成绩分组

例题 15：某校根据入校测试成绩分出平行班，然后在班级内部根据成绩和能力分成快慢不同的 A、B 组，两组的教学内容、教学难度和教学进度不同。这种教学组织形式是(　　)

A. 能力分组　　　B. 同质分组　　　C. 外部分组　　　D. 内部分组

答案：D

解析：内部分组，即在按年龄编班的班级内，再根据学生的成绩将他们分成若干个不同的小组。题干中的学校在班级内部根据成绩和能力分成两个不同的小组，这符合内部分组的内涵。

易错点 13　道尔顿制与设计教学法

道尔顿制是由美国教育家柏克赫斯特创建的一种新的教学组织形式。运用这种方法时，教师不再讲授，只为学生指定自学参考书、布置作业，由学生自学和独立完成作业后，向教师汇报学习情况和接受考查。

设计教学法主张废除班级授课制和教科书，打破传统的学科界限，教师不直接向学生传授知识和技能，而是指导学生根据自己已有的知识和兴趣，自行组成以生活问题为中心的综合性学习单元。学生在自己设计、自己负责的单元活动中获得有关的知识和能力。

> **易错分析**
>
> 道尔顿制的含义与设计教学法的含义都比较长，考生在区分这两者的概念时，要抓住关键点：道尔顿制强调的是教师不再讲授，只为学生指定参考书、布置作业；设计教学法强调的是学生在自己设计、组织的单元活动中获得有关知识和能力。

例题16： 在教师指导下，由学生自己决定学习目的和内容，在自己负责、自己规划的单元活动中获得有关知识和能力。这种组织形式是（　　）

A. 导生制　　　　　　　　B. 设计教学法
C. 特朗普制　　　　　　　D. 道尔顿制

答案：B

例题17： 王校长为了改革学校的教学组织形式，开始在初一年级进行试验，教师上课不再向学生系统地讲授教材，而只为学生分别指定自学的参考书、布置作业，由学生自学和独立完成作业，学生有问题时才请老师指导。这种教学组织形式属于（　　）

A. 个别教学制　　　　　　B. 设计教学法
C. 道尔顿制　　　　　　　D. 分组教学制

答案：C

解析： 运用道尔顿制这种方法时，教师不再讲授，只为学生指定自学参考书、布置作业,由学生自学和独立完成作业后,向教师汇报学习情况和接受考查。根据题干所述,王校长推行的这种教学组织形式属于道尔顿制。

易错点14 葛雷制与文纳特卡制

葛雷制又称"双校制""二部制"或"分团学制",是由沃特创立的一种教学组织形式。沃特在教学中采用二重编制法,即将全校学生一分为二,一部分在教室上课,另一部分则在体育场、图书馆、工厂、商店以及其他场所活动,上下午对调。

文纳特卡制是华虚朋实行的教学组织形式,它把课程分成两部分:一部分按学科进行,由学生个人自学读、写、算和学习历史、地理方面的知识和技能;另一部分是通过音乐、艺术、运动、集会,以及开办商店、组织自治会来培养学生的"社会意识"。前者通过个别教学进行,后者通过团体活动进行。

> **易错分析**
>
> 葛雷制与文纳特卡制是两种比较容易混淆的教学组织形式。考生在理解二者内涵时,要注意其区别:葛雷制是将学生一分为二,一部分上课,一部分参加社会实践活动,上下午对调;文纳特卡制是将课程一分为二,一部分是学科课程,一部分是活动课程。

例题18:某校将全体学生分成两批,一批上午在教室上课,另一批上午在图书馆、体育馆、工厂、商店等场所进行有组织的活动,下午对调。这种做法属于( )

A. 葛雷制 B. 文纳特卡制
C. 复式教学 D. 合作教学

答案:A

例题19:现代教学组织形式中,( )将课程分为两部分:一部分按学科进行,由学生个人自学读、写、算和学习历史、地理等方面的知识和技能;另一部分是通过音乐、艺术、运动、集会以及开办商店、组织自治会等来培养和发展学生的"社会意识"。

A. 葛雷制 B. 设计教学法
C. 道尔顿制 D. 文纳特卡制

答案:D

易错点 15　备好课的核心环节——钻研教材

钻研教材是备好课、上好课的核心环节。钻研教材包括学习学科课程标准、钻研教科书和阅读有关参考资料。

易错分析

因为课程标准是编写教科书和教师进行教学的直接依据,故部分考生会认为备课过程中最核心的是阅读课程标准。考生在复习过程中可这样理解:钻研教材包括学习学科课程标准、钻研教科书等,包含的内容比阅读课程标准更全面,故备好课的核心环节是钻研教材。

例题 20:教师备好课的核心环节是(　　)

A. 阅读课程标准　　　　　　B. 钻研教材

C. 整合教材资源　　　　　　D. 学习《教师教学用书》

答案:B

易错点 16　课的类型

分类依据	课的类型
按教学方法分	讲授课、演示课、练习课、实验课、复习课
按教学任务分	新授课、巩固课、技能课、检查课

易错分析

考生在掌握这两种分类方法时,可结合上面的表格进行对比记忆。此外,考生还可结合常用的教学方法来记忆,看到"课"前面是与教学方法对应的内容,一般就属于按照教学方法进行分类的课的类型。

例题 21:根据教学的任务划分,课的类型有(　　)

A. 新授课　　　　　　　　　B. 实验课

C. 检查课　　　　　　　　　D. 巩固课

答案:ACD

易错点 17 学校教育的中心工作、教学工作的中心环节与教学过程的中心环节

学校教育
↓中心
教学工作　　　教学过程
↓中心　　　　↓中心
上课　　　　领会知识(理解教材)

易错分析

学校教育的中心工作、教学工作的中心环节以及教学过程的中心环节是常考点也是易混点,在复习备考过程中,考生可参考上述内容来对比记忆这三个"中心"的相关内容。

例题22：学校的中心工作是(　　)

A.教学　　　　B.行政　　　　C.安全　　　　D.后勤

答案:A

解析：教学是学校教育的中心工作,学校教育工作必须坚持以教学为主。

例题23：对于教师来说,日常教学工作的中心环节是(　　)

A.课外辅导　　B.上课　　　　C.备课　　　　D.批改作业

答案:B

易错点 18 教学评价的概念

教学评价是指以教学目标为依据,通过一定的标准和手段,对教学活动及其结果给予价值上的判断,即对教学活动及其结果进行测量、分析和评定的过程。从本质上讲,评价是一种价值判断。

易错分析

教学评价究竟是价值判断还是事实判断,这是考生不易理解的地方。为此,考生可对比教学测量进行区分：

教学评价	价值判断	好与坏	解释性	有什么意义
教学测量	事实判断	是与非	描述性	是什么

例题24：教学评价本质上不是一种价值判断，而是一种事实判断。（ ）

答案：×

易错点19 相对性评价与绝对性评价

相对性评价又称为常模参照性评价，是运用常模参照性测验对学生的学习成绩进行的评价，它主要依据学生个人的学习成绩在该班学生成绩序列或常模中所处的位置来评价和决定他的成绩的优劣，而不考虑是否达到教学目标的要求。

绝对性评价又称为目标参照性评价（标准参照评价），是运用目标参照性测验对学生的学习成绩进行的评价。它主要依据教学目标和教材编制试题来测量学生的学业成绩，判断学生是否达到了教学目标的要求，而不以评定学生之间的差异为目的。

易错分析

相对性评价与绝对性评价是容易混淆的知识点，考生在理解这两个概念时，可把相对性评价理解为"看位置"，把绝对性评价理解为"看标准"。

例题25：王老师告诉陈浩妈妈，陈浩期中语文测试成绩在班上属于中等水平。这种评价属于（ ）

A.绝对性评价　　　　　　　　B.相对性评价

C.内部评价　　　　　　　　　D.个体内差异评价

答案：B

解析：通过题干中的"陈浩期中语文测试成绩在班上属于中等水平"可知，这种评价主要是判断学生在班级中所处的位置，故应为相对性评价。

例题26：我国的教师资格证考试以及格分为过关标准，这种评价属于（ ）

A.相对性评价　　　　　　　　B.绝对性评价

C.形成性评价　　　　　　　　D.诊断性评价

答案：B

解析：绝对性评价宜用于升级考试、毕业考试和合格考试。题干中的"以及格分为过关标准"就是这一评价方式的典型体现。

易错点20 诊断性评价与个体内差异评价

诊断性评价是在学期开始或一个单元教学开始时,为了了解学生的学习准备状况及影响学习的因素而进行的评价。这是一种在教学过程开始之前对学生在兴趣、爱好、知识储备、能力倾向、学习风格偏好、情绪情感特征、性格类型等方面的已有准备状况所做的粗略评估,这种评估不限于查明、辨识学生学习方面存在的各种困难或障碍,也包括识别学生的各种潜能、优点、偏好或特殊才能。

个体内差异评价是对被评价者的过去和现在进行比较,或将评价对象的不同方面进行比较。

易错分析

在理解诊断性评价与个体内差异评价时,除了从概念本身进行区分外,考生还可将诊断性评价理解为"一个点",即在某一个时间点(学期开始前或者单元教学前)对学生做出评价;可将个体内差异评价理解为"一条线",是在一定的时间段内完成的,即需要通过对学生进行一段时间的观察了解之后才能得出结论。

例题27: 在给小明的评价中,钱老师写道:"与上个学期相比,本学期学习态度有较大的改变,作业基本都能准时完成,成绩也稳步提升,希望小明同学继续努力,发挥自己的潜力。"这主要体现的是(　　)

A. 诊断性评价　　　　　　　　B. 绝对性评价
C. 相对性评价　　　　　　　　D. 个体内差异评价

答案: D

解析: 题干中钱老师给小明的评价是"与上个学期相比"产生的,即只与评价对象自身的状况进行比较,属于个体内差异评价。

易错点21 诊断性评价、形成性评价和总结性评价的功能

评价类型	主要功能
诊断性评价	①检查学生的学习准备程度;②决定对学生的适当安置;③辨别造成学生学习困难的原因

续表

评价类型	主要功能
形成性评价	①改进学生的学习;②为学生的学习定步;③强化学生的学习;④给教师提供反馈
总结性评价	①评定学生的学习成绩;②证明学生掌握知识、技能的程度和能力水平以及达到教学目标的程度;③确定学生在后继教学活动中的学习起点;④预言学生在后继教学活动中成功的可能性;⑤为制定新的教学目标提供依据

易错分析

诊断性评价、形成性评价和总结性评价的主要功能是易混点,考生可结合以上表格内容进行对比记忆。此外,考生在理解这三种评价的主要功能时,可结合这三种评价进行的时间点来区分:诊断性评价主要在教学过程开始前,形成性评价主要在教学过程进行中,总结性评价主要在教学过程结束时。

例题28:总结性评价的目的在于(　　)

A.了解学生基础,准备采取补救措施

B.合理安置学生,考虑区别对待

C.改进学习过程,调整教学方案

D.证明学生已达到的水平,预言学生在后继教学活动中成功的可能性

答案:D

易错点22　"以学论教"的评价思想

新课程课堂教学提倡"以学论教",主要从以下六个方面进行评价:

(1)情绪状态:学生是否具有浓厚的兴趣,对学习具有好奇心与求知欲;能否长时间保持兴趣,能否自我调节和控制学习情绪;学习过程是否愉悦,学习愿望是否不断得以增强。

(2)注意状态:学生是否始终关注讨论的主要问题,并能保持较长的注意力;学生的目光是否始终追随发言者(教师或学生)的一举一动;学生的倾听是否全神贯注,回答是否具有针对性。

(3) **参与状态**：学生是否全员参与学习活动；是否积极主动地投入思考并踊跃发言，是否兴致勃勃地参与讨论和发言，是否自觉地进行练习。

(4) **交往状态**：整个课堂气氛是否民主、和谐、活跃；学生在学习过程中是否友好分工与合作；能否虚心听取他人的意见，尊重他人的发言；遇到困难时学生能否主动与他人交流、合作，共同解决问题。

(5) **思维状态**：学生是否围绕讨论的问题积极思考、踊跃发言，学生回答问题的语言是否流畅、有条理，是否善于用自己的语言阐述自己的观点；学生是否敢于质疑，提出有价值的问题并展开争论；学生的回答或见解是否有自己的思考或创意。

(6) **生成状态**：学生是否掌握应学的知识，是否全面完成了学习目标，学生的学习能力、实践能力和创新能力是否得到增强，是否有满足、成功和喜悦等积极的心理体验，是否对未来的学习充满了信心。

易错分析

"以学论教"六个方面的具体内容是容易混淆的知识点，考生可结合各自的关注点进行区分：情绪状态关注学生的情感投入与内在动力，注意状态关注学生的专注力与信息接收处理能力，参与状态关注学生的主动性和积极性，交往状态关注学生的合作交流与人际关系，思维状态关注学生的认知加工与创新能力，生成状态关注学生的学习成果与个人成长。

例题29：新课程改革提倡"以学论教"，主要从学生的情绪状态、注意状态、参与状态、交往状态、思维状态、生成状态六个方面进行评价。其中，交往状态的评价是指（　　）

A. 学生是否掌握应学的知识，是否全面完成了学习目标

B. 学生在学习过程中是否友好分工与合作

C. 学生的回答或见解是否有自己的思考或创意

D. 学习过程是否愉悦

答案：B

解析：B项属于交往状态的评价。A项属于生成状态的评价,C项属于思维状态的评价,D项属于情绪状态的评价。

例题30：下列属于注意状态的有( )

A.学生是否对未来的学习充满了信心

B.学生是否敢于质疑,提出有价值的问题并展开争论

C.学生的目光是否始终追随发言者(教师或学生)的一举一动

D.学生的倾听是否全神贯注,回答是否具有针对性

答案：CD

解析：C、D两项属于注意状态。A项属于生成状态,B项属于思维状态。

易错点23 教学模式与教学方法

教学模式是指在一定教学思想或教学理论指导下建立起来的较为稳定的教学活动结构框架和活动程序。

教学方法是指教师和学生为了完成教学任务、实现教学目标而采取的共同活动方式,是教师引导学生掌握知识技能、获得身心发展而共同活动的方法。

易错分析

教学模式与教学方法的概念是易混点,考生可参考以下内容进行理解：教学模式不是单纯的教学程序或教学方法,它是由多种教学要素构成的综合体,包含的内容比较广泛；而教学方法相对来说包含的内容比较少,它只是教学模式的重要组成部分,不能等同于教学模式。

例题31：教学模式即教学方法。( )

答案：×

解析：教学方法是教学模式的重要组成要素,二者不能等同。

易错点24 理解水平的提问与分析水平的提问

(1)理解水平的提问可用来帮助学生组织所学的知识,弄清它们的含义,它要求

091

学生能用自己的话来叙述所学的知识，能比较和对照知识或事件的异同，能把一些知识从一种形式转变为另一种形式。

在理解水平的提问中，教师经常使用的关键词是：用你自己的话叙述、比较、对照、解释等。

（2）分析水平的提问可以用来分析知识的结构、因素，弄清事物间的关系或事项的前因后果，它要求学生进行批判性思维，能分析资料，以确定原因，进行推论。

在分析水平的提问中，教师经常使用的关键词是：为什么、什么因素、得出结论、证明、分析等。

易错分析

理解水平的提问与分析水平的提问是容易混淆的知识点，考生可结合二者的关键点进行区分：前者侧重于检验学生对知识的表层理解与简单应用，而后者则关注对学生深度思考和批判性思维能力的培养。

例题32： "平行四边形与矩形的共同点和不同点有哪些"，这种提问属于（　　）

A. 理解水平的提问 B. 应用水平的提问
C. 分析水平的提问 D. 综合水平的提问

答案： A

解析： 理解水平的提问可用来帮助学生组织所学的知识，弄清它们的含义，它要求学生能用自己的话来叙述所学的知识，能比较和对照知识或事件的异同，能把一些知识从一种形式转变为另一种形式。题干中要求学生比较平行四边形与矩形的共同点和不同点，这种提问属于理解水平的提问。

易错点25　"探究"与"延伸"

探究是指在教师提问之后，学生虽然提供了正确答案，但他们提供的答案往往不够深入，或者不够详细，或者不够清楚，或者不够规范，这时教师要求学生提供补充信息，进一步解释或澄清自己的观点，使得自己的回答更深入、更详细、更清晰、更规范的一种理答方式。

延伸是指教师在随后的教学中用到学生前面提供的正确结论,或者教师对学生提供的正确答案做进一步的发挥,使其更具概括性、代表性、普遍性的一种理答方式。

易错分析

"探究"与"延伸"这两种理答方式是容易混淆的知识点,考生可结合二者的关键点进行区分:探究着重于挖掘学生的现有答案背后的思想脉络,强调的是答案的深化和细化;延伸则是在学生得出正确结论的基础上,推动其知识结构的升华和外延。

例题33: 有教师提问:"昆虫有哪些特征?"学生的回答为:"昆虫的身体分为头、胸、腹三部分。"这位教师适宜的理答方式是(   )

A. 探究　　　　　B. 提示　　　　　C. 延伸　　　　　D. 转引

答案:A

解析:题干中,学生对于教师的提问的回答并无错误,但还不够深入、详细,教师可采用探究的理答方式,要求学生提供补充信息,启发学生进一步思考。

例题34: 教师对学生提供的正确答案做进一步的发挥,使其更具概括性、代表性、普遍性。学生感到被激励,成就感满满。这种理答方式是延伸。(   )

答案:√

易错演练

一、单项选择题

1. 形式教育论的基本观点是(   )

A. 教育应以获得有价值的知识为主要任务,学习知识本身包含着能力的培养

B. 教育的核心任务是培养学生的道德情感

C. 教育的核心任务是让学生"知善",即提高学生的道德认知水平

D. 教育的目的在于发展学生的各种官能或能力

2. "你要满足你的要求和愿望,你就必须认识和思考,但是为了这个目的,你也

必须行动,知和行又是那么紧密地联系着,假如一个停止了,另一个也随之停止。"这句话反映的教学原则是(　　)

A.思想性和科学性相统一原则　　B.理论联系实际原则

C.巩固性原则　　D.差异性原则

3.语文课上,孙老师边讲解文言文,边提问学生,让学生自己解释句意。临近下课时,孙老师又对课堂内容进行回顾检测。孙老师采取的教学评价是(　　)

A.诊断性评价　　B.形成性评价

C.总结性评价　　D.个体性评价

4.李老师在讲解圆周率时,给学生介绍了我国数学家刘徽、祖冲之在当时数学工具匮乏的情况下,克服困难,为数学界做出了巨大贡献。李老师的做法体现了教学过程中的(　　)

A.教师主导作用与学生主体作用相统一的规律

B.传授知识与思想品德教育相统一的规律

C.掌握知识与发展智力相统一的规律

D.直接经验与间接经验相统一的规律

5."学生是否具有浓厚的兴趣,对学习是否具有好奇心和求知欲"属于从学生的(　　)来评价课堂教学的质量。

A.情绪状态　　B.注意状态　　C.交往状态　　D.生成状态

6.李老师向同学们展示了硫酸亚铁氧化法的实验,通过该实验向同学们阐述化学知识。这属于教学方法中的(　　)

A.讲授法　　B.实验法

C.练习法　　D.演示法

7.某教师在教授都德的《最后一课》时,提出:"《最后一课》的主人公究竟是谁?"并让学生进行讨论。通过辩论、读书、再辩论、再读书,在辩与读的过程中学生掌握了情节,明确了主人公,理解了主题。该教师的做法遵循的教学原则是(　　)

A.因材施教原则　　B.理论联系实际原则

C.科学性和思想性相统一的原则　　D.启发性原则

8.小明数学成绩非常不理想,但数学老师发现小明的逻辑推理能力特别好,记忆能力稍微差一些。这种评价属于( )

A.过程性评价　　　　　　　　B.相对性评价

C.绝对性评价　　　　　　　　D.个体内差异评价

9.教学过程可分为五个阶段:激发学习动机、领会知识、巩固知识、运用知识和检查知识。下列选项中,正处于教学过程中心环节的是( )

A.英语老师在黑板上写下名词性从句的不同类型,两两比较进行重难点的讲解

B.数学老师布置了两道应用型解答题,要求学生在十分钟内完成

C.语文老师在讲解课文前用视频片段展现文章创作的时代背景和重大历史事件

D.音乐老师通过班级齐唱的方式给某次课程结尾,并告知学生下节课的学习内容

10.陶行知先生曾做过一个比喻"接知如接枝",这体现了( )

A.学生以学习直接经验为主　　　　B.学生以学习间接经验为主

C.间接经验的学习以直接经验为基础　　D.直接经验的学习与间接经验无关

11.第斯多惠说:"教学必须符合受教学生的发展水平,从学生的发展水平出发开始教学,并且循序渐进地……继续教下去。"这句话表明教学应遵循( )

A.量力性原则　　　　　　　　B.循序渐进原则

C.巩固性原则　　　　　　　　D.启发性原则

12.有一位学生在课堂上问老师:"老师,在月亮上看天,天是不是蓝的呢?"这位老师很不满意地说:"你懂什么,听老师说不就行了,你呀,经常在课堂上打岔,这是不礼貌的!今后不能这样。"这位学生听后鼓着气坐下了。这位老师违背了( )教学原则。

A.启发性　　　　B.系统性　　　　C.巩固性　　　　D.直观性

二、多项选择题

1.在课堂上,张老师将事先插在红墨水瓶中的枝条剪下来,分到学生手里,让学生一边剥枝条一边观察,枝条有没有变红,什么地方变红了,为什么。学生边观察边

回答,枝条的皮和中间的髓没有变红,木质部和部分叶子变红了。在这个例子中,张老师采取的教学方法有(　　)

A. 参观法　　　　B. 演示法　　　　C. 谈话法　　　　D. 练习法

2. 下列选项中体现巩固性教学原则的有(　　)

A. 不陵节而施　　　　　　　　B. 熟读而精思

C. 学而时习之　　　　　　　　D. 闻之不若见之

3. 根据使用的主要教学方法,课可以分为(　　)

A. 单一课　　　　　　　　　　B. 讲授课

C. 演示课　　　　　　　　　　D. 练习课

三、判断题

1. 形式教育论的主要代表人物有赫尔巴特和斯宾塞。　　　　　　　　(　　)
2. 某学校按照学生年龄来编排班级的做法,属于外部分组教学。　　　(　　)
3. "水涨船高""优中选优"属于绝对性评价。　　　　　　　　　　　(　　)

四、案例分析题

王老师在教文言文《桃花源记》时,提了一个问题:"'率妻子邑人来此绝境'中的'绝境'是什么意思?"学生根据课文的注释,马上回答是"与世隔绝的地方"的意思。为了让学生对比古今词义的区别,王老师又追问:"'绝境'在现代汉语中是什么意思?"这个问题一下子把学生问懵了,课堂上出现了"冷场"的局面,王老师接连问了几个学生都没有答出来。课后,教师进行了认真的教学反思。

第二天给另一个班上课时,王老师及时改变了提问策略。在学生找出"绝境"在课文中的意思之后,王老师请学生们思考:"请问你们都有什么困境?"一个学生答道:"我的困境是物理题。"王老师接着问:"那么,你所用的'困境'是什么意思呢?"学生想了想说:"是'绝境'的意思。"于是,王老师再次请大家思考:"'绝境'在古代汉语和现代汉语中的词义有什么差别?"学生们纷纷举手并给出正确的答案。(注:教学对象为七年级学生)

请运用教学原则的相关知识对此案例进行分析。

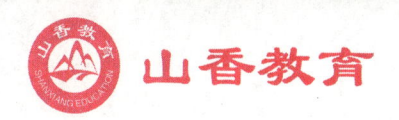

第七章　德育

本章共提炼8个易错点。

易错点1　德育的功能

功能
- 社会性功能：能够在何种程度上对社会发挥何种性质的作用
- 个体性功能
  - (1)对受教育者个体发展能够产生的实际影响
  - (2)三个方面：生存功能、发展功能、享用性功能(最高境界)
- 教育性功能
  - (1)"教育"或价值属性
  - (2)作为教育子系统对平行系统的作用。德育对智、体、美诸育的促进功能，主要有三点：动机作用；方向作用；习惯和方法上的支持

易错分析

德育的社会性功能、个体性功能以及教育性功能是易混知识点，考生可结合上述内容准确理解这三种功能的内涵，熟悉它们所强调的具体内容。

例题1："齐风俗，一民心"反映了德育的（　　）

A. 社会性功能　　　　　　　B. 个体生存功能

C. 个体享用功能　　　　　　D. 教育性功能

答案：A

解析：德育的社会性功能指的是学校德育能够在何种程度上对社会发挥何种性质的作用。题干所述为古代中国德育的社会性功能的体现。

例题2："教学如果没有进行道德教育，只是一种没有目的的手段。"这句话体现了德育的（　　）

A. 社会性功能　　　　　　　B. 个体性功能

C. 教育性功能　　　　　　　D. 文化功能

答案：C

解析： 题干的描述出自赫尔巴特，体现了德育的教育性功能。

易错点 2　德育过程与品德形成过程的关系

联系	①二者是教育与发展的关系。德育过程的最终目标是使受教育者形成一定的思想品德 ②德育过程是对品德形成与发展过程的调节与控制，德育只有遵循人的品德形成发展规律，才能有效地促进人的品德形成与发展
区别	①德育过程是一种教育过程，是教育者与受教育者双方统一活动的过程，是培养和发展受教育者品德的过程。教育者根据社会发展提出的要求，依据学生特点，以适当的方式调动受教育者的主观能动性，从而将相应的社会规范转化为学生的品德，不断提高学生的道德水平 ②品德形成过程是受教育者思想道德结构不断建构完善的过程，品德形成过程属于人的发展过程，影响这一过程的有生理的、社会的、主观的和实践的等因素

易错分析

部分考生会误认为德育过程就是品德形成过程，我们在理解这两者的关系时，一定要注意：德育过程强调"教育"，品德形成过程强调"个人发展"。

例题3： 德育过程就是学生思想品德形成过程。（　　）

答案： ×

解析： 德育过程与思想品德形成过程是教育与发展的关系。德育过程是一种教育过程，是教育者与受教育者双方统一活动的过程，是培养和发展受教育者品德的过程。而品德形成过程是受教育者思想道德结构不断完善的过程，品德形成过程属于人的发展过程，影响这一过程的有生理的、社会的、主观的和实践的等因素。二者既有一定的联系，又有一定的区别，不能把二者等同起来。

易错点 3　导向性原则与疏导原则

导向性原则： 进行德育时要有一定的理想性和方向性，以指导学生向正确的方向发展。贯彻导向性原则的要求：(1)坚持正确的政治方向；(2)德育目标必须符合

新时期的方针政策和总任务的要求;(3)要把德育的理想性和现实性结合起来。

疏导原则:进行德育时要循循善诱、以理服人,从提高学生认识入手,调动学生的主动性,使他们积极向上。贯彻疏导原则的要求:(1)讲明道理,疏通思想;(2)因势利导,循循善诱;(3)以表扬、激励为主,坚持正面教育。

易错分析

导向性原则和疏导原则都有一个"导"字,故部分考生会混淆二者的概念。考生要注意二者的区别:导向性原则强调的是"方向"(正确的理想、正确的方向),通常跟国家的大政方针、政治方向相关;疏导原则强调教师要耐心开导学生,循循善诱,以理服人。

例题4:德育工作中,要把德育的理想性与现实性结合起来,指导学生向正确的方向发展。这一做法体现的德育原则是(　　)

A. 导向性原则 B. 因材施教原则
C. 疏导原则 D. 知行统一原则

答案:A

例题5:阿亮痴迷网络无法自拔,李老师找阿亮谈心,聊互联网和比尔·盖茨,并肯定他上网学习电脑技术的积极性,借此了解了阿亮的内心世界,在此基础上采取了一系列措施,转变了阿亮。李老师的做法最能体现的德育原则是(　　)

A. 疏导原则

B. 在集体中教育的原则

C. 理论与生活相结合的原则

D. 严格要求与尊重学生相结合的原则

答案:A

解析:题干中李老师先是找阿亮谈心,了解阿亮的内心世界,并在此基础上采取措施转变阿亮,做到了因势利导,循循善诱。李老师还肯定了阿亮上网学习电脑技术的积极性,做到了以表扬、激励为主,坚持正面教育。因此,李老师的做法是贯彻疏导原则的表现。

> **易错点 4** 尊重信任学生与严格要求学生相结合的原则、正面教育与纪律约束相结合的原则

尊重信任学生与严格要求学生相结合的原则是指在德育过程中,教育者既要尊重信任学生,又要对学生提出严格的要求,把严和爱有机地结合起来,使教育者的合理要求转化为学生的自觉行动。

正面教育与纪律约束相结合的原则是指德育工作既要正面引导,说服教育,启发自觉,调动学生接受教育的内在动力,又要辅之以必要的纪律约束,并使两者有机结合起来。贯彻该原则的要求:(1)坚持正面教育原则,以客观的事实、先进的榜样和表扬鼓励为主的方法教育和引导学生;(2)坚持摆事实,讲道理,以理服人,启发自觉;(3)建立健全学校规章制度和集体组织的公约、守则等,并且严格管理,认真执行。

易错分析

尊重信任学生与严格要求学生相结合的原则以及正面教育与纪律约束相结合的原则是两个比较容易混淆的德育原则,考生要准确把握二者的区别:前者强调教师提出比较合理的道德要求,教师认真严格地管理学生,如:不乱扔垃圾、尊老爱幼,这种要求没有上升到制度层面。而后者侧重于通过规章制度、群体约定、公约等来约束学生。

例题6:为了培养学生守时的习惯,张老师不仅专门开了一节班会课,强调守时的重要性,还组织学生建立了相应的班规——如果下次再有学生上课迟到,就表演一个节目。这体现了德育的( )

A. 导向性原则 B. 知行统一原则
C. 集体教育与个别教育相结合原则 D. 正面教育与纪律约束相结合的原则

答案:D

解析:正面教育与纪律约束相结合的原则是指德育工作既要正面引导,说服

教育,启发自觉,调动学生接受教育的内在动力,又要辅之以必要的纪律约束,并使两者有机结合起来。题干中,张老师不仅开班会强调守时的重要性,还组织学生建立了班规,体现了正面教育与纪律约束相结合的原则。

例题7：苏联教育家马卡连柯提出:"要尽可能多地要求一个人,也要尽可能地尊重一个人。"这提示我们应注意贯彻的德育原则是( )

A. 正面教育与纪律约束相结合的原则

B. 集体教育与个别教育相结合原则

C. 尊重信任学生与严格要求学生相结合的原则

D. 依靠积极因素、克服消极因素的原则

答案：C

易错点5 德育的途径

主要途径——(1)思想品德课(思想政治课)与其他学科教学;(2)社会实践活动;(3)课外、校外活动;(4)共青团、少先队组织的活动;(5)校会、班会、周会、晨会、时事政策的学习;(6)班主任工作。

基本途径——思想品德课(思想政治课)与其他学科教学。

最基本、最经常的途径——思想品德课之外的其他各科教学。

重要而又特殊的途径——班主任工作。

易错分析

德育的主要途径、基本途径等相关内容是容易混淆的知识点,考生在备考过程中可结合上述内容进行区分掌握。

例题8：小学德育是社会主义精神文明建设的奠基工程,是我国学校社会主义性质的一个标志。我国小学德育的基本途径是( )

A. 暑期实践活动　　　　　　　B. 劳动技术教育

C. 少先队活动　　　　　　　　D. 思想品德课与其他学科教学

答案：D

101

易错点6　陶冶教育法

陶冶教育法是教师利用环境和自身的教育因素,对学生进行潜移默化的熏陶和感染,使其在耳濡目染中受到感化的德育方法。

易错分析

陶冶教育法常会以名言的形式出题,如"让学校的每一面墙壁都开口说话""仁言不如仁声之入人深也"等。有时候也会以例子的形式出题,如:教师播放歌曲教育学生,利用黑板报、教室布置、良好班风教育学生,等等。考生在理解陶冶教育法的内涵时需注意:陶冶教育法强调的是"潜移默化",使学生在不知情的情况下受到教育。

例题9:"仁言不如仁声(音乐)之入人深也"体现的德育方法是(　　)

A. 榜样法　　　　　　　　B. 陶冶法

C. 锻炼法　　　　　　　　D. 说服法

答案:B

解析:"仁言不如仁声(音乐)之入人深也"的意思是:仁德的言辞不如使风俗变得淳厚的音乐深入人心。这里强调的是对人进行潜移默化的熏陶和感染,使其在耳濡目染中受到感化的德育方法,也即陶冶教育法。

易错点7　榜样示范法

榜样示范法是用榜样人物的优秀品德来影响学生的思想、情感和行为的德育方法。榜样包括伟人的典范、教育者的示范、学生中的好榜样等。

易错分析

在复习备考过程中,考生容易将榜样示范法与陶冶教育法相混淆,故考生可参考以下内容来区分这两种方法:将榜样示范法理解为"显性"的方法,即"看得见、摸得着"的方法;将陶冶教育法理解为"隐性"的方法,即"不易察觉"的方法。

例题 10：在学生中选拔先进分子如"三好学生"及某方面的特优生,以正面人物去影响学生的思想、情感和行为的德育方法是( )

A.榜样示范法　　B.陶冶教育法　　C.说服教育法　　D.实际锻炼法

答案：A

解析：题干中的"三好学生"及某方面的特优生属于学生中的好榜样,体现了对榜样示范法的运用。

易错点 8　实际锻炼法与个人修养法

实际锻炼法——有目的地组织学生参加各种实际活动,使其在活动中锻炼思想,增长才干,培养优良的思想和行为习惯的德育方法。

个人修养法——在教师引导下,学生经过自觉学习、自我反思和自我行为调节,使自身品德不断完善的一种重要方法。

易错分析

实际锻炼法与个人修养法是容易混淆的知识点,考生在理解这两个概念时,可从内外来区分：实际锻炼法强调的是接受外界的锻炼、影响,而个人修养法强调的是内在的锻炼、提高。

例题 11：孟子说："天将降大任于斯人也,必先苦其心志,劳其筋骨,饿其体肤,空乏其身,行拂乱其所为,所以动心忍性,曾益其所不能。"这句话体现的德育方法是( )

A.实际锻炼法　　B.个人修养法　　C.情感陶冶法　　D.榜样示范法

答案：A

解析：题干的意思是：上天将要把重大使命降落到某个人身上,一定要先使他的意志受到磨炼,使他的筋骨受到劳累,使他的身体忍饥挨饿,使他备受穷困之苦,做事总是不能顺利。这样来激励他的心志,坚韧他的性情,增加他所不具备的能力。强调的是个体在实践中接受外界的磨炼而得到提升,故体现了实际锻炼法的内涵。

易错演练

一、单项选择题

1. 小学二年级的娜娜帮助同学打扫卫生,老师奖励了她一朵小红花。此后,她更乐于助人了。该老师运用的德育方法是(   )

   A. 情感陶冶法　　　B. 说服教育法　　　C. 榜样示范法　　　D. 品德评价法

2. 李老师在讲授课文《父母恩情深似海》时,以播放歌曲《天亮了》导入新课,将学生带入父母深爱孩子的情境中。教学中李老师渗透的德育方法是(   )

   A. 角色扮演法　　　B. 个人修养法　　　C. 陶冶教育法　　　D. 实际锻炼法

3. 德育原则是根据教育目的、德育目标和德育过程规律提出的要求。下列不符合导向性原则的是(   )

   A. 学校德育培养符合社会主义的科学的世界观、人生观

   B. 德育目标必须符合新时期的方针、政策和总任务的要求

   C. 学校德育要把理想性与现实性结合起来

   D. 学校德育要求教育者要以身作则、严于律己

4. 古代教育家颜之推曰:"与善人居,如入芝兰之室,久而自芳也;与恶人居,如入鲍鱼之肆,久而自臭也。"从德育方法来讲,这里强调的是一种(   )

   A. 说服教育法　　　　　　　　　　　B. 陶冶教育法

   C. 榜样示范法　　　　　　　　　　　D. 实际锻炼法

5. 某市示范性综合实践基地是一所集军事训练、社会实践、研学活动和艺术教育于一体的综合性校外教育活动场所。当地每年都会定期组织中小学生进行为期一周的德育实践,年均培训学生10万人次。目前,基地被评为全国未成年人思想道德建设工作先进单位。以上材料体现的德育方法是(   )法。

   A. 情感陶冶　　　　B. 实践锻炼　　　　C. 榜样示范　　　　D. 品德评价

6. 青少年缺乏足够的知识经验,有时不善于辨别是非善恶,甚至会染上一些坏思想、坏习气。教师需要给他们讲清道理,帮助他们提高认识,并发扬他们身上的积极因素。这体现的德育原则是(   )

   A. 知行统一原则　　　　　　　　　　B. 因材施教原则

   C. 集体教育和个别教育相结合原则　　D. 疏导原则

7. 小张独自照顾妈妈的事迹感动了社会,被评为市"十佳"少年。最近,学校开展了向他学习的活动。该学校所运用的德育方法是(　　)

A. 说服教育法　　　　　　　　B. 榜样示范法

C. 情感陶冶法　　　　　　　　D. 角色扮演法

8. 德育的个体性功能的最高境界是(　　)

A. 享用性功能　　　　　　　　B. 激励性功能

C. 教育性功能　　　　　　　　D. 发展性功能

二、判断题

1. 我国德育途径主要有思想品德课与其他学科教学、课外活动与校外活动、劳动、共青团活动、班主任工作等。（　　）

2. 组织学生参观革命纪念馆,通过看实物、听解说,用革命先辈的光荣事迹教育学生端正学习和生活态度,这采用了品德评价法对学生进行德育。（　　）

第八章　班级管理与班主任工作

本章共提炼 10 个易错点。

易错点 1　**班级管理的功能**

主要功能——有助于实现教学目标,提高学习效率。

基本功能——有助于维持班级秩序,形成良好的班风。

重要功能——有助于锻炼学生能力,学会自治自理。

易错分析

班级管理的三个功能是容易混淆的知识点,考生在复习这些功能时,可以借助以下口诀进行记忆：主要抓教学、基本是秩序、重要在学生。

例题 1：班级管理的主要功能是(　　)

A. 实现教学目标,提高学习效率　　B. 维持班级秩序

C. 形成良好的班风　　　　　　　　D. 锻炼学生能力,学会自治自理

答案：A

易错点 2　班级民主管理与班级常规管理

- 民主管理
  - 全体学生参与班级全程管理
  - 民主管理制度
    - 班干部轮换制度
    - 定期评议制度
    - 值日生制度
    - 值周生制度
    - 民主教育活动制度

- 常规管理
  - 教育行政部门统一规定的制度
    - 学生守则
    - 日常行为规范
  - 学校常规制度
    - 考勤制度
    - 奖惩制度
    - 作业要求
  - 班级规范
    - 班规
    - 值日生制度

易错分析

考生看到题干中的"制度"时，有时会将其归属为规章制度方面的内容，进而认为是常规管理。这里需要考生注意的是，并不是所有涉及"制度"的题目都选择班级常规管理。班级常规管理与班级民主管理在建立制度这一点上有重叠之处（如两者均提到了值日生制度）。故考生在做题时，要注意区分，灵活应对。

例题2：在班级管理过程中，采取班干部轮换制度属于（　　）的班级管理模式。

A. 常规管理　　　　　　　　B. 平行管理

C. 民主管理　　　　　　　　D. 目标管理

答案：C

解析：实行班级民主管理的要求之一是建立班级民主管理制度，如班干部轮换制度、定期评议制度、民主教育活动制度等。

易错点3　班级管理的自主参与原则与教管结合原则

自主参与原则——班级成员参与管理，发挥其主体作用。

教管结合原则——把班级的教育工作和对班级的管理工作辩证统一起来。

易错分析

班级管理的自主参与原则与教管结合原则是容易混淆的概念。考生可参考以下内容来理解这两个概念：自主参与原则强调的是"自主"，强调发挥班级成员的主体作用；教管结合原则可简单理解为"教育+管理"。

例题3：班级管理的自主参与原则要求班级管理者把教育工作和对班级的管理工作辩证统一起来。（　　）

答案：×

解析：题干所述内容体现的是班级管理的教管结合原则的概念。

易错点4　班集体的特征

说法一：(1)明确的共同目标；(2)一定的组织结构，有力的领导集体；(3)共同生活的准则，健全的规章制度；(4)具有正确的集体舆论以及团结、和谐、向上的人际关系。

说法二：(1)有共同的奋斗目标和为达到共同目标而组织的共同活动；(2)有健全的组织机构和领导核心；(3)有严格的规章制度与纪律；(4)有正确的舆论和班风；(5)有和谐的人际关系。

说法三：一个真正的班集体，有明确的奋斗目标、健全的组织系统、严格的规章制度与纪律、强有力的领导核心、正确的舆论和优良的作风与传统。

易错分析

由于各地区考试所参考的资料不同，因此在对班集体特征的具体描述上会略有差别，但不管哪种说法，基本都包括了目标、组织、规章制度、舆论等关键词，考生在做题时可根据这些关键词灵活选择。

例题4：班集体的基本特征包括（　　）

A. 明确的共同目标 B. 具有正确的集体舆论

C. 一定的组织结构 D. 健全的规章制度

答案：ABCD

例题5：把学生编成一个教学班，我们不能说这就是一个班集体。一个班集体必须具有的基本特征有（　　）

A. 共同的奋斗目标 B. 健全的班委会组织

C. 严格的规章制度与纪律 D. 正确的舆论和良好的班风

答案：ABCD

易错点5　班集体的发展阶段

1. 组建阶段

班主任必须对学生提出明确的集体的目的和应当遵守的制度与要求，并引导学生积极开展活动，促进集体的发展。这时集体对班主任有较大的依赖性，不能离开他的监督独立地执行他的要求。如果班主任不注意严格要求，班级就可能变得松弛、涣散。

2. 核心初步形成阶段

师生之间、同学之间有了一定的了解，产生了一定的友谊与信赖，学生积极分子不断涌现并团结在班主任周围，班的组织与功能较健全，班的核心初步形成，班主任与集体机构一道履行集体的领导与教育职能。这时，班集体能够在班主任指导下积极组织和开展班的工作与活动，班主任开始从直接领导、指挥班的活动，逐步过渡到向他们提出建议，由班干部来组织开展集体的工作与活动。

3. 集体自主活动阶段

积极分子队伍壮大，学生普遍关心、热爱班集体，能积极承担集体工作，参加集体的活动，维护集体的荣誉，形成正确的舆论与良好的班风。这时，班集体已形成，并成为教育的主体，能主动地根据学校和班主任的要求以及班上的情况，自觉地向集体成员提出任务与要求，自主地开展集体活动。

易错分析

班集体三个发展阶段的不同特点是易混知识点,考生识记此内容时,应注意抓住每个阶段的主要特点:组建阶段——对班主任依赖性强;核心初步形成阶段——班级积极分子涌现出来并在班主任指导下主动组织和开展班级工作,对班主任的依赖性降低;集体自主活动阶段——学生普遍热爱集体,能够自主开展集体活动。

例题 6: 下列选项中,不属于班集体发展到核心初步形成阶段的特点的是( )

A. 师生之间、同学之间有了一定的了解,产生了一定的友谊和信赖

B. 班主任与集体机构一道履行集体的领导与教育职能

C. 学生普遍关心、热爱班集体,能积极承担集体工作

D. 班集体能够在班主任指导下积极组织和开展班的工作与活动

答案:C

解析:A、B、D 项均属于班集体发展到核心初步形成阶段的特点,C 项属于集体自主活动阶段的特点。

例题 7: 对班级发展过程中集体自主活动阶段描述正确的是( )

A. 缺乏凝聚力和活动能力,对班主任依赖性强

B. 班的核心初步形成,班的组织与功能较健全

C. 积极分子队伍壮大,形成了正确舆论与班风

D. 班级管理由班主任直接领导,逐步过渡给班干部

答案:C

解析:A 项属于班集体发展到组建阶段的特点,B、D 项属于核心初步形成阶段的特点,C 项属于集体自主活动阶段的特点。

易错点 6　班主任工作的任务及中心环节

| 基本任务 | 带好班级、教好学生 |

首要任务	组织建立良好的班集体
中心任务	促进班集体全体成员的全面发展
中心环节	组织和培养班集体（与首要任务基本一致）

易错分析

考生易混淆班主任工作的任务及中心环节，针对这些容易混淆的知识点，考生在复习时，可结合上述表格内容进行对比记忆。

例题8： 班主任工作的中心环节是（　　）

A. 了解和研究学生　　　　　　B. 教好与管好学生

C. 做好个别教育工作　　　　　D. 组织和培养班集体

答案：D

易错点7　观察法与书面材料分析法

观察法，即在自然条件下，有目的、有计划地对学生的各种行为表现进行观察。这是班主任了解、研究学生的最基本方法。

书面材料分析法，即借助学生的成绩表、作业、日记等书面材料对学生进行了解的方法。这是了解学生基本情况的最简易的方法。

易错分析

观察法与书面材料分析法的"地位"是容易混淆的知识点，考生可结合下列内容进行理解：观察法由于其直接性、全面性和动态性，成为班主任了解和研究学生的最基本方法；而书面材料分析法则因其易于获取、客观性强和高效率，成为了解学生基本情况的最简易方法。

例题9： 新学年开始，如果学校选派你担任一年级(3)班的班主任，面对40张崭新的渴望知识的面孔，你认为了解全班学生的最基本方法是（　　）

A. 书面材料分析法　　B. 观察法　　C. 问卷法　　D. 谈话法

答案：B

易错点 8　个别教育工作

班主任进行个别教育工作的对象 $\begin{cases}先进生\\中等生\\后进生\end{cases}$ 全体学生

易错分析

考生在理解该知识点时,需要把握"个别教育工作"是根据学生的个别差异而对全体学生进行不同的教育,而非针对个别的学生进行的教育。

例题 10: 班主任要做好个别教育工作,所谓个别教育是指(　　)

A. 班集体中优秀学生的个别教育

B. 班集体中后进生的个别教育

C. 既包括优秀学生的个别教育,也包括后进生的个别教育

D. 全体学生的教育

答案:D

易错点 9　课外、校外教育与课堂教学的区别

(1)课外、校外教育对课堂教学有一定的促进作用,但又不仅局限于课堂教学的内容和教学大纲的范围;

(2)课外、校外教育不是课堂教学活动的延伸,不是为完成作业而开辟的领域,它主要是通过活动的形式促进学生的全面发展。

易错分析

因为课外、校外教育与课堂教学联系密切,部分考生会误认为课外、校外教育是课堂教学的延伸和继续。在此需要注意,课外、校外教育有其本体性功能,在学生的发展中有其独特的价值,它是课堂教学的必要补充但不是课堂教学的延伸和继续。

例题 11: 课外、校外教育工作是(　　)

A. 课堂教学的文化载体　　　　B. 课堂教学的必要补充

C. 课堂教学的组成部分　　　　D. 课堂教学的适当延续

答案: B

解析: 课外、校外教育在学生的发展中有其独特的价值,是课堂教学的必要补充。

易错点10 课外、校外教育的自愿性与自主性

自愿性——课外、校外教育活动是学生自由选择、自愿参加的一种活动,强调学生可以按照自己的兴趣爱好和特长自愿选择。

自主性——课外、校外教育活动可以由学生自己组织、设计和动手。课外、校外教育活动是学生自己的活动,学生是课外、校外教育活动的主体。

易错分析

自愿性和自主性特点是容易混淆的知识点,考生可以这样区分:自愿性强调"非强迫性",参加与否由学生自己决定;自主性强调活动过程中的"学生主体,教师辅助"。

例题12: 在课外、校外教育活动中,学生自己组织、自己设计、自己动手,这体现了课外、校外教育活动的(　　)

A. 灵活性　　　　B. 自愿性　　　　C. 自主性　　　　D. 实践性

答案: C

易错演练

一、单项选择题

1. 下列哪项工作是班主任的工作重点(　　)
A. 对学生进行思想品德教育
B. 教育学生努力学习,完成学习任务
C. 关心学生身体健康
D. 做好家长工作,争取社会有关方面的配合

2. 如果某班级的同学互不了解,缺乏凝聚力和活动能力,需要班主任亲自指导和监督才能开展活动,则该班级正处于(　　)阶段。
A. 组建　　　　　　　　　　B. 核心初步形成
C. 集体自主活动　　　　　　D. 完全成熟

3. 教师在进行班级建设和管理时,不正确的做法是(　　)
A. 在班里设常务班长、值周班长和负责养鱼的鱼长

B.动态分配管理岗位,即实行干部轮换制,让学生在不同岗位上得到多方面的锻炼

C.鼓励学生相互找缺点,并开展"缺点大王"评比活动

D.让几个学生承担同一干部岗位,让"老干部"带动"新干部"

4.某班班主任和班委干部商量后,成立了班级事务委员会,班级事务工作由委员长齐同学做好分配,其他班级成员积极参与配合。在班主任的指点下,所有学生都参与了班级事务工作,教师省心,学生也得到了锻炼。这种班级管理模式属于(　　)

A.常规管理　　　B.平行管理　　　C.民主管理　　　D.目标管理

5.班级管理的基本功能是(　　)

A.有助于实现教学目标,提高学习效率

B.有助于维持班级秩序,形成良好的班风

C.有助于教师教学,形成良好的学习氛围

D.有助于锻炼学生能力,学会自治自理

6.以下哪种方法既可以看到学生的过去表现,又可以了解学生的当前情况(　　)

A.调查法　　　　　　　　B.谈话法

C.书面材料分析法　　　　D.观察法

7.教师高某根据学生的心理特点和课堂教学内容设计课外活动,吸引学生积极参与活动,但不强制要求学生参与。这体现了课外活动的哪一特点(　　)

A.广泛性　　　B.自愿性　　　C.延伸性　　　D.灵活性

8.某中学的"生物兴趣小组"提倡学生自由管理、自行设计、自由发展,在活动过程中,学生自己读书、汲取信息、找资料、做实验、搞活动,遇到难题学生自己动脑思考分析,教师仅担任指导、辅助的角色。这突出体现了课外活动的(　　)

A.灵活性　　　B.自主性　　　C.选择性　　　D.多样性

二、判断题

1.班级管理中,凡事都能与学生商量就是民主。　　　　　　　　　　(　　)

2."班干部能做的班主任不做,学生能做的班干部不做"体现了班级管理的教管结合原则。　　　　　　　　　　　　　　　　　　　　　　　　　　(　　)

3.班主任工作的首要任务是组织建立良好的班集体。　　　　　　　(　　)

第二部分　心理学

第一章　心理学概述

本章共提炼8个易错点。

易错点1　心理现象及其结构

$$
\text{心理现象}\begin{cases}\text{心理过程}\begin{cases}\text{认知过程——感觉　知觉　记忆　想象　思维}\\\text{情绪情感过程——情绪　情感}\\\text{意志过程——意志行动的心理过程}\end{cases}\Bigg\}\text{注意}\\\text{个性心理}\begin{cases}\text{个性心理倾向性——需要　动机　信念　理想　价值观　世界观}\\\text{个性心理特征——能力　性格　气质}\end{cases}\end{cases}
$$

易错分析

考生首先要识记心理现象结构表：心理过程可简记为"知、情、意"，其中认知过程可简记为"感、知、记、想、思"。个性心理中，个性心理特征可简记为"能、兴、起(能力、性格、气质)"。另外，在做题时要审清题干，避免错选。

例题1：心理学是研究心理现象(心理活动)及其发生、发展规律的科学。心理现象又称为心理活动，包括心理过程和个性心理，以下心理现象中属于个性心理特征范畴的是（　　）

A. 能力　　　　B. 思维　　　　C. 信念　　　　D. 需要

答案：A

解析：个性心理特征包括个体的气质、性格、能力等。A项正确。B项思维属于认知过程，C、D两项信念和需要均属于个性心理倾向性。

易错点2　心理状态、心理过程和个性心理

心理状态：一段时间里相对稳定的持续状态，通常是一段时间里各种心理活动的综合体现。心理状态包括注意、灵感、激情、心境、犹豫等。

心理过程：在时间上展开，经常处于动态变化中；有一定的心理操作的加工程序。

个性心理：一个人身上比较稳定的心理特性的综合，是一个人总的精神面貌，反映了人与人之间稳定的差异特征。主要表现：个性心理倾向性（个性中最活跃的因素）和个性心理特征。

易错分析

考生可根据上文理解心理过程和心理状态的概念。需要强调的是，虽然注意伴随着认知、情绪情感和意志过程，但它不属于一种独立的心理过程。

心理过程和个性心理两者之间的关系需要考生理解性记忆，可以把个性心理看成是个体独有的个性，把心理过程看成是人类的共性，也就是说个性是在共性的基础上形成的，反过来个性又可以制约和影响共性。这样不需要死记硬背，也不会发生记忆混淆。考生在做题时，也需认真阅读题干，以防粗心导致出错。

例题2： 人的各种心理活动中，都伴随着注意这种心理状态，因此，注意是一种独立的心理过程。（　　）

答案：×

解析：心理状态是从心理过程到个性心理特点形成的过渡阶段，介于心理过程和个性心理之间。注意与认知过程、情绪情感过程、意志过程难以分开，是一切心理活动的共同特征。所以，注意虽然在心理过程中发挥着不可或缺的作用，但它并不是一种独立的心理过程。

例题3： 心理过程是在个性心理特征的基础上形成和发展起来的，反过来又影响着个性心理特征的完善与发展。（　　）

答案：×

解析：个性心理是在心理过程中形成的，已经形成的个性心理倾向性和个性心理特征又制约着心理过程的进行。

易错点3　大脑四叶及主要功能

额叶	在组织有目的、有方向的活动中,有使活动服从于坚定意图和动机的作用
顶叶	调节机体的触压觉、温度觉、痛觉、动觉、内脏感觉等
枕叶	视觉中枢
颞叶	主要对听觉刺激进行加工

易错分析

考生容易混淆大脑四叶及其对应的功能,这一知识点可简记为"额、顶、枕、颞,动、感、视、听"。

例题4:大脑分为四叶,其中枕叶在有组织、有目的、有方向的活动中,有使活动服从于坚定意图和动机的作用;额叶主要是调节机体的触觉、温觉、动觉等。(　　)

答案:×

易错点4　大脑左右半球的功能

左半球:抽象逻辑思维和言语中枢的优势半球,它主要负责言语、阅读、书写、运算和推理。

右半球:形象思维和高度空间知觉的优势半球,它主要处理的信息是知觉物体的空间关系、情绪情感、欣赏音乐和艺术。它与创造性有关。

易错分析

考生容易混淆大脑左右半球所对应的功能,这一知识点可简记为"左抽(抽象逻辑思维)右形(形象思维),左言(言语中枢)右空(高度空间知觉)"。另外,左脑负责抽象逻辑思维和言语,侧重理性、科学性,是"科学脑""语言脑""智力脑";右脑负责形象思维和空间知觉,侧重感性、艺术性和创造性,是"艺术脑""情绪脑"。

例题5:大脑右半球主要负责抽象逻辑思维和言语。(　　)

答案:×

解析:题干所述是大脑左半球的功能。

例题6：与创造性有关的生理结构是（　　）

A. 大脑左半球   B. 大脑右半球

C. 小脑   D. 脑干

答案：B

易错点5　两类信号系统

无条件反射 { 与生俱来（吮吸反射、觅食反射）
　　　　　　 条件反射的基础

条件反射（后天学习） { 第一信号系统：以具体事物作为条件刺激（望梅生津、望而生畏）
　　　　　　　　　　　　第二信号系统：以语词作为条件刺激、人类特有（谈虎色变、谈梅生津）

易错分析

考生易混淆第一信号系统和第二信号系统的刺激。考生要牢记第一信号以具体事物为刺激，是人和动物共有的。第二信号则是人独有的，经过语言中枢参与而具有一定的意义。在此基础上考生需要准确区分"望梅止渴"与"谈梅生津"，根据题目和选项，选择最恰当的答案。

"望梅止渴"：看到了梅子，条件刺激是真实的梅子。

"谈梅生津"：谈论到梅子，条件刺激是"梅子"这个词。

例题7：下列选项中，属于第一信号系统的是（　　）

A. 望梅生津　　B. 谈梅生津　　C. 含梅流涎　　D. 谈虎色变

答案：A

解析：B、D两项是第二信号系统；C项属于本能行为，是无条件反射。

例题8：狗听到主人唤它的名字就跑过去是（　　）

A. 无条件反射   B. 本能的行为

C. 第一信号的条件反射   D. 第二信号的条件反射

答案：C

解析：本题易误选D项。虽然主人叫狗的名字是以语言为中介，但对于小狗来说,它并不是因为理解语言的意义而产生反应,而是将这种语言作为一种物理性条件刺激,属于第一信号的条件反射。第二信号系统的条件反射是人类独有的。

易错点6　兴奋和抑制的相互诱导

同时性(视而不见,听而不闻)
继时性(熬夜导致第二天昏昏欲睡)
　　　　负诱导↓↑正诱导
兴奋
抑制
同时性(闭眼听歌效果更好)
继时性(深睡后醒来大脑很清醒)

易错分析

考生容易混淆正诱导和负诱导,在做题过程中可通过**事情发生的结果**进行判断:结果为兴奋,则为正诱导;结果为抑制,则为负诱导。当两件事情同时发生,则为同时性的相互诱导,当两件事相继发生,则为继时性的相互诱导。

例题9:小明正在写作业,弟弟突然打开了电视。听到电视里播放的是动画片,小明也没法安静下来写作业,这体现的是(　　)

A. 正诱导　　　　　　　　B. 相继负诱导
C. 同时负诱导　　　　　　D. 继续诱导

答案:C

解析:A项正诱导是指由抑制过程引起或加强兴奋过程,例如小孩临睡前往往容易很兴奋,出现所谓的"闹觉"现象。B项兴奋灶兴奋过后,该区出现抑制增强的现象。例如由于晚上"开夜车"学习,大脑皮层上的兴奋导致第二天无精打采、昏昏欲睡的大脑抑制。C项同时负诱导是指一个兴奋灶的周围出现抑制增强的现象。D项为干扰选项。题干中的小明听到电视里播放的是动画片(兴奋灶),从而没法安静下来写作业(抑制增强),体现的是同时负诱导。

易错点7　心理是客观现实的反映

客观性:人的心理活动,就其产生方式来说,是客观事物引起人脑反射的活动;就其内容来说,是对作用于人脑的客观现实的反映。客观现实决定人的心理。

主观性:由于人的知识经验、需要、愿望以及个性特征的不同,因而对客观现实的反映也不同。

能动性:人的心理不是消极被动地、录像式地对客观现实进行反映,而是能动地去反映客观世界。

心理是人脑对客观现实(内容)的主观(形式)能动的反映。客观现实(物质)是第一性,心理是第二性。

易错分析

考生容易混淆心理活动的主观性和能动性。前者强调"人心不同""仁者见仁,智者见智",理解的关键词是"不同"。后者强调人作为高级动物的能动性,理解的关键词在于"不是消极被动""透过现象看本质""把握规律""预测""改造"。

例题10:"仁者见仁,智者见智"是人的心理主观性的体现。(　　)

答案:√

解析: 不同的人(或同一人在不同的时间)对同一外界影响的反映不尽相同,可谓"仁者见仁,智者见智"。比如同一班学生,听同一教师讲同一节课或看同一部电影,各人对教材的掌握和对电影的理解都是不完全相同的。现实是不依赖于人而客观存在的,人们对同一客观现实的反映却因个人的知识经验、个性特点、世界观的不同而不同,这就是人的心理的主观性。故题干说法正确。

易错点8　西方主要的心理学流派

流派	代表人物	主要观点
构造主义	冯特 铁钦纳	①研究对象是意识(感觉、意象、激情); ②主张心理学应该用实验内省法; ③基本任务是理解正常成人的一般心理规律
机能主义	詹姆士 杜威 安吉尔	①提出"意识流"; ②研究意识的作用与功能; ③意识的作用是使有机体适应环境
行为主义 (联结主义)	华生	①反对研究意识,主张研究行为; ②反对内省,主张采用实验方法

续表

流派	代表人物	主要观点
格式塔（完形心理学）	韦特海默 苛勒 考夫卡	强调心理作为一个整体、一个组织的意义
精神分析	弗洛伊德	①研究异常行为，无意识；②研究方法主要有自由联想、个案法、释梦等
人本主义	马斯洛 罗杰斯	①注重人的全面发展；②强调自我实现
现代认知主义（信息加工心理学）	奈塞尔 皮亚杰	以信息加工为核心

易错分析

考生容易混淆心理学几个主要流派所对应的代表人物，可通过以下口诀进行记忆：

构造主义："冯特构造内省铁钦纳"。

机能主义："安慰母鸡的意识流"（安吉尔、杜威、詹姆士）。

人本主义："罗马人"（马斯洛、罗杰斯）。

格式塔："伪科考"（韦特海默、苛勒、考夫卡）。

例题11：下列选项中属于人本主义心理学的人物有（　　）

A.马斯洛　　　B.罗杰斯　　　C.华生　　　D.杜威

答案：AB

解析：罗杰斯、马斯洛是人本主义心理学的代表人物；华生是行为主义心理学的代表人物；杜威是机能主义心理学的代表人物。

例题12：构造主义心理学派的代表人物是（　　）

A.冯特　　　B.杜威　　　C.华生　　　D.皮亚杰

答案：A

解析： 构造主义心理学派的代表人物有冯特、铁钦纳。杜威是机能主义心理学派的代表人物，华生是行为主义心理学派的代表人物，皮亚杰是认知主义心理学派的代表人物。

例题13： 重视潜意识对人的行为的影响的理论学派是（　　）

A. 行为主义学派　　　　　　　　B. 认知学派

C. 精神分析学派　　　　　　　　D. 人本主义学派

答案： C

解析： 精神分析学派重视对动机和无意识现象的研究，这是该学派对心理发展的重要贡献。

易错演练

一、单项选择题

1. 个性结构中最活跃的因素，决定着人对认识和活动对象的趋向和选择的是（　　）

   A. 心理过程　　　　　　　　　　B. 个性倾向性

   C. 个性心理特征　　　　　　　　D. 自我意识

2. 现实中有花，脑中才可能有花的映象，现实中有飞机，脑中才可能有飞机的映象。这说明（　　）

   A. 心理是脑的机能　　　　　　　B. 心理的反映具有能动性

   C. 心理是客观现实的反映　　　　D. 心理的反映具有选择性

3. 反射是有机体的基本生命活动，以下不属于条件反射活动的是（　　）

   A. 实验课上闻到刺激的气味就咳嗽　　　B. 被老师批评后，见到老师就躲

   C. 听到老师叫自己的名字，立刻起身　　D. 看到美味的饭菜分泌唾液

4. 按照大脑半球优势理论，负责运算推理、音乐欣赏的分别是（　　）

   A. 左半球、左半球　　　　　　　B. 左半球、右半球

   C. 右半球、左半球　　　　　　　D. 右半球、右半球

5. 小明同学正在教室聚精会神地看书，连张老师走近他都视而不见，这是

(　　)现象。

A. 负诱导　　　B. 正诱导　　　C. 个性　　　D. 专注

二、多项选择题

1. 关于格式塔学习理论,下列说法正确的有(　　)

A. 强调整体观和知觉经验的组织作用

B. 强调学生学习过程中直觉思维的作用

C. 强调学生在面对问题时的整体理解

D. 强调创造性思维和学习

2. 学生听到上课铃声马上回到教室坐好,准备上课,这属于(　　)

A. 无条件反射　　　　　　　　B. 条件反射

C. 第一信号系统　　　　　　　D. 第二信号系统

3. 以意识为研究对象的西方心理学流派有(　　)

A. 构造主义心理学　　　　　　B. 机能主义心理学

C. 行为主义心理学　　　　　　D. 人本主义心理学

三、判断题

1. 人本主义心理学代表人物是马斯洛、罗杰斯,其被视为心理学的第三势力,强调人有自由意志和自我实现的需要。(　　)

2. 心理过程是指人的心理活动发生发展的过程,包括认知过程、情绪情感过程、意志过程和个性心理特征。(　　)

第二章　认知过程

本章共提炼32个易错点。

易错点1　感知觉的概念

感觉:是人脑对直接作用于感觉器官的客观事物的个别属性的反映,是一切知识和经验的基础。

知觉:是在感觉的基础上产生的,它是人脑对直接作用于感觉器官的客观事物的整体属性的反映。

易错分析

感知觉的概念理解不到位。考生可抓住关键词进行记忆：

感觉：反映事物个别属性。"味道""颜色"等。

知觉：反映事物整体属性。"认识""认出""叫出事物名称"等。

例题1：当孩子看到鲜艳的紫红色烟台大樱桃时，下列所说的话中最能直接体现"知觉"活动的是（　　）

A."我要吃。"　　　　　　　　　　B."真甜！"

C."颜色好漂亮！"　　　　　　　　D."哇，大樱桃！"

答案：D

解析：D项说明通过感知樱桃的整体属性得知是樱桃，这是知觉的心理过程。

易错点2　感觉的种类

从感觉器官的角度分：
- 外部感觉：视、听、嗅、味、肤
- 内部感觉：机体、平衡、运动

从刺激的来源分：
- 外受感觉：外部刺激、反映个别属性
- 内受感觉：对身体内脏器官的状态的反映
- 本受感觉：对机体位置、运动状态的反映

易错分析

考生混淆了感觉的种类。考生可以抓住"外"字理解记忆外部感觉。外部感觉是对外界客观事物的觉知，需要用到"眼耳口鼻"等；内部感觉是对机体内部变化的觉知。根据刺激的来源则有外受感觉、内受感觉和本受感觉。"外"即外部刺激引起的感觉，"内"即内脏器官的感觉，"本"即本人位置或运动状态的感觉。

例题2：下面各种感觉中，属于机体觉的是（　　）

A.头痛　　　　B.恶心　　　　C.味觉　　　　D.痒

123

答案：AB

解析：内部感觉主要分为机体觉、平衡觉和运动觉。味觉属于外部感觉；痒是肤觉，属于外部感觉。

例题3：胃的剧烈收缩所引起的疼痛属于（　　）

A. 内受感觉　　　　　　　　B. 本受感觉

C. 外受感觉　　　　　　　　D. 运动感觉

答案：A

解析：人的机体对于人的意识来说是客观存在，因此人对自己机体这个客观存在也有感觉。胃的剧烈收缩使人产生的痛觉来源于人自身的内脏器官，属于内受感觉。

易错点3　似动知觉的种类

动景运动：当两个刺激（如光点、直线、图形等）按一定空间间隔和时距相继呈现时，我们就会看到从一个刺激物向另一个刺激物的连续运动，这就是动景运动。

诱导运动：由于一个物体的运动使其相邻的静止的物体产生运动的印象叫诱导运动。

自主运动：在暗室里，如果你点燃一支熏香或烟头，并注视着这个光点，你会看到这个光点似乎在运动，这就是自主运动现象，又称游动效应。

运动后效：在注视向一个方向运动的物体之后，如果将注视点转向静止的物体，那么会看到静止的物体似乎向相反的方向运动，这就是运动后效。

易错分析

似动知觉的种类是易混点也是常考点，考生可通过以下方式进行记忆：

动景运动：两静相继产生动。

诱导运动：一动一静，同时产生。

自主运动：暗中一静是游动。

运动后效：先动后静，静向反方向动。

例题4：坐在未开动的火车上,由于旁边火车的开动,会感到自己乘坐的火车正在移动。这种现象是（   ）

　　A.动景运动　　　B.诱导运动　　　C.自主运动　　　D.运动后效

答案：B

解析：未开动的火车由于旁边火车的开动而产生了运动的错觉,属于诱导运动。

例题5：在没有月光的夜晚,我们仰视天空时,有时会发现一个细小而发亮的东西在天空游动。我们会误认为它是一架飞机,其实这是由星星引起的（   ）

　　A.真动知觉　　　B.动景运动　　　C.游动效应　　　D.运动后效

答案：C

解析：本题易误选B项。题干所述是自主运动现象,自主运动又称游动效应。

易错点4　常见的社会知觉偏差

【误区一】社会刻板印象与晕轮效应

社会刻板印象：把概括得出的群体特征归属于团体中的每一个人,而无视团体成员中的个体差异。

晕轮效应：当我们认为某人具有某种特征时,就会对他的其他特征做相似判断,也称光环效应。它是最迅速、最经济的建立印象的方式。外表的吸引力有明显的晕轮效应。

易错分析

在知识掌握层面,需把握刻板印象的关键点是"群体"推"个体",无视个体的差异,且这种印象固定、难以改变。晕轮效应的关键点是个体的"一个特征"推"其他特征"。做题过程中,需认真审题,避免粗心及定势导致的错误。

【误区二】首因效应与近因效应

首因效应（最初效应）：指在总体印象形成上最初获得的信息比后来获得的信息

影响更大的现象,强调第一印象。

近因效应(最近效应):指在总体印象形成上,新近获得的信息比原来获得的信息影响更大的现象。

> **易错分析**
>
> 本知识点难度不大,考生选错多是记忆发生混淆。首因:强调最初的、最先的印象。近因:强调最近的、最后的印象。

例题6:"我叫小红,是新转来的学生,是家中的独生女。"当同学们听到这一介绍时,对小红的印象立刻变成了"娇生惯养、独立性差"。这属于社会心理中的(　　)

A. 晕轮效应　　　　　　　　B. 首因效应

C. 近因效应　　　　　　　　D. 刻板效应

答案:D

解析:A项晕轮效应指当我们认为某人具有某种特征时,就会对他的其他特征做相似判断。B项首因效应指在总体印象形成上,最初获得的信息比后来获得的信息影响更大。C项近因效应指在总体印象形成上,新近获得的信息比原来获得的信息影响更大。D项刻板效应指对一群人的特征或动机加以概括,把概括得出的群体的特征归属于团体中的每一个人,认为他们每个人都具有这种特征,而无视团体成员中的个体差异。题干中同学们听到小红是独生女就认为她娇生惯养,独立性差,是独生女这一群体的特征施加到小红身上,属于社会心理中的刻板效应。

例题7:"路遥知马力,日久见人心"描述的是(　　)

A. 近因效应　　　　　　　　B. 投射效应

C. 晕轮效应　　　　　　　　D. 首因效应

答案:A

解析:近因效应强调最近的、最后的印象。"路遥知马力,日久见人心"体现的是近因效应。

易错点 5　感受性与感觉阈限

感受性：主观、一种能力。

感觉阈限：客观、感受刺激存在或变化的区间或范围。

感觉阈限是检验感受性的基本指标，两者成反比关系。

	从无到有	从有到变
能力	绝对感受性	差别感受性
刺激(范围/数值)	绝对感觉阈限	差别感觉阈限

易错分析

考生对感受性和感觉阈限的含义理解不透彻，读题时需格外谨慎，先找题干落脚点是"能力"还是"刺激量"，以此判定是感受性还是感觉阈限；然后再找是一个刺激"从无到有"的过程，还是两个同类刺激的最小差异，以此判断是"绝对"还是"差别"。

例题8：一个人能听到比别人弱一半的声音，关于听觉的说法正确的是（　　）

A. 此人的绝对感受阈限比别人小一半

B. 此人的绝对感受性比别人高一倍

C. 此人的差别感受性比别人高一倍

D. 此人的差别感受阈限比别人小一半

答案：AB

解析：绝对感受性与绝对感觉阈限在数量上成反比关系：某种感觉的绝对阈限值越小，相应感觉器官的绝对感受性越高；反之绝对感受性越低。例如，一个人能听到比别人弱一半的声音，那么此人听觉阈限比别人小一半，听觉的绝对感受性比别人高一倍。故答案选A、B两项。

易错点 6　暗适应与明适应

暗适应：照明停止或由亮处转入暗处、视觉感受性提高。

明适应：照明开始或由暗处转入亮处、视觉感受性下降。

127

> **易错分析**
>
> 暗适应与明适应过程相反，容易混淆。在做题过程中，一般"到暗处去"即为暗适应，"到明处(亮处)去"即为明适应。另外，考生可结合实际生活经验对其感受性的升降进行理解记忆。

例题9： 当我们去电影院看电影迟到时，刚进去时光线很暗，我们很难看清自己的座位号，而过了一段时间之后，我们就能看清楚了，这是暗适应现象，它表示我们的视觉感受性(　　)

A. 提高了　　　B. 降低了　　　C. 没有变　　　D. 较差

答案：A

解析：暗适应过程中，视觉感受性提高；明适应过程中，视觉感受性降低。

易错点7　视觉后像——正后像和负后像

视觉后像有两种：正后像和负后像。

正后像：后像和引起后像的客观刺激的品质相同。

负后像：后像和引起后像的客观刺激的品质相反或者呈现互补色。

> **易错分析**
>
> 正后像与负后像出现时间相近，颜色相反，容易混淆。考生需准确识记正、负后像含义，了解不同颜色的互补色；认真阅读题干，看题干中呈现的后像与客观刺激的品质相同还是不同，从而进行判断。
>
> 正后像：出现在刺激之后，颜色与刺激相同。
>
> 负后像：出现在正后像之后，颜色为刺激的补色。

例题10： 如果在灯前闭眼三分钟后，睁开眼睛注视电灯三秒钟，再闭上眼睛，就会看见眼前有一个灯的光亮形象出现，这是由于(　　)

A. 感觉对比　　　B. 正后像　　　C. 负后像　　　D. 联觉

答案：B

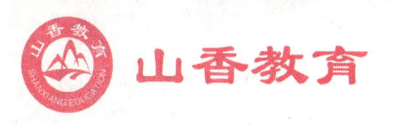

易错点8　知觉的规律(基本特征)

选择性：自动地将刺激分为对象和背景。

理解性：强调知识经验在信息加工中的作用，并用语词标记。

整体性：整体把握客观事物的多种属性。

恒常性：知觉条件变化，知觉映像相对不变。

易错分析

知觉的整体性是指把部分整合为统一整体，强调部分和整体的关系。音符（部分）组成乐曲（整体），音符的排列关系是决定一支曲子的关键部分。而知觉的恒常性是指事物本身不变，知觉条件发生变化时，知觉映像仍相对不变。人们对乐曲的感知是通过声音，无论是声音的音量发生变化还是音色发生变化，都不符合"事物本身不变"。考生需透彻理解概念，能够区分知觉恒常性中的"知觉对象"和"知觉条件"。以书本的成像为例："书本"这一客观事物为知觉对象；人采用的不同的观察角度、观察距离，观察时外界的明度、光照的颜色等为知觉条件。

例题11：某教师看着学生从远处正对面走过来，尽管学生在教师的视网膜上的视像大小有变化，但在教师的实际感知上并没有发生变化，这体现出知觉的(　　)

A.选择性　　　　B.整体性　　　　C.理解性　　　　D.恒常性

答案：D

解析：题干中的学生在教师的视网膜上有变化，但教师并没有觉得他发生了变化，知觉条件为学生与教师间的距离，知觉对象为学生。由于距离的改变，学生在教室视网膜上的成像有变化，但是教师并没有认为学生这一知觉对象本身有变化。故题干所述内容体现了知觉的恒常性。

易错点9　知觉恒常性的种类

种类	含义	典例
颜色恒常性	一个有颜色的物体在色光照明下，它的表面颜色并不受色光照明的严重影响，而是保持相对不变	用红光照射白色的物体表面，我们看到的物体表面不是红色，而是在红光照射下的白色

种类	含义	典例
明度恒常性（亮度恒常性）	在照明条件改变时，物体的相对明度保持不变	白墙在阳光下和月光下看，它都是白色的；而煤块在阳光和月色下，看上去都是黑的
形状恒常性	从不同角度观察同一物体时，物体在视网膜上投射的形状是不断变化的。但知觉到的物体形状并没有显出很大变化	一个从关闭到开着的门，虽然它在视网膜上的投影发生了很大变化，但人总把它知觉成长方形的
大小恒常性	当我们从不同距离观看同一物体时，物体在视网膜上成像的大小是有变化的。距离大，它在视网膜上成像较小；距离小，它在视网膜上成像较大。但是，在实际生活中，人们看到的对象大小变化，并不和视网膜映像大小的变化相吻合，而是趋向于原物的实际大小	看一个人个子大小，当远近距离不同时，投射在视网膜上的视像大小相差很大，但人仍能按实际大小来知觉

易错分析

考生容易混淆颜色恒常性与明度恒常性。颜色恒常性是在色光的照射下，物体的颜色保持不变；明度恒常性是在照明条件不同时，物体的明度保持不变。考生可以简单理解为，光的不同频率产生不同的颜色，光的不同强度产生不同的明度。

例题12：一支白粉笔，在白天看是白色的；在晚上看虽然很暗，但我们仍知道它是白色的。这体现的是（　　）

A. 明度恒常性
B. 形状恒常性
C. 大小恒常性
D. 颜色恒常性

答案：A

解析：题干所述例子中有颜色的表述，本题易错选颜色恒常性。在照明条件改变时，物体的相对明度保持不变，这叫明度恒常性。白粉笔无论是放在阳光下还是月光下看，我们都能看出它是白色的，这体现的是明度恒常性。

易错点 10　错觉

错觉是指在特定条件下对事物必然会产生的某种固有倾向的歪曲知觉,是对客观事物不正确的知觉,是知觉的一种特殊情况。

产生错觉的原因是多种多样的:既有客观的原因,也有主观的原因;既有生理的原因,也有心理的原因。

易错分析

错觉是不正确的知觉,但确实是对客观事物的反映。考生需要克服思维定势,"不正确的知觉"≠不能反映客观世界。另外,错觉是在特定条件下必然会产生的,因此不存在个体差异,也不能通过主观努力被纠正和克服。

例题13:错觉现象的存在正是说明了人类无法客观地反映世界。(　　)

答案:×

解析:错觉也是人们对世界的客观的反映,只是这种反映是不正确的。

例题14:错觉不是通过主观努力就可以纠正的,错觉不存在个体差异。(　　)

答案:√

解析:错觉是在特定条件下,人对客观事物所产生的带有某种固定倾向的、歪曲的知觉。它不是通过主观努力就可以纠正的。错觉不存在个体差异。

易错点 11　记忆的品质

品质	特征	典例
记忆的敏捷性(在速度方面)	速度、效率	过目成诵
记忆的持久性(在时间上)	保持	长时记忆
记忆的准确性	正确、精确	①只字不差(正例) ②错误百出(反例)
记忆的准备性(提取的速度)	提取、应用	①出口成章(正例) ②茶壶里煮饺子,倒不出来(反例)

易错分析

考生易混淆记忆的准备性与敏捷性，两者的含义中都有迅速的意思，它们的区别在于：

准备性：提取和应用知识时准确、迅速。

敏捷性：识记东西的速度快。

例题15：很多班级都曾出现这样的学生，早读时，很快就能够把老师要求背诵的文章背下来，可到了上课老师提问时却又背不下来。大家都说，这样的学生很聪明，就是不踏实。从记忆品质上来说，这样的学生只是记忆的（　　）品质好，而其他品质却不一定好。

A. 持久性　　　　B. 准确性　　　　C. 敏捷性　　　　D. 准备性

答案：C

解析：题干中一些学生很快就能够把老师要求背诵的文章背下来，强调速度快，说明他们记忆的敏捷性良好。

例题16：教师答疑时，能迅速灵活地提取头脑中的知识，以解决学生当前的问题。这体现了记忆品质的（　　）

A. 准确性　　　　B. 持久性　　　　C. 敏捷性　　　　D. 准备性

答案：D

解析：考生看到题干中的"迅速灵活"字眼，容易错选敏捷性。但题干表述明显是记忆的提取和应用特征。

易错点12　记忆的分类

划分标准	种类	记忆内容	典例
信息加工与存储的内容	陈述性记忆	事实和事件	打篮球的规则和方法
	程序性记忆	如何做事情	打篮球时拦网和远投的运动技巧
记忆内容和经验的对象	语义记忆	知识	记得"psychology"的中文意思
	情景记忆	与特定时间、地点有关，并以个人的经历为参照	记得两年前过母亲节时给妈妈送礼物的场景

续表

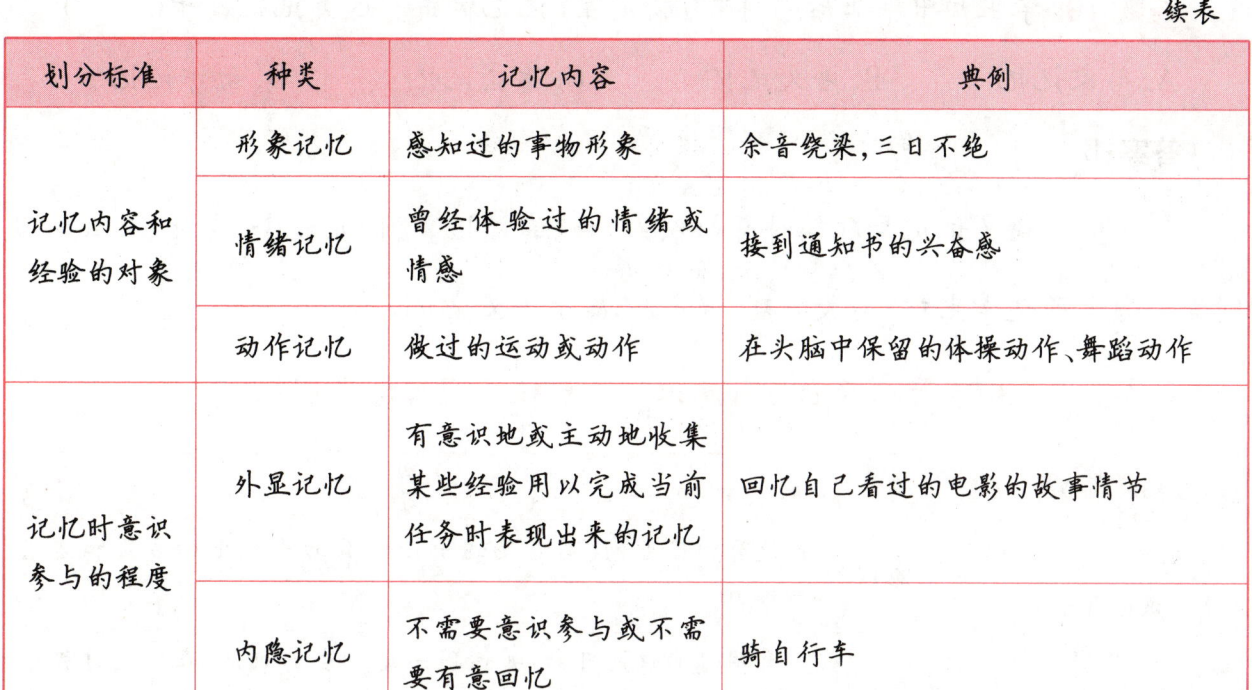

划分标准	种类	记忆内容	典例
记忆内容和经验的对象	形象记忆	感知过的事物形象	余音绕梁,三日不绝
	情绪记忆	曾经体验过的情绪或情感	接到通知书的兴奋感
	动作记忆	做过的运动或动作	在头脑中保留的体操动作、舞蹈动作
记忆时意识参与的程度	外显记忆	有意识地或主动地收集某些经验用以完成当前任务时表现出来的记忆	回忆自己看过的电影的故事情节
	内隐记忆	不需要意识参与或不需要有意回忆	骑自行车

易错分析

考生需要首先清楚记忆的分类依据,不同标准下的分类会有交叉但不冲突。例如,识记事实性知识属于语义记忆,同时属于陈述性记忆,也是长时记忆的一种。

例题17:小明在每次练习游泳时,都会想起换气要领"入水时嘴巴和鼻子同时出气,尽可能用力吹,达到吹出气泡的效果"。这属于(　　)

A. 情景记忆 B. 程序性记忆
C. 形象记忆 D. 自传性记忆

答案:B

解析:程序性记忆是指对如何做事情的记忆,包括对知觉技能、认知技能和运动技能的记忆。小明在游泳时知道该如何换气,掌握了换气的技巧,这属于程序性记忆。

例题18:某学生至今依然记得当初接到重点高中录取通知书时的激动心情。这类记忆属于(　　)

A. 情绪记忆 B. 形象记忆 C. 逻辑记忆 D. 动作记忆

答案:A

例题19：学生初中毕业后仍对"勾股定理"记忆犹新。这类记忆属于（　　）

A．形象记忆　　　B．语义记忆　　　C．情绪记忆　　　D．动作记忆

答案：B

解析：语义记忆是对各种有组织的知识的记忆。例如，概念、定理、公式和规则等。题干所述学生对"勾股定理"的记忆属于语义记忆。

易错点13　无意识记与有意识记和机械识记与意义识记

划分标准	种类	记忆内容
识记有无目的性	无意识记	没有预定目的、不需要运用任何有助于识记的方法和意志努力
	有意识记	有明确的识记目的、并运用一定方法的识记，在识记过程中还需要一定的意志努力
识记材料的性质和识记方法的不同	机械识记	根据材料的外在联系，采取多次重复的方式所进行的识记，即平时所说的死记硬背
	意义识记	在理解的基础上，依据材料的内在联系，并运用已有的知识经验而进行的识记

易错分析

考生需要区分好机械识记与意义识记、无意识记与有意识记。机械识记是指记忆方法重复、死记硬背；意义识记主要指理解意义，也包括人为地赋予材料意义，以帮助记忆。有关"有意"和"无意"的分类，关键区分点在：是否有预定目的、是否需意志努力，如有意注意与无意注意、有意回忆与无意回忆、有意想象与无意想象等。

例题20：学生上课时认真听讲，做好笔记，下课后对学习内容进行整理，通过读写等方式达到对所学知识的牢固保持，识记种类是（　　）

A．无意识记　　　B．有意识记　　　C．机械识记　　　D．意义识记

答案：B

解析：题干中没有体现学生识记时根据的是内在联系还是外在联系，故排除

C、D两项。题干中学生对学习内容有识记目的,并运用做笔记、读写等方法的识记属于有意识记。

例题21:有经验的老师在一节课程中会讲解学生感兴趣的故事、谜题或制造悬念来进行导课,这主要是通过( )的规律来组织教学。

A. 无意识记　　B. 有意识记　　C. 机械识记　　D. 意义识记

答案:A

解析:在教学中,难度适中而新颖的题材、令人产生兴趣的东西、生动形象的事件等,都不需要付出太大的意志努力就容易被人记住。所以,教师要讲究教学艺术,调动学生的无意识记。

易错点14　意义识记的优越性与机械识记的必要性

意义识记的效果不论是在全面性、准确性、巩固性或速度方面都优于机械识记。

机械识记时可能有两种情况:(1)识记者面对的材料本身就是没有意义或者没有内在联系;(2)面对的材料虽然有可能有意义,而识记者对其缺乏应有的理解,只能先机械识记,随着知识经验的积累再逐步加以理解。

易错分析

由于思维定势,考生容易认为机械识记就是没有意义的。为此考生要注意:机械识记虽然方法是无意义的、机械重复的,但机械识记有其本身的价值。

例题22:机械识记是一种死记硬背,其效率明显低于意义识记。在教学中应培养学生意义识记的能力,而扼制机械识记的发展。(　　)

答案:×

解析:相比较而言,意义识记有其自身的优越性,但是机械识记也不是毫无价值的,在面对无意义材料或者识记者对材料不理解时,需要机械识记。

易错点15　再认与回忆

再认是指人们对感知过、思考过或体验过的事物,当它再度呈现时,仍能认识的心理过程。

回忆是过去经历过的事物不在面前,人们在头脑中把它重新呈现出来的过程。能回忆的,一般都能再认;能再认的,不一定能回忆。

> **易错分析**
>
> 回忆是比再认更为复杂的一种恢复经验的形式。再认与回忆二者之间没有本质的区别,只有保持程度上的不同。考生可以记住两个应用实例来区分二者:一般开卷考试与客观题的解答属于再认,闭卷考试中的主观题运用的是回忆。

例题23:在回答教师的提问时,学生把头脑中与该问题有关的知识提取出来,这种提取过程就是(　　)

A. 识记　　　　　　　　B. 保持

C. 再认　　　　　　　　D. 回忆

答案:D

易错点16　回忆的种类

划分标准	种类	关键内容	典例
回忆是否有预定的目的、任务和意志努力的程度	有意回忆	有目的、有任务、需要意志努力	在考试时的回忆
	无意回忆	没有目的、不需意志努力	自由联想、触景生情
回忆时的条件和方式的不同	直接回忆	由当前事物直接引起	针对背熟的乘法表
	间接回忆	需借助判断、推理	根据一些提示和推断回想起钥匙所遗落的地方

注:追忆是需要一定努力,克服一定困难的有意回忆。

> **易错分析**
>
> 直接回忆和间接回忆是易混淆的知识点,两者的区别在于:
>
> 直接回忆:当前事物直接引起,不需要中介。
>
> 间接回忆:需要借助中介,该中介一般指思维判断、推理等。

例题24: 陈东在街上看到小孩子和妈妈捡拾废品,就想起了自己小时候的经历。这种回忆是( )

A. 有意回忆　　　　　　　B. 无意回忆

C. 间接回忆　　　　　　　D. 机械回忆

答案:B

解析: 本题考生根据题干描述陈东通过街上的小孩而想到自己小时候的经历,容易误选C项。间接回忆总是和思维活动密切联系在一起的,借助于判断、推理才能回忆起所需内容。陈东的回忆并不需要判断、推理等,因此不属于间接回忆。

例题25: "自由联想""触景生情"引起的回忆是一种( )

A. 有意回忆　　　　　　　B. 无意回忆

C. 直接回忆　　　　　　　D. 追忆

答案:B

易错点17　系列位置效应

系列位置效应:接近开头和末尾的记忆材料的记忆效果好于中间部分的记忆效果的趋势。

首因效应:开头部分记忆效果较好。只受倒摄抑制的影响,不受前摄抑制的影响。

近因效应:结尾部分记忆效果较好。只受前摄抑制的影响,不受倒摄抑制的影响。

渐近部分:中间部分的记忆效果较差,受两种抑制的影响,因而最容易遗忘。

其原因是:开始部分只受倒摄抑制的影响,不受前摄抑制的影响;结尾部分只受前摄抑制的影响,不受倒摄抑制的影响;中间部分则受两种抑制的影响,因而最容易遗忘。

在自由回忆中,最后呈现的项目最先回忆起来,其次是最先呈现的那些项目,最后是中间项目。在回忆的准确率上,最后呈现的项目遗忘最少,出现近因效应;最先呈现的项目的准确率次之,出现首因效应;中间呈现的项目最易遗忘,回忆率最差。

易错分析

考生需区分开首因效应、近因效应及中间部分识记效果的好坏及原因。

首因效应：效果好，发生在开头，只有倒摄抑制。

中间部分：效果差，发生在中间，前摄和倒摄抑制皆有。

近因效应：效果好，发生在结尾，只有前摄抑制。

特别注意：在回忆的正确率上，近因效应高于首因效应。

例题26：临睡前学习内容保持优于白天体现的是（　　）

A. 前摄抑制　　　　B. 倒摄抑制　　　　C. 超限抑制　　　　D. 双重抑制

答案：B

解析：前摄抑制是先学习的材料对识记和回忆后学习的材料的干扰作用。后学习的材料对保持和回忆先学习的材料的干扰作用，称为倒摄抑制。临睡前学习与白天学习相比，没有后学习材料的干扰，因此体现的是倒摄抑制。

例题27：学生一直在学习英语，在复习汉语拼音时，总是把汉语拼音字母读成英语字母的发音。这属于（　　）

A. 前摄抑制　　　　B. 倒摄抑制　　　　C. 消退抑制　　　　D. 双向抑制

答案：B

解析：题干中，汉语是已经学习过的知识，英语是正在学习的知识，英语对汉语拼音的干扰是后学习的知识对先学习知识的干扰，因此，B项符合题意。

例题28：识记一个较长且枯燥的字表，记忆效果最差的是（　　）

A. 开始部分　　　　　　　　　　　B. 结束部分

C. 中间部分　　　　　　　　　　　D. 开始和结束部分

答案：C

解析：系列位置效应就是指接近开头和末尾的记忆材料的记忆效果好于中间部分的记忆效果的趋势。故记忆效果最差的是中间部分。

易错点18　遗忘的提取失败说与压抑动机说

压抑动机说：遗忘是由于情绪或动机的压抑作用引起的，如果压抑被解除，记忆

就能恢复。由于情绪紧张而引起的遗忘(考试时经常发生)就属于这种类型。

提取失败说:明明知道某件事,但就是不能回忆出来的现象称为"舌尖现象"或"话到嘴边现象"。从信息加工的观点看,遗忘是一时难以提取出需要的信息,遗忘之所以发生是因为编码不准确,失去了检索线索或线索错误。一旦有了正确的线索,经过搜寻,所需要的信息就能提取出来。

易错分析

从根本上来说,需要考生深入把握两种学说的内涵。从做题技巧上来说,若题目中强调遗忘的原因就是"由于考试紧张"或是"考场上想不起来(紧张情绪压抑),一出考场想起来(压抑解除)"则选压抑说(动机说)。若题目中出现"有了正确线索就能回忆"则属于提取失败说。

例题29:学生在太紧张、心情太低落或是对所要回忆的学习内容不感兴趣时,记忆恢复的可能性就很小。这体现了遗忘理论中的(   )

A. 同化说　　　　　　　　　B. 动机说

C. 干扰抑制说　　　　　　　D. 记忆痕迹衰退说

答案:B

解析:压抑说又称动机说,认为遗忘是由于情绪或动机的压抑作用引起的,如果压抑被解除,记忆就能恢复。题干中学生因紧张、情绪低落、对所要回忆的学习内容不感兴趣而遗忘,体现了遗忘理论中的动机说。

易错点19　想象的种类

划分依据	种类	记忆要点
有无目的和计划性	无意想象(不随意想象)	没有预定目的,不由自主
	有意想象(随意想象)	有预定目的、自觉进行
创造程度的不同	再造想象	依据词语或符号的描述、示意形成新形象
	创造想象	按照一定目的、任务,使用表象独立地创造出新形象

幻想是一种与生活愿望相结合并指向于未来的想象,可分为科学幻想、理想、空想三种形式。幻想与一般的创造想象相比具有下述两个特征:(1)幻想体现了个人的愿望,是向往的形象;(2)幻想常是创造性活动的准备阶段。

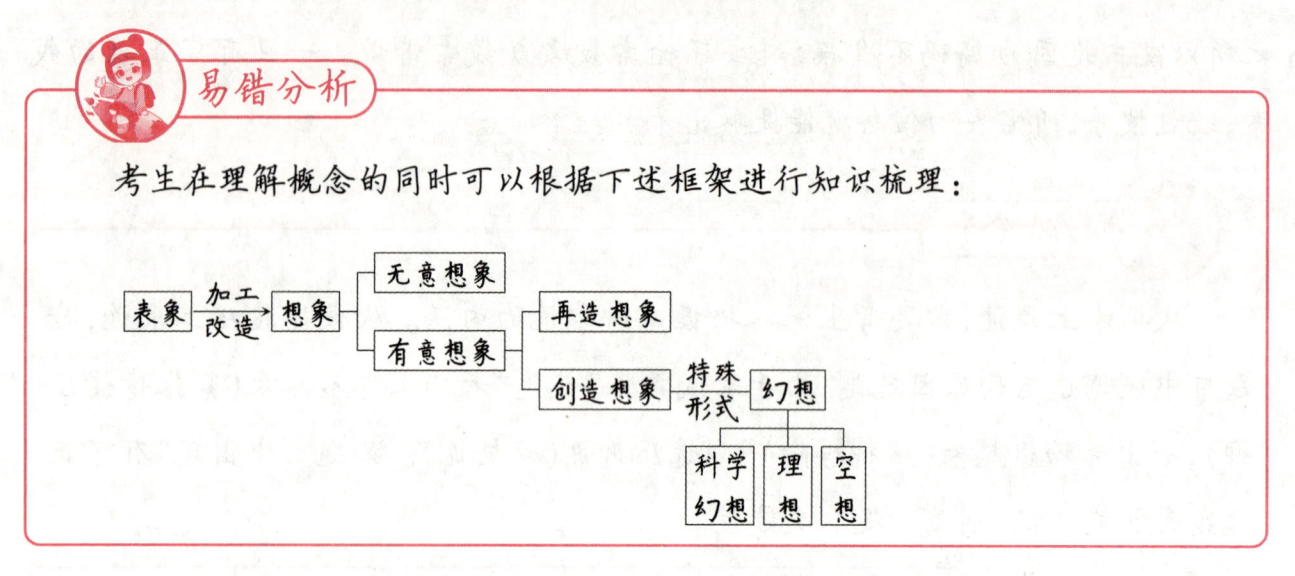

> **易错分析**
>
> 考生在理解概念的同时可以根据下述框架进行知识梳理:
>
> 表象 —加工改造→ 想象 → 无意想象 / 有意想象 → 再造想象 / 创造想象 —特殊形式→ 幻想 → 科学幻想 / 理想 / 空想

例题30:玲玲在阅读简·奥斯汀的《傲慢与偏见》时,脑海里浮现女主角伊丽莎白的形象。这属于（　　）

A.无意想象　　　B.再造想象　　　C.创造想象　　　D.幻想

答案:B

解析:题干中的玲玲在阅读《傲慢与偏见》时脑海里浮现女主角的形象属于再造想象。

例题31:美术课上,教师要求学生设计一个卧室。学生纷纷发挥自己想象,大胆地运用颜色和线条,勾勒出自己理想中卧室的模样。这一过程主要体现了哪一想象类型（　　）

A.幻想　　　B.创造想象　　　C.再造想象　　　D.无意想象

答案:B

解析:题干中学生通过发挥自己的想象,设计自己的卧室,属于独立地创造出新形象的过程。因此,其想象属于创造想象。

例题32:下列选项中,属于幻想的有（　　）

A.有个小学生将来想成为科学家

B.庄周梦蝶

C.夜晚注视天空中的星星久了,觉得星星在动

D.守株待兔

答案:AD

解析:幻想可分为科学幻想、理想和空想三种形式。A项属于理想,D项属于空想,都属于幻想。梦是无意想象的极端表现,B项属于无意想象;C项属于自主运动。

易错点20 想象的加工方式

黏合:两种或两种以上客观事物存在的几种特征组合在一起,创造出新事物。

夸张:改变事物的正常特点,使某些特点增大、缩小、数量加多、色彩加浓等。

拟人化:把人类的特点加在事物上,使其人格化。

典型化:根据一类事物共同的、典型的特征创造出新形象。

易错分析

想象的几种加工方式在考试中常结合具体事例考查,考生需要结合事例理解记忆。

例如:孙悟空的形象采用了黏合的想象加工方式。

"千手观音"的形象采用了夸张的想象加工方式。

"雷公""电母"等形象采用了拟人化的想象加工方式。

鲁迅先生在文学创作过程中经常采用典型化的想象加工方式。

例题33:人们通过想象创作出"千手观音"这一形象时,采用的加工方式是( )

A.黏合   B.夸张

C.拟人化   D.典型化

答案:B

解析:题干中人们是通过增加手臂的数量,创作出"千手观音"这一形象,采用的加工方式属于夸张。

易错点 21　想象的功能

预见功能:能预见活动的结果,指导活动进行的方向。

补充功能:弥补人们认识活动的时空局限,超越个体狭隘的经验范围。

替代功能:需要不能得到满足时,借助想象得到补偿和满足。

调节功能:想象对机体的生理活动过程有调节作用。

易错分析

考生易混淆想象的替代功能和预见功能,替代功能是指现实中暂时无法实现的,可以由想象来实现。预见功能多是在进行某种活动之前,考虑到实施过程中存在的问题或状况。考生在做题时要注意抓住题干关键词,正确理解。

例题34:小李做一件事情之前,会先把这件事情的过程在头脑中想一遍,觉得没什么差错之后,才决定做。这表明想象具有(　　)

A.预见功能　　　　B.替代功能　　　　C.暗示功能　　　　D.反馈功能

答案:A

解析:C项和D项不属于想象的功能,先排除。想象的预见功能是指它能预见活动的结果,指导活动进行的方向。题干所述即是预见功能的应用。

例题35:京剧中演员做骑马的动作表示骑马用的是想象的(　　)

A.预见功能　　　　B.补充功能　　　　C.替代功能　　　　D.表现功能

答案:C

解析:想象的替代功能是指在现实生活中,当人们的某种需要不能得到满足时,可以借助想象从心理上得到一定的补偿和满足。

易错点 22　思维的特点

特点	内涵	典例
间接性	由表及里,借助媒介,是规律的应用	夜来风雨声,花落知多少
概括性	同一类事物本质特征的概括	将枣树、梨树、苹果树统称为"果树"
	事物之间的内在联系的概括	人们发现太阳、月亮东升西落与地球自转的规律

> **易错分析**
>
> 思维的间接性与概括性联系紧密,因此也容易混淆。考生需要抓住关键特征进行理解:思维的概括性包含两层意思:一是抽取出本质特征,二是得出相关事物之间的内在联系。而思维的间接性需要利用中介进行。

例题36:"一声短笛斜阳外,知有渔舟泊柳阴"反映了人的思维具有( )

A. 间接性　　　B. 直接性　　　C. 概括性　　　D. 独创性

答案:A

解析:"一声短笛斜阳外,知有渔舟泊柳阴"是指通过短笛声音就可判断有渔舟在柳阴处,这反映了人的思维具有间接性。

例题37:谚语"一场秋雨一场寒,十场秋雨穿上棉"体现了思维的( )特征。

A. 间接性　　　　　　　　　B. 组织性

C. 概括性　　　　　　　　　D. 抽象性

答案:C

解析:题干中的谚语将秋雨和气温联系起来,得出有关结论,体现了思维的概括性特征。

易错点23　思维的敏捷性与灵活性

思维的灵活性是指能灵活地思考问题。它表现为能从不同角度、运用不同方法思考问题,在条件发生变化时,能随机应变,及时地改变原有计划、方案,寻找新的解决问题的途径。

思维的敏捷性是指思维活动迅速正确,能当机立断。

> **易错分析**
>
> 考生易混淆思维的灵活性与敏捷性,区分这两者的时候应当注意:思维的灵活性指从不同角度、运用不同方法、能随机应变,强调"变";思维的敏捷性则是强调"快、准"。

143

例题38: 教师让学生尽可能地列举报纸的用途,某学生给出了"阅读、包东西、当坐垫、折玩具、剪成碎片玩"等各种各样的答案,这说明该学生思维的(　　)较好。

A.流畅性　　　　B.灵活性　　　　C.独创性　　　　D.指向性

答案:B

解析:灵活性是指摒弃以往的习惯思维方法而开创不同方向的能力,也叫思维的变通性。例如:让被试"举出报纸的用途",如果回答"阅读""学习""获取信息",就只是把报纸的用途局限在了"阅读材料"上;而如果回答"包东西""折玩具"等,则范围更加广泛,变通性也就比较大。

易错点24　思维的深刻性与批判性

类别	要点
深刻性	透过现象看本质;揭露内在联系
批判性	批判地评价他人,取其精华去其糟粕;冷静客观地评价自己

易错分析

考生容易混淆思维的深刻性与批判性,区分这两者的时候应当注意:思维的深刻性强调"事物的本质",思维的批判性强调"不受自己的情绪和偏爱影响"。

例题39: 小华在教学课上大胆指出老师讲解的错误,他敢于质疑的精神得到了老师的肯定,这反映了小华思维具有(　　)

A.深刻性　　　　B.灵活性　　　　C.敏捷性　　　　D.批判性

答案:D

解析:小华敢于质疑老师讲解中的错误,体现了其思维的批判性。

例题40: 学生思维的(　　)是指思维反映事物的本质和规律。

A.深刻性　　　　　　　　　　　　B.灵活性

C.独特性　　　　　　　　　　　　D.敏捷性

答案:A

易错点 25　概念形成的过程(三阶段)

抽象化:对具体事物的各种特征与属性进行抽象。

类化:将类似的属性或特征加以归类。

辨别:对客观事物进行分辨。

易错分析

考生容易将类化的概念理解错误,类化是在对相似性或者共同性进行归类的同时,忽视差异性。类化是在抽象化的基础上进行的。

例题41:只考虑事物属性的相似性,忽略与其他属性之间的差异性。这指的是概念形成过程中的(　　)现象。

A.抽象化　　　B.辨别　　　C.类化　　　D.同化

答案:C

解析:题干所述符合类化的定义。本题错选多是考生没有理解类化的概念误选 A 项。

易错点 26　概念形成与概念同化

概念形成是指个体通过反复接触大量同一类事物或现象的共同特征或共同属性,并通过肯定(正例)或否定(反例)的例子加以证实的过程。发现学习是概念形成的主要方式。

概念同化就是利用学习者认知结构中原有的概念,以定义的方式直接给学习者提示概念的关键特征,从而使学习者获得概念的方式。接受学习是概念同化的主要方式。

在上述两种概念获得的方式中,概念同化是学生获得概念的主要形式。

易错分析

概念形成是个体主动形成概念的过程;概念同化是由外界直接提供的关键特征,结合自身的知识结构来获得概念的过程。考生可以这样理解记忆:概念形成主动发现,概念同化被动接受。

例题42：幼儿在家中和学校里看到了大量的桌子,掌握了"桌子"的概念。幼儿对于"桌子"这个概念的学习方式是(　　)

A．概念转变　　　　B．概念形成　　　　C．概念同化　　　　D．概念整合

答案：B

解析："桌子"这个概念的形成是幼儿自己主动获得的,这种学习方式是概念形成。

易错点 27　发散思维的训练方法

种类	记忆要点	典例
用途扩散	以某件物品的用途为扩散点,尽可能多地设想它的用途	尽可能多地说出别针的用途
结构扩散	以某种事物的结构为扩散点,设想出利用该结构的各种可能性	尽可能多地画出包含A结构的东西,并写出或说出它们的名字
方法扩散	以解决某一问题或制造某种事物的方法为扩散点,设想出利用该种方法的各种可能性	尽可能多地列举出用"吹"的方法可以完成的事情
形态扩散	以事物的形态(如颜色、味道、形状等)为扩散点,设想出利用某种形态的各种可能性	利用红色可以做什么,办什么事

易错分析

发散思维训练方法的区分关键在于扩散点的不同,考生区分清楚扩散点是什么,即可判断出训练方法的类型。考生需特别注意,用途扩散的扩散点是物品的用途,设想的用途越多越好;形态扩散的扩散点是形态,是在这个形态下的各种可能性有哪些。这两者易混淆。

例题43："利用白色可以做什么?"属于(　　)发散思维训练。

A．用途扩散　　　　B．结构扩散　　　　C．方法扩散　　　　D．形态扩散

答案：D

解析：扩散点是白色,利用白色的可能性有哪些。这是形态扩散的关键。

例题44：在班会课上，班主任启发学生尽可能多地设想：用"爆炸"的方法可以解决哪些问题或办成哪些事情。这属于发散思维的训练方法中的（ ）

A. 方法扩散　　　B. 结构扩散　　　C. 形态扩散　　　D. 用途扩散

答案：A

解析：题干中强调尽可能多地设想用"爆炸"的方法可以解决哪些问题或办成哪些事情，这属于发散思维的训练方法中的方法扩散。

易错点28　注意的特征

注意包括两个特点：指向性和集中性。

指向性：心理活动有选择地反映一定的对象，而离开其余的对象。表现为人的心理活动具有选择性。

集中性：心理活动停留在被选择的对象上的强度或紧张度，它使心理活动离开一切无关的事物，并且抑制多余的活动，以保证注意的对象能得到比较鲜明和清晰的反映。

易错分析

考生需注意指向性是从众多对象中选择其一，集中性则是面对选择的对象，提高紧张度，比如"聚精会神""全神贯注"。注意的指向性强调"选择"的过程，选择的完成可以理解为是瞬间达成的。注意的集中性强调使注意力"停留在"已被选择的对象上，存在时间的延续。"集中"是在"选择"的基础上进行的，考生要能够区分二者的侧重点。

例题45：注意的指向性表现为对干扰刺激的抑制；集中性则表现为对出现在同一时间的许多刺激的选择。（ ）

答案：×

例题46：医生在做复杂的外科手术时，他只注意到了病人的患病部位和自己的手术动作，与手术无关的其他人和物便落在了他的意识中心之外，这体现了注意的（ ）

A. 整体性　　　B. 集中性　　　C. 指向性　　　D. 恒常性

答案:B

解析:注意的集中性指心理活动或意识在已定方向上活动的强度或紧张程度。例如医生在做复杂的外科手术时,他的注意高度集中在病人的病患部位和自己的手术动作上,与手术无关的其他的人和物便排除在他的意识中心之外。

易错点 29 注意产生和维持的条件

引起无意注意的条件		典例
客观条件	①刺激物的强度(强度律)	一道强烈的光线
	②刺激物之间显著的对比关系(对比律)	万绿丛中一点红
	③刺激物的活动和变化(活动律)	多媒体课件中的动画
	④刺激物的新异性(新颖律)	新张贴的广告
主观条件	①当时的需要 ②当时的特殊情绪状态 ③当时的直接兴趣 ④个体的知识经验	饥饿时的食物 有趣的小品

维持有意注意的条件:(1)加深对目的任务的理解。(2)合理组织活动。(3)对兴趣的依从性。间接兴趣,特别是稳定的间接兴趣,是引起和保持有意注意的重要条件。(4)排除外界的刺激物、机体的某些状态(如疾病、疲劳等)、无关的思想和情绪等内外因素的干扰。

易错分析

考生在做题的过程中混淆了引起无意注意的条件和维持有意注意的条件。通过大量的真题分析可知,一般引起无意注意的条件多会强调外界刺激物的强度、对比关系、活动变化和新异性。而有意注意多会强调目的任务、活动组织和间接兴趣等。

例题47:教师讲课时声音抑扬顿挫,并配以手势。这种方式引起的无意注意是由于( )

A.刺激的强度   B.刺激的合理组织

C.刺激的活动变化   D.刺激的经验

答案:C

解析:声音的抑扬顿挫和手势是在强调给予学生的刺激是变化的、活动的,这是利用刺激的活动变化来引起学生的无意注意。

例题48:学生在上课时,门口走过一位身着动物装扮准备去演出的同学。这种新奇的打扮一下子就吸引了大家的注意。这里的注意是( )

A. 有意注意　　　　　　　　B. 有意后注意
C. 无意注意　　　　　　　　D. 无意后注意

答案:C

易错点30　注意的稳定性

狭义的注意稳定性是指注意保持在同一对象上的时间。

广义的注意稳定性是指注意保持在同一活动上的时间。广义的注意稳定性并不意味着注意总是指向同一对象,而是指当注意的对象和行动有所变化,注意的总方向和总任务不变。

易错分析

注意的稳定性一般考生会理解成狭义的注意的稳定性,当注意对象和行动有所变化时就认为此时的注意已经没有稳定性了。但在心理学中,当注意总是保持在同一种活动上时,也认为注意是稳定的。

例题49:在数学课上,学生认真地、完整地听完了教师讲的习题。这体现了学生注意的哪一品质( )

A. 注意的广度　　　　　　　　B. 注意的分配
C. 注意的转移　　　　　　　　D. 注意的稳定性

答案:D

解析:题干体现了学生注意维持时间较长,能够认真地、完整地听完教师讲的习题,故体现了其注意的稳定性较好。

易错点31　注意的起伏、分散、分配与转移

注意的起伏:也称为注意的动摇,短时间内注意周期性地不随意跳跃现象。只

要不离开当前的注意对象,就不会产生消极作用。

注意的分散:注意离开了当前应当完成的任务而被无关的事物所吸引,对当前活动有消极作用。

注意的分配:在进行两种或多种活动时能把注意指向不同对象的现象。

注意的转移:根据新的任务,主动地把注意从一个对象转移到另一个对象或由一种活动转移到另一种活动的现象。

易错分析

考生对上述四种现象理解不透彻。(1)从积极和消极作用来区分,注意的分散具有消极作用,注意的分配和注意的转移具有积极作用。(2)从四者的定义区分,注意的起伏是生理现象,注意并没有离开当前的注意对象。注意的分散是注意离开当前注意对象,被无关对象吸引。注意的分配是指需要注意两种及两种以上任务。注意的转移是根据任务主动转移注意,离开当前注意对象,转向新任务。

例题50: 在听很小的声音时一会儿听见了一会儿好像听不见的现象属于( )

A. 注意分散　　　B. 注意转移　　　C. 注意起伏　　　D. 注意分配

答案:C

解析:短时间内注意周期性地不随意跳跃现象称为注意的起伏。在感知同一事物时,注意很难长时间地保持固定不变。例如,在听觉方面,将一只表放在离被试耳朵的一定距离处,使他刚能隐约地听到嘀嗒声,被试有时听到表的声音,有时又听不到;或者感到表的声音一时强,一时弱。

例题51: 学生在学习广播体操的初始阶段,往往注意了动作就顾不上面部表情,注意了面部表情又忽略了队形队列,说明他们还不能很好地做到( )

A. 注意的转移　　B. 注意的分配　　C. 注意的广度　　D. 注意的稳定

答案:B

解析:学生在学习广播体操时,无法兼顾动作、表情和队列,这属于注意的分配方面的问题。

易错点 32　注意规律在教学中的应用

运用无意注意的规律组织教学的方法包括：①尽量避免那些分散学生注意的因素，创造良好的教学环境；②注重讲演、板书技巧和教具的使用；③注重教学内容的组织和教学形式的多样化；④严格遵守作息制度，防止过度疲劳。

运用有意注意的规律组织教学的方法包括：①明确学习的目的和任务；②培养间接兴趣；③合理组织课堂教学，防止学生分心；④运用多种教学手段。

易错分析

考生容易混淆运用两种注意规律组织教学的方法。在做题时，考生可以通过引起无意注意和有意注意的条件来推导相应的教学方法。例如，在引起无意注意的客观条件中，"刺激物的强度"可推出"创造良好的教学环境"，"刺激物的活动与变化"可推出"教学内容的组织和教学形式的多样化"与"注重讲演、板书技巧和教具的使用"等。

例题 52：下列教师课堂行为中体现教师正确运用无意注意规律的是（　　）

A. 甲注意教学内容的组织和教学形式的多样化
B. 乙发现学生走神时立即点名批评
C. 丙对教学重点在语音语调上加以强调
D. 丁在讲课前公布学生成绩

答案：AC

解析：AC 两项属于运用无意注意的规律组织教学。BD 两项都是运用有意注意的规律组织教学。

易错演练

一、单项选择题

1. 士兵在战场上穿迷彩服以达到隐蔽的效果，主要利用了知觉的（　　）

   A. 选择性　　　　　　　　　　B. 整体性
   C. 理解性　　　　　　　　　　D. 恒常性

2. 小明特别喜欢语文老师，他觉得语文老师风趣幽默，所以他特别喜欢语文课。

这体现的是（　　）

　　A.近因效应　　B.首因效应　　C.晕轮效应　　D.定势效应

3.电子广告、放映机利用了哪种似动知觉（　　）

　　A.动景运动　　B.自主运动　　C.诱导运动　　D.运动后效

4.在2022年北京冬奥会期间观看比赛的记忆属于（　　）

　　A.情景记忆　　　　　　　　B.语义记忆

　　C.程序性记忆　　　　　　　D.陈述性记忆

5.谚语"朝霞不出门，晚霞行千里"反映了思维的（　　）特征。

　　A.间接性　　B.概括性　　C.抽象　　D.系统性

6.小明先学习英语后学习数学，结果英语知识遗忘较多，数学知识记忆效果好。这是受（　　）因素的干扰。

　　A.前摄抑制　　B.兴奋　　C.倒摄抑制　　D.双重抑制

7.借助于想象我们可以"思接千载,视通万里""精骛八极,心游万仞"。这体现了想象的（　　）

　　A.预见功能　　B.补充功能　　C.替代功能　　D.调节功能

8.学生总结出鸽子、老鹰、鸡、鸭的共同特征是"有羽毛的""是动物"，而舍弃其"会不会飞""大小""颜色"等非本质特征。这是思维过程的（　　）环节。

　　A.抽象　　B.概括　　C.具体化　　D.综合

9.识记是记忆过程的第一个基本环节，是个体获得知识经验的过程。下列属于识记中机械识记行为的是（　　）

　　A.通过理解历史事件发生的逻辑来记忆历史事件及其发生顺序

　　B.利用阅读成语故事记忆大量成语

　　C.在理解诗词含义的基础上进行识记

　　D.通过诵读法记忆并掌握英语单词

10.概念的形成要经历三个阶段，第一步是了解事物的属性。要了解事物的属性就需要对具体事物的各种特征进行（　　）

　　A.类化　　B.抽象化　　C.辨别　　D.抽象符号具体化

11.每个人的思维都有每个人的特点，这叫做思维的品质。思维的（　　）是政治家、思想家和科学家最突出的特征，表现为在平凡事物中发现重大问题，揭示发展的规律。

　　A.批判性　　B.深刻性　　C.广阔性　　D.独立性

12.学生在课堂上边听边记，老师在讲台上边演示实验边讲，体现了哪种注意品

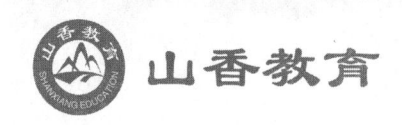

质（　　）

A. 注意的广度　　　　　　　　B. 注意的分配

C. 注意的起伏　　　　　　　　D. 注意的转移

13. 关于错觉的说法正确的是（　　）

A. 错觉是对客观事物不正确的感觉　　B. 错觉的产生源于个人心理的原因

C. 错觉不存在个体差异　　　　　　　D. 错觉是可以通过主观努力来纠正的

二、多项选择题

小明背诵课文时，很容易就能记住第一段和最后一段的内容，但是中间几段的内容就记得很困难。这种情况可以用（　　）解释。

A. 泛化　　　　B. 痕迹消退　　　　C. 首因效应　　　　D. 近因效应

三、辨析题

1. 建筑工人根据建筑蓝图想象建筑物的形象,这属于创造想象。

2. 如果你站在大桥上看桥下急速的流水,一会儿之后,你就会感觉到桥在动。这种现象心理学称之为诱导运动。

四、案例分析题

小叶同学经常"眉头一皱，计上心来"，他不仅深思好学，触类旁通，有独立见解，还能透过现象看本质；喜欢打破砂锅问到底，是班上名副其实的"智多星"。数学课上，当问题与条件发生变化时，他总能打破常规，想出新办法；解决问题当机立断，毫不犹豫。对此梁老师也十分赏识，决定在数学课上采取新举措。

首先，在班上开展课前讲故事活动，提高学生的语言表达能力和对数学题意的理解力。苹果落地现象是人们司空见惯的。但牛顿却在此基础上提出了万有引力定律；伽利略敢于质疑和挑战权威，通过在比萨斜塔上同时抛下两个大小不同的铁球实验，指出铁球同时落地才是真知。当学生讲到此类故事时，梁老师就及时倡议学生给课本挑刺，要"吾爱吾师，吾更爱真理"，要敢于说"老师，我反对"，对敢于挑毛病的学生给予奖励。其次，在课堂教学中，梁老师设置问题情境，激励学生独立发现问题，提出问题，老师不急于回答，鼓励学生运用已有知识经验去思考如何解决问题。老师给予一定的启发，让学生自己寻找答案，并鼓励学生一题多解。通过梁老师的指导和训练，小叶同学的思维品质更完善。他不仅敢于质疑，而且善于创新求异。初三毕业时，他成了小发明家，觉得自己离创新梦工厂越来越近了。

(1) 结合案例分析小叶同学具有的思维品质。

(2) 结合案例中梁老师的做法，阐述如何培养学生的思维品质。

第三章　情绪情感和意志过程

本章共提炼8个易错点。

易错点 1　情绪、情感的关系

关系		情绪	情感
区别	从需要角度	原始的、低级的、与生理需要是否满足相联系、人和动物共有的	后继的、高级的、与社会需要是否满足相联系、人类特有
	从发生角度	情境性、易变性	稳定性、持久性
	从表现形式	体验强度大、冲动性、有明显的外部表现	内隐、深沉
联系		①情绪是情感的基础,情感离不开情绪;②对人类而言,情绪离不开情感,是情感的具体表现	

易错分析

情绪、情感的区别是考试中重点考查的内容,考生需要结合上文表格对情绪、情感的特点进行区别记忆。

例题1: 下面对情绪和情感的关系表述正确的是(　　)

A. 情绪的产生与有机体的生理需要有关;而情感的产生则与人的社会性需要有关

B. 情绪是人和动物所共有的心理现象;而情感则是人类特有的一种心理现象

C. 情绪产生早;情感产生晚

D. 情感具有情境性和激动性;而情绪具有稳定性和深刻性

答案: ABC

解析: 情绪具有较强的情境性、激动性和暂时性,情感具有较强的稳定性、深刻性和持久性。D项说法不正确。

154

易错点 2　情绪的种类

心境是一种微弱的、持续时间较长的，带有弥漫性的情绪状态。

激情是一种爆发式的、猛烈而持续时间短暂的情绪状态。它往往带有特定的指向性和较明显的外部行为表现。

应激是出乎意料的紧迫情况所引起的急速而高度紧张的情绪状态。

易错分析

考生容易混淆心境、激情和应激的概念。在遇到需要区分种类的试题时，需要清楚种类的划分标准是什么，考生应从情绪发生的强度、持续性和紧张度去理解三种情绪状态的概念。心境：微弱、持续时间长、弥漫性。激情：猛烈、爆发、时间短暂。应激：急速、高度紧张、应对紧迫状况。

例题 2："人逢喜事精神爽""感时花溅泪，恨别鸟惊心"是情绪中的（　　）
A. 心境状态　　　B. 应激状态　　　C. 激情状态　　　D. 热情状态
答案：A

解析：心境一经产生就不只表现在某一特定对象上，而是在相当长的一段时间内，使人的整个心理活动都染上某种情绪色彩，影响人的整个行为表现，成为情绪生活的背景。题干所述内容是心境的典型例子。

易错点 3　情绪和情感的主观性与两极性

情绪和情感的主观性，包含两个层面的含义：一方面，个人所发生的情绪和情感，只有当事人内心才能真正感受到或意识到。另一方面，由于人对客观事物的态度不同，因此，不同的人对同一事物可以有不同的体验。

情绪和情感的两极性是指每一种情绪和情感都能找到与之对立的情绪和情感。对立的两极在一定条件下可以互相转化。

易错分析

考生容易混淆情绪和情感的主观性与两极性。考生在做题时需注意，两极性强调的是情绪和情感本身的对立，如积极与消极、紧张与轻松；主观性强调的是个体的感受。在考试中，主观性通常以"不同的人对同一事物的体验不同"为例子进行考察。

例题3：同样是半瓶水，一个乐观主义者会因为还有半瓶水可以饮用而感到欣慰和满足；而一个悲观主义者则会因为只有半瓶水而感到焦虑和不满。这体现了情绪具有（　　）

　　A. 复合性　　　　B. 主观性　　　　C. 社会性　　　　D. 两极性

答案：B

解析：题干中，乐观主义者和悲观主义者面对同样的半瓶水时，由于他们的态度不同，所以有着不同的情绪体验，体现了情绪具有主观性的特点。

例题4：化学老师给全班同学布置了一个实验任务，要求同学们在一小时内完成。小红觉得时间充裕，可以慢慢准备；而小月觉得要准备的东西很多，一个小时根本不够，所以很是苦恼。这主要说明情绪具有（　　）

　　A. 主观性　　　　B. 掩饰性　　　　C. 感染性　　　　D. 两极性

答案：A

解析：题干中小红和小月面对同一任务时，由于她们的态度不同，所以有着不同的情绪体验。这主要说明情绪具有主观性。

易错点4　情绪情感的成分

主观体验：对不同情绪状态的感受

外部表现：表情 ┌ 面部表情（主要标志）
　　　　　　　├ 姿态表情
　　　　　　　└ 语调表情

生理唤醒：内脏器官、内分泌腺或神经系统的生理变化

易错分析

考生容易混淆主观体验和生理唤醒，上图列出了情绪情感成分的考查点，考生需要牢记，以准确区分。

<u>主观体验</u>：强调个体的感受。

<u>外部表现</u>：强调外显的表情。

<u>生理唤醒</u>：强调生理的变化。

例题5：小明即将上考场,感觉心跳加快,有点微微出汗。这属于情绪情感的(　　)

A.主观体验　　B.外部表现　　C.生理唤醒　　D.认知活动

答案:C

解析：心跳加快、出汗属于生理变化,因此属于情绪情感的生理唤醒。

易错点5　常考的情绪情感的功能

种类	记忆要点	典例
动机功能	属于动机系统,能够激励人的活动,提高人的活动效率	适度的紧张和焦虑能促使人积极地思考和解决问题
组织功能	心理活动的组织者	心情愉快时,容易关注事物积极、美好的方面
信号功能	通过表情实现;传递信息,沟通思想	点头微笑表示赞赏;摇头皱眉表示否定
健康功能	情绪调控的好坏会直接影响到身心健康	一个小丑进城胜过一打医生

易错分析

考生容易在组织功能和动机功能间造成误选。二者有共同之处,都能起到激励作用,但表现形式存在差异。组织功能针对现有的情绪状态,是指良好的情绪起推动作用,不好的情绪起阻碍作用。动机功能的激励作用体现在动力方面,可以从无到有的引发人们的行动。考生要准确理解区分。

例题6：人们对于自己感兴趣的事物记忆起来容易,对不喜欢的事物记忆起来十分吃力。这表明了情绪具有(　　)

A.适应功能　　B.动机功能　　C.组织功能　　D.信号功能

答案:C

解析：情绪的组织功能体现为,积极的情绪和情感具有调节和组织作用;消极的情绪和情感则有干扰、破坏作用。题干中人们容易记忆感兴趣的事物,不容易记忆不喜欢的事物,体现了情绪的组织功能。

157

易错点6　自我防御机制

【误区一】否认与退行

否认：对某种痛苦的现实无意识地加以否定，是一种保护性质的、正常的防御。

退行：遇到困难时放弃已学到的比较成熟的应对技巧和方式，而使用原先比较幼稚的方式去应付困难和满足自己的欲望。

易错分析

否认强调的是否定现实，装作事情不存在或没有发生过；退行不否认已发生的事情，只是以一种幼稚、不成熟的行为应对现实。

【误区二】合理化的两种表现

酸葡萄心理：把得不到的东西说成是不好的。

甜柠檬心理：把自己拥有的都看作好的。

易错分析

合理化的两种表现均是掩盖其错误或失败，以保持内心的安宁。同样的是得不到东西，酸葡萄心理比较悲观，甜柠檬心理比较乐观。

【误区三】移置与投射

移置：转移情绪。

投射：由己及人。

易错分析

概念易混淆，移置强调转移，投射强调从自我的角度看他人。

例题7： 某日，高中生元元因和同桌产生矛盾，委屈得像幼儿一样坐在地上嚎啕大哭。元元的这种心理防御机制属于（　　）

A.移置　　　　B.合理化　　　　C.退行　　　　D.升华

答案：C

解析：题干中元元与同桌发生矛盾便像幼儿一样坐在地上嚎啕大哭的表现属于心理防御机制中的退行。

例题8：某高中生在解题时因方法不当,浪费了大量时间却未得到正确答案,但仍认为耽误的时间是值得的,因为以后遇到类似的题目就不会再犯同样的错误。这属于典型的"酸葡萄心理"。（　）

答案：×

解析：某高中生在解题过程中浪费了大量时间也没有解决问题,就从比较乐观的角度安慰自己。这属于甜柠檬心理。

例题9：小明去买东西,人家多找了10元钱,他一直在犹豫是否要还回去,又想如果是别人也许不会还。这属于自我防御机制中的(　)

A.压抑　　　　B.转换　　　　C.投射　　　　D.文饰

答案：C

解析：小明将不会归还多找的零钱的想法投射到别人身上,这属于投射。

易错点7　意志的品质

意志的品质	含义	与之相反的意志品质
自觉性	一个人清晰地意识到自己行动的目的和意义,并且能够主动地支配自己的行动,使之符合既定目的的意志品质	受暗示性(盲从)和独断性
果断性	一种善于辨明是非、抓住时机、迅速而合理地采取决定并执行决定的意志品质	优柔寡断和草率武断
自制性	一个人善于控制和支配自己的情绪,约束自己言行的品质	任性和怯懦
坚韧性（坚持性）	一个人在行动中坚持决定,百折不挠地克服重重困难去达到行动目的的品质	动摇性和执拗性

易错分析

意志的品质及其相反品质是常考点也是易混点,考生需准确识记。

考生容易混淆两组品质：自觉性与自制性、自制性与坚韧性。

自觉性与自制性的区分：

自觉性	自制性
强调无人看管、主动自觉地完成某项任务	强调抵抗诱惑、约束自己的言行

自制性与坚韧性的区分：

自制性	坚韧性
抵抗诱惑、约束自己的言行；控制消极情绪；有组织、有纪律、忍耐克己	持之以恒、不畏艰难以达到目的；水滴石穿

例题10：小丹能自己意识到学习的重要性，不需要老师和家长的监督，就可以主动完成学习任务。这主要体现了小丹的意志具有（　　）

A.情绪性　　　　B.自觉性　　　　C.果断性　　　　D.坚韧性

答案：B

解析：题干中小丹能够自己意识到学习的重要性，主动完成学习任务，体现的是意志的自觉性。

例题11：某学生在制定学习目标后，容易发生动摇，随意更改目标和行动方向，这山望着那山高，庸庸碌碌。该学生主要缺乏的意志品质是（　　）

A.自觉性　　　　B.自制性　　　　C.坚持性　　　　D.创造性

答案：C

解析：题干中学生在制定目标后容易动摇，更改目标，说明他主要缺乏意志的坚持性。

易错点8　动机斗争

种类	概念	典例
双趋冲突	从自己同时都很喜爱的两个事物中仅择其一的心理状态	鱼与熊掌不可兼得；高考填志愿，有人既想学文科又想学理科
双避冲突	从希望回避的两种事物中必取其一的心理状态	进退维谷

续表

种类	概念	典例
趋避冲突	对同一目的兼具好恶的矛盾心理	既想当班干部又怕耽误时间影响学习
多重趋避冲突	对含有吸引与排斥两种力量的多种目标予以选择时所发生的冲突	大学毕业生就业中的选择困难

易错分析

考生混淆了不同种类的动机冲突,可借助下表进行识记:

类型	目标指向	心理特征	关键词
双趋冲突	两种	趋近	既想……又想
双避冲突	两种	逃避	既不想……又不想
趋避冲突	一种	矛盾	既想……又怕
多重趋避冲突	两种及以上	矛盾	多个目标;既想……又怕

例题12:在填报高考志愿时,学生想报自己喜欢的专业,但离家较远,想在自己家乡读书却没有自己喜欢的专业,体现的心理冲突是( )

A.双趋冲突　　　　　　　　B.双避冲突

C.趋避冲突　　　　　　　　D.多重趋避冲突

答案:D

解析:题干中学生对于填报哪里的志愿这一问题,有多种包含吸引与排斥力量的目标选择,故这时发生的冲突属于多重趋避冲突。

例题13:小明每天放学回家不想写作业,但是又害怕妈妈发现他没写作业而骂他。小明的情况属于( )

A.双趋冲突　　B.双避冲突　　C.趋避冲突　　D.多重趋避冲突

答案:B

解析:题干中小明对"写作业"和"被妈妈骂"都是持回避态度,但是必须从中选择一个,故属于双避冲突。

易错演练

一、单项选择题

1. 小明看到自己喜欢的球星的精彩射门时,会情不自禁地欢呼跳跃起来。小明的情绪状态属于(　　)
   A. 激情　　　　B. 应激　　　　C. 心境　　　　D. 热情

2. "一个小丑进城胜过一打医生"说明情绪和情感具有(　　)功能。
   A. 信号　　　　B. 健康　　　　C. 激励　　　　D. 调控

3. 小智在假期的最后一天面对堆积如山的作业,既不想熬夜补作业,又不想第二天被教师批评。此时,小智面临的动机冲突类型属于(　　)
   A. 双趋冲突　　　　　　　　B. 双避冲突
   C. 趋避冲突　　　　　　　　D. 多重趋避冲突

4. 一个孩子被妈妈打后,难以回敬,转身把身边的小狗踢走。这是心理防御机制中的(　　)
   A. 否认　　　　B. 压抑　　　　C. 合理化　　　　D. 移置

5. 下列不属于情绪外部表现的是(　　)
   A. 心潮澎湃　　B. 眉开眼笑　　C. 坐立不安　　D. 轻声呻吟

6. 学生在寒冷的冬天克服困难,一如既往地每天早上六点起床进行早读。这主要体现了其意志品质的(　　)
   A. 协调性　　　B. 自觉性　　　C. 果断性　　　D. 坚持性

二、多项选择题

1. 下列关于情绪状态的说法,正确的是(　　)
   A. 应激是已经预料到的紧急情况而引起的情绪状态
   B. 激情是一种强烈短暂的爆发性的情绪状态
   C. 心境是一种微弱平静的而持续时间较长的情绪状态
   D. 情绪与情感的概念相同

2. 与自制性相反的意志品质有(　　)
   A. 任性　　　　B. 优柔寡断　　C. 动摇性　　　D. 怯懦

三、判断题

1. 人类的表情既具有先天性,又具有社会性。　　　　　　　　　　　　(　　)

2. 情绪的信号性功能是指情绪是人的思想意识的自然流露,各种各样的表情都具有一定的信号意义,这种信号有助于人与人之间的相互了解。　　　　　　(　　)

第四章 个性心理

本章共提炼18个易错点。

易错点1　马斯洛的需要层次理论

缺失需要
- 生理需要：生理因素、最基本
- 安全需要：受保护，有安全感
- 归属与爱的需要：认可和接纳
- 尊重需要：自尊、受他人尊重

成长需要
- 求知需要：认知、理解
- 审美需要：对美的感受
- 自我实现的需要：发挥个人才能

注：1."仓廪实而知礼节，衣食足而知荣辱"说明了人的需要具有层次性，但需要的层次性并不是绝对的。

2.较低级层次的需要至少或者必须部分满足之后才会出现对较高级需要的追求。

易错分析

考生关于需要层次理论的知识框架掌握不准确、不完整。马斯洛的需要层次理论指的是七种不同的需要由低到高的排列，并说明，缺失需要是个体生存必需的，必须得到一定程度的满足。成长需要不是必需的，但能够让我们更好地生活，是永远得不到完全满足的。

例题1： 根据马斯洛的需要层次理论，人们希望摆脱失业的威胁，得到一份较为安定的工作属于（　　）

A. 生理需要　　　　　　　　B. 安全需要

C. 尊重需要　　　　　　　　D. 自我实现的需要

答案：B

解析： 安全需要是指希求受保护与免遭威胁从而获得安全感的需要。人在生理需要相对满足的情况下，就会出现安全需要。在成人中，人们希望得到较安全的职位，愿意参加各种保险，都表现了他们的安全需要。故题干中人们想要得到一份较为安定的工作属于安全需要。

例题2： 学生在老师的鼓励表扬中不断获得自信，从而表现得更好。这其中老师满足了学生的（ ）

A. 自我实现的需要　　　　　　B. 安全需要

C. 生理需要　　　　　　　　　D. 尊重需要

答案：D

解析： 题干中老师对学生的鼓励体现了对学生实力的认可以及对学生的赏识，这使学生获得自信，满足了学生的尊重需要。

易错点2　动机产生的条件

内在条件：需要。

外在条件：诱因。

(1) 正诱因 $\begin{cases} 特点：使个体趋向或接受某种刺激而获得满足 \\ 典例：食物对饥饿的人来说是正诱因 \end{cases}$

(2) 负诱因 $\begin{cases} 特点：使个体逃离或躲避某种刺激而获得满足 \\ 典例：电击对饥饿的人来说是负诱因 \end{cases}$

易错分析

本知识点难度不大，理解错误多因考生没有区分清楚内部条件与外部条件的具体内容。考生可结合上述事例识记。需要：个体内心想要。诱因：外部事物诱惑。正诱因：使个体接近刺激。负诱因：使个体远离刺激。

例题3： 从动机发生机制的角度出发，孩子为了获得奖赏而去学习。"奖赏"属于（ ）

A. 内驱力　　　　B. 兴趣　　　　C. 强化　　　　D. 诱因

答案：D

解析：本题考生容易误选C项。奖赏确实属于强化的一种,但是本题题干有限定条件：动机的发生机制。动机的产生条件是需要和诱因。所以"奖赏"属于诱因。

易错点3　动机的功能

功能	记忆要点	典例
激活功能	发动行为、使个体由静止状态转向活动状态	口渴使人做出觅水的行为活动
指向功能	将行为指向一定的对象或目标	为了学习去图书馆
维持和调节功能（强化功能）	行为的坚持性	学习动机强的人,能每天坚持看书、做题

易错分析

考生易混淆动机的激活功能和指向功能。动机的指向功能和激活功能都和行动有关,但是两者侧重点不同,指向功能强调将行为指向具体的对象或事物,激活功能则使个体由静止转向活动。

例题4：为了消除饥饿而做出觅食活动,为了获得优秀成绩而勤奋学习,为了摆脱孤独而结交朋友等体现了动机的（　　）

A.指向功能　　B.激活功能　　C.维持功能　　D.调整功能

答案：B

解析：本题易误选A项。题干所述表明动机启动了活动,使个体由静止状态转向活动状态。这体现的是动机的激活功能。

易错点4　兴趣的种类

种类	含义	典例
直接兴趣	由事物本身引起	看电视、小说
间接兴趣	由目的和结果引起	学生为了考上好大学而学习

续表

种类	含义	典例
中心兴趣	对某一方面有浓厚而稳定的兴趣	学者长时间钻研某一门学问
广阔兴趣	对多方面有兴趣	学生不仅喜欢学校课程,还喜欢跳舞、阅读等
个体兴趣	个体长期对某一客体活动和知识领域感兴趣	美术是某人一生的爱好
情境兴趣	由当时环境突然激发	某人最近突然对游泳感兴趣

易错分析

考生对各种兴趣的要点理解不透彻,考生要结合表中内容特别注意区分直接兴趣与间接兴趣、个体兴趣与情境兴趣。

直接兴趣:聚焦于事物本身。间接兴趣:聚焦于完成之后的结果。

个体兴趣:时间长。情境兴趣:时间短。

例题5: 有的学生对某些课程感到乏味,但意识到学好这些课程对将来服务于社会有重要作用,因此刻苦学习,并对其产生兴趣。这种兴趣属于( )

A. 间接兴趣　　　　　　　　B. 中心兴趣

C. 个体兴趣　　　　　　　　D. 情境兴趣

答案:A

解析: 有的学生对某些课程没有兴趣,只对学好这些课程的结果有兴趣,这种兴趣就是间接兴趣。

例题6: 张三突然对跑步感兴趣。这种兴趣属于( )

A. 直接兴趣　　　　　　　　B. 间接兴趣

C. 个体兴趣　　　　　　　　D. 情境兴趣

答案:D

解析: 本题考生没有抓住题干关键词,容易误选A项。题干中的关键词"突然"是一种唤醒状态,所以更强调情境兴趣。

易错点 5 能力与知识、技能的关系

联系
- (1) 能力是掌握知识与技能的前提
- (2) 能力是在掌握知识和技能的过程中形成和发展起来的
- (3) 从一个人掌握知识、技能的速度与质量上，可以看出其能力的大小

区别
- (1) 概括水平不同
  - 知识：经验的概括和总结
  - 技能：一系列活动方式的概括
  - 能力：人在从事某种活动时表现出来的多种心理品质的概括
- (2) 知识、技能的发展无止境，能力发展有限度
- (3) 发展不同步，如高分低能

注：从事某种活动必须以一定能力为前提，能力是保证取得成功的基本条件，但不是唯一条件。

易错分析

考生对能力的内涵理解不透彻。知识和技能是能力的基础，但能力不仅包含了现在已经具备的知识与技能，而且包含了一个人具有的潜力。知识、技能的掌握和能力的发展是不同步的。知识多了，能力并不一定就高。考生需要结合现实生活对三者之间的关系进行理解区分。

例题7：下面关于知识、技能、能力的说法中正确的有（　　）

A. 能力包含的是已经具备的知识和技能水平

B. 能力的形成与发展依赖于知识和技能的发展

C. 能力的高低可以影响到掌握知识和技能的水平

D. 从一个人的知识和技能的掌握状况可以看出他的能力水平

答案：BCD

解析：本题考查的是能力、知识与技能的联系，考生容易多选 A 项。A 项错误因为能力不仅包含了现在已经具备的知识与技能，而且包含了一个人具有的潜力。

例题8：能力与知识、技能具有不同的概括水平。在一个人身上,知识和技能的发展是无止境的,而能力的发展则有一定的限度。(　　)

答案：√

易错点6　斯皮尔曼的二因素论

英国心理学家斯皮尔曼首先提出了智力的二因素论。他认为,智力包括两种因素：

类别	要点
一般因素(G因素)	普遍而概括化的能力,参与所有智力活动;智力水平的高低取决于G因素的数量
特殊因素(S因素)	特殊能力,只在某些特殊方面表现出来;参与不同的智力活动,但每种智力活动中主要有一种特殊的S因素存在

注：人在从事任何一项智力活动时都需要有G因素和S因素的共同参与。一般智力测验所测量的只是普通能力(G因素)。

易错分析

考生可根据"特殊"的英文为"special",记忆S因素为特殊因素,则G因素自然为一般因素。然后根据上表,理解记忆一般因素和特殊因素的含义和特点。

例题9：将人的智力划分为一般因素(G因素)和特殊因素(S因素)的心理学家是(　　)

A.卡特尔　　　　　　　　　B.瑟斯顿

C.加德纳　　　　　　　　　D.斯皮尔曼

答案：D

解析：斯皮尔曼提出的是二因素论。卡特尔提出智力形态论,瑟斯顿提出多因素论,加德纳提出多元智力论。

例题10：小辉的学习成绩一般,但音乐节奏感却很强。这说明他的智商高。(　　)

答案：×

解析：本题需要考生先把题干中的"音乐节奏感"转化为特殊能力，接着需要考生联系斯皮尔曼的二因素论：一般因素和特殊因素的知识，做出解答。一个人智力高低取决于G因素的数量。音乐节奏感，属于特殊因素，因此小辉音乐节奏感很强并不能说明他的智商高。

易错点7　多元智力理论

多元智力理论是由美国心理学家加德纳提出来的。他认为，人的智力结构中存在着七种相对独立的智力，这七种智力在每个人身上的组合方式是多种多样的，每个人在不同领域的智力发展水平是不同步的。加德纳所提出的七种智力是：

智力维度	界定	典型人群
言语智力	说话、阅读、书写的能力	作家、演说家
逻辑—数学智力	数字运算与逻辑思考的能力以及科学分析的能力	数学家
视觉—空间智力	认识环境、辨别方向的能力	画家、雕塑家、建筑师
音乐智力	对声音的辨识与韵律表达的能力	作曲家、歌手
运动智力	支配肢体以完成精密作业的能力	舞蹈家、运动员、外科医生
人际智力	与人交往并和睦相处的能力	推销员、教师、心理咨询师、政治家
自知智力	认识自己并选择自己生活方向的能力	神学家、哲学家和心理学家

易错分析

考生会认为现实生活中常用到的智力是重要的，不常用到的则是次要的，根据加德纳的多元智能理论，人的七种智力作用虽不同，但地位是平等的。加德纳认为七种智力在每个人身上的组合方式是多种多样的，在此要注意各种智力之间的关系有两种：一是彼此独立，有自身的工作法则；二是相对独立，组合方式众多。

例题11：关于多元智能理论的认识，正确的是（　　）

A. 人类至少有七种以上的智能，每一种智能作用不同。有的重要，有的次要

B.教育评价应该是多渠道的、采用多形式在不同的实际生活和学习情景下进行评价

C.每一个人的智力都有统一的表现形式,每一种智力都有统一的表现形式,所以存在统一的评价标准

D.各种智能是以整合的方式存在的,它们有共同的发展规律

答案:B

解析:多元智能理论认为人至少有七种以上的智力,各种智力是独立的、地位是平等的、并且有不同的表现形式。故A、C、D项说法均有误。

例题12:多元智能理论是新课改的理论基础之一,关于此理论观点正确的是(　　)

A.多元智能中的各种智能是以整合的方式存在的

B.每个学生都有一种或数种优势智能,只要教育得法,每个学生都能成为某方面的人才

C.不同的教学内容需要运用相同的教学技术,以促进学生的全面发展

D.纸笔测验能评估学生解决实际问题的能力

答案:B

易错点8　斯腾伯格的三元智力理论

斯腾伯格认为一个完备的智力理论包括智力成分亚理论、智力情境亚理论和智力经验亚理论。

智力成分亚理论认为,智力包括三种成分及相应的三种过程,即元成分、操作成分和知识获得成分。元成分是用于计划、控制和决策的高级执行过程;操作成分负责执行元成分的决策;知识获得成分是指获取和保存新信息的过程。

智力情境亚理论认为,智力是指获得与情境拟合的心理活动。智力表现为有目的地适应环境、塑造环境和选择新环境的能力,这些能力统称为情境智力。

智力经验亚理论认为,智力包括:(1)处理新任务和新环境时所要求的能力;(2)信息加工过程自动化的能力。

易错分析

本知识点不易理解,考生需要仔细揣摩每个智力成分的含义,通过关键词对比进行理解记忆。

$$\begin{cases} \text{成分亚理论} \begin{cases} \text{元成分:计划、控制、决策} \\ \text{操作成分:执行} \\ \text{知识获得成分:获取和保存} \end{cases} \\ \text{情境亚理论:适应、塑造和选择环境} \\ \text{经验亚理论:处理新问题;信息加工自动化} \end{cases}$$

例题13:斯腾伯格的智力成分亚理论中的"成分"不包括( )

A. 经验成分 B. 操作成分

C. 知识获得成分 D. 元成分

答案:A

解析:智力成分亚理论认为,智力包括元成分、操作成分和知识获得成分。斯腾伯格的理论中有智力经验亚理论,但没有经验成分。

例题14:在完成自由命题的作文时,一位中学生选择作文题目,确定写作提纲,并评价自己写出的作文是否符合要求。根据斯腾伯格的三元智力理论,完成这项活动主要依赖的智力是( )

A. 经验性智力 B. 成分性智力

C. 情境性智力 D. 实践性智力

答案:B

解析:本题难度较大,错选多因考生对智力三元理论中成分亚理论的综合理解与掌握不到位。学生选择题目、确定提纲属于元成分,写作文属于操作成分,评价属于知识获得成分。这些都是成分性智力。

易错点9 卡特尔的智力形态论

流体智力 $\begin{cases}(1)\text{以生理为基础}\\(2)\text{表现为对新奇事物的快速辨认、记忆、理解等}\\(3)\text{与年龄密切相关，20岁达到顶峰，30岁后随着年龄的增长而降低}\end{cases}$

晶体智力 $\begin{cases}(1)\text{以学得的经验为基础}\\(2)\text{表现为运用知识和技能去学习知识、解决问题，与教育、文化有关}\\(3)\text{与年龄变化无密切关系，存在随年龄的增长而升高的可能}\end{cases}$

注：流体智力属于人类的基本能力，受教育、文化的影响较少。因此，在编制适用于不同文化的所谓文化公平测验时，多以流体智力作为不同文化背景者智力比较的基础。

易错分析

流体智力与晶体智力的区别是难点，考生容易记忆混淆。记忆技巧：流动的智力会随着年龄而先升高后下降，生理功能也是随着年龄的变化先升高后下降，所以流体智力以生理为基础，其发展与年龄密切相关；晶体智力则做对比记忆：与教育、文化有关，与年龄无密切关系。

例题15： 心理学家卡特尔认为，在青年时期达到高峰，30岁以后逐渐下降的智力是（ ）

A. 流体智力   B. 晶体智力   C. 成功智力   D. 学业智力

答案： A

例题16： 在电视节目《最强大脑》中，有的选手表现出了超强的处理数字系列、空间视觉等方面的能力。依据卡特尔的智力理论，说明这些选手具有超强的（ ）

A. 流体智力   B. 经验性智力
C. 晶体智力   D. 情境性智力

答案： A

解析： 本题首先需要区分出卡特尔提出的智力和斯腾伯格提出的智力，再根据"处理数字系列、空间视觉"辨别属于晶体智力还是流体智力。流体智力需要较少

172

的专业知识,包括理解复杂关系和解决问题的能力,如在处理数字系列、空间视觉感和图形矩阵项目时所需的能力。

易错点 10　智力测验量表

最早的智力测验是由法国心理学家比纳和西蒙于1905年编制的,称为比纳—西蒙智力量表。他们提出用智力年龄来表示智力水平,简称智龄。

世界上最著名的智力量表是斯坦福—比纳量表,是由斯坦福大学的推孟对《比纳—西蒙量表》做了多次修订而成。最早用智商代表智力水平,它所反映的是智龄和实龄的关系。先使用比率智商,后改用离差智商。

易错分析

考生对智力测验量表的种类及地位识记不清楚。

最早:比纳—西蒙智力、智龄。

最著名:斯坦福—比纳量表、最早用智商。

例题17: 世界上最著名的智力量表是(　　)

A. 比纳—西蒙量表　　　　　　　B. 斯坦福—比纳量表

C. 比纳—推孟量表　　　　　　　D. 韦克斯勒量表

答案:B

例题18: 世界上第一个标准化智力测验量表是(　　)

A. 斯坦福—比纳智力量表　　　　B. 比纳—西蒙智力量表

C. 韦克斯勒成人智力量表　　　　D. 韦氏幼儿智力量表

答案:B

易错点 11　比率智商与离差智商

智力量表	韦克斯勒量表	斯坦福—比纳量表
智商类型	离差智商	比率智商
计算公式	$IQ = 100+15Z$ $Z=(X-\bar{X})/SD$	智商(IQ)=智龄(MA)÷实龄(CA)×100

> **易错分析**
>
> 考生对智力量表、智商类型及计算公式记忆不准确。可根据"三个比"来区分记忆：斯坦福—"比"纳量表的"比"率智商算的是智龄与实龄之"比"。

例题19：韦克斯勒的智力测验用比率智商来衡量智力水平的高低。（ ）

答案：×

解析：韦克斯勒智力量表用离差智商来衡量人们的智力水平。斯坦福—比纳量表用比率智商来衡量人们的智力水平。

易错点12 智力测验的标准

（1）信度。信度是指一个测验量表的可靠程度（或可信程度）。

（2）效度。效度是指一个测验工具希望测到某种行为特征的有效性与准确程度。

（3）标准化。标准化是心理测验最基本的要求。按照测验的性质选择具有代表性的测验题目。选择题目时需要考虑项目的难度和区分度。难度指题目的难易程度，区分度是指该项题目对不同水平的答题者反应的区分程度和鉴别能力。

> **易错分析**
>
> 考生对概念的理解停留在表面，可以通过关键词来理解和区分智力测验的标准。理解"四度"的关键词如下：
>
> 信度：一致性。
>
> 效度：有效性。
>
> 难度：难易程度。
>
> 区分度：鉴别力。

例题20：在社区调查中，判断一份调查问卷是否能够真正帮助解决调查问题的有效性指标是（ ）

A. 信度　　　　B. 效度　　　　C. 区分度　　　　D. 难度

答案：B

解析: 效度是指一个测验工具希望测到某种行为特征的有效性与准确程度。因此,B项符合题意。

易错点13 信度与效度的关系

信度是效度的必要条件,但不是充分条件。信度低,效度不可能高。信度高,效度未必高。效度低,信度很可能高。效度高,信度也必然高。

易错分析

考生容易混淆信度与效度的关系。考生在理解和辨析二者时,可以结合具体事例进行理解。例如,被试在做高考真题时,结果会具有高一致性,但这种结果无法对被试的焦虑程度进行有效的说明。又比如,一份试卷如果过于困难,导致学生只能靠运气"蒙题",学生成绩起伏过大,或试题过于简单,不论学生学习水平如何均能得高分,则必然无法有效描述学生的学习成果。

例题21: 某教师在进行实证研究时,通过对统计数据的测算,发现数据的效度很低,则数据的(　　)

A. 信度不一定低 　　　B. 难度一定很低

C. 信度一定很高 　　　D. 难度一定很高

答案: A

解析: 信度是效度的必要条件,但不是充分条件。信度低,效度不可能高。信度高,效度未必高。效度低,信度很可能高。效度高,信度也必然高。因此,A项符合题意。

易错点14 气质的类型

分类	特点	代表人物
胆汁质	精力旺盛、表里如一、刚强、粗枝大叶、冲动、鲁莽	张飞、李逵
多血质	反应迅速、有朝气、活泼好动、朋友多、不踏实、不专一	王熙凤、孙悟空
黏液质	稳重、踏实、沉着冷静、不灵活、死板、缺少生气	林冲
抑郁质	敏锐、稳重、体验深刻、孤独、怯懦	林黛玉

> **易错分析**
>
> 气质类型中胆汁质和多血质存在相似之处,考生不能够准确区分的话,容易错选。考生需抓住关键进行区分:胆汁质特征的人多会强调易感情用事,脾气急躁;多血质中多强调乐观、爱交际、活泼好动等特征。

例题22: 某些初中生活泼爱动,富有生气,情绪发生快而多变,思维语言活动敏捷、浮躁、轻率,这些初中生的气质类型属于( )

A.胆汁质　　　B.多血质　　　C.黏液质　　　D.抑郁质

答案:B

例题23: 学生小飞为人直爽豪迈,朋友众多,做事也很敏捷,但性格急躁,在与同学玩耍时,他常会因一些小事、误会而向同学发脾气。他的气质类型最可能为( )

A.多血质　　　　　　　　　　　B.黏液质

C.胆汁质　　　　　　　　　　　D.抑郁质

答案:C

易错点15　高级神经活动类型与气质类型

高级神经活动类型	高级神经活动过程	气质类型
不可遏制型(兴奋型)	强、不平衡	胆汁质
活泼型(灵活型)	强、平衡、灵活	多血质
安静型(不灵活型)	强、平衡、不灵活	黏液质
弱型(抑制型)	弱	抑郁质

> **易错分析**
>
> 本知识点易发生记忆混淆,考生在理解记忆时,可结合气质类型的特点。如胆汁质精力旺盛,故强,只有兴奋,故不平衡。多血质活泼好动,故强,既能兴奋也能抑制,故平衡,情绪不稳定,故灵活。

例题24：高级神经活动类型为活泼型的学生，其气质类型为黏液质。（　　）

答案：×

解析：安静型（不灵活型）的高级神经活动过程为强、平衡、不灵活，对应黏液质。

易错点 16　气质与教育

气质类型	教育方式	培养精神和优点
胆汁质	冷处理，直截了当，对其的严厉批评要有说服力	自制力、坚持到底；豪放、勇于进取
多血质	热处理，对其缺点严厉批评	勇于克服困难，扎实专一；朝气蓬勃、足智多谋
黏液质	耐心教育，让其有考虑和做出反应的足够时间	生气勃勃、热情开朗；以诚待人、工作踏实、顽强
抑郁质	委婉暗示、多关心、爱护、不宜在公开场合下指责、严厉批评	亲切、友好、善于交往、自信；敏感、机智、认真、细致、高自尊

易错分析

对抑郁质学生应采取"委婉暗示"的方式，该点无争议；但对于胆汁质学生，有"直截了当"和"暗示性教育"两种说法，大多数情况下胆汁质对应"直截了当"的教育方式，"暗示性教育"一般是针对抑郁质类型的教育方式，要根据题目具体情况来做题，单选选最佳。

例题25：教育应当根据人的气质差异因势利导，对此陈述不正确的一项是（　　）

A. 胆汁质的人脾气暴躁，应当采取暗示性的教育，以防引起逆反心理

B. 抑郁质的人比较敏感，教育者要引导其积极思想，防止其自卑心理

C. 黏液质的人很固执，教育起不了什么作用，要顺其自然

D. 多血质的人灵活多变，易于教育，但要防止他重蹈覆辙

答案：C

解析： 对黏液质的学生，教师要采取耐心教育的方式，让他们有考虑和做出反应的足够时间，培养其生气勃勃的精神、热情开朗的个性和以诚待人、工作踏实、顽强的优点。

易错点 17　性格的结构

态度特征（核心）
- 特点：有好坏之分
- 典例：谦虚或自负，利他或利己

意志特征
- 特点：自觉确定目标，调节支配行动从而达到目标
- 典例：顽强拼搏、当机立断

情绪特征
- 特点：稳定、独特的情绪活动
- 典例：情绪起伏波动

理智特征
- 特点：认知特点和风格的差异
- 典例：主动感知与被动感知

易错分析

考生易混淆性格的态度特征、理智特征和意志特征。特别是理智特征的含义与实际生活中的含义相差较大，易引起误解。考生可根据关键词对态度的四种特征进行识记。

结构类型	关键词
态度特征	对事物的态度；核心意义
情绪特征	情绪活动方式
理智特征	认知过程
意志特征	意志努力、调节、控制

例题26： 初中生小黄热爱班集体，认真学习，对自己要求严格。小黄的这些特征属于（　　）

A. 情绪特征　　　B. 理智特征　　　C. 态度特征　　　D. 意志特征

答案：C

解析： 考生看到"认真学习"容易误选 B 项理智特征。考生需要抓住关键词进行区分：性格的理智特征是在认知过程中表现出来。性格的态度特征是指个体对事物的态度，如认真、谦虚、热爱、严格等。

例题 27： 在问到对班上的学生小韩的看法时，杨老师说，小韩能根据自己的任务和兴趣主动地进行观察、善于独立思考。这一评价描述了小韩性格的（ ）

A. 态度特征　　B. 兴趣特征　　C. 情绪特征　　D. 理智特征

答案：D

解析： 题干中"主动观察""善于独立思考"的评价描述了小韩性格的理智特征。

易错点 18　气质与性格

联系：(1)性格与气质都属于稳定的人格特征；

(2)性格与气质相互渗透，彼此制约，二者相互影响。

区别：(1)气质受生理影响大，性格受社会影响大；

(2)气质的稳定性强，性格的可塑性强；

(3)气质特征表现较早，性格特征表现较晚；

(4)气质无所谓好坏，性格有优劣之分。

易错分析

考生应避免将日常理解和心理学专业概念混淆。气质体现的是心理活动的"动力特点"，主要为神经类型的自然表现。而性格侧重社会意义的评价，是后天习得的结果。

例题 28： 有人急躁易怒，有人活泼好动，有人安静沉稳，有人胆小扭捏，这是个体心理特征中（ ）的表现。

A. 性格　　B. 情绪　　C. 人格　　D. 气质

答案：D

⊙解析：气质是依赖于人的生理素质或身体特点的人格特征。气质是表现在心理活动的强度、速度、灵活性与指向性等方面的一种稳定的心理特征，即我们平时说的脾气、秉性。

易错演练

一、单项选择题

1. 下列词汇最能反映晶体智力的是（   ）

   A. 经验丰富　　　　　　　　　　B. 灵活多变
   C. 记忆超强　　　　　　　　　　D. 善于推理

2. 科学家擅长的是什么智力（   ）

   A. 内省智力　　　　　　　　　　B. 语言智力
   C. 人际智力　　　　　　　　　　D. 逻辑数学智力

3. 测验可以定量地评价学生个人的能力，检查学习效果和教学的完成情况，要想通过一次测验真实地测出学生的个人能力，则该测验要具备（   ）

   A. 高效度　　　B. 低信度　　　C. 低难度　　　D. 低区分度

4. 小明为人仗义，有很多朋友，但是容易冲动，攻击性很强，小明最可能属于（   ）

   A. 兴奋型　　　　　　　　　　　B. 活泼型
   C. 安静型　　　　　　　　　　　D. 抑制型

5. 以下不属于缺失性需要的有（   ）

   A. 吃饱穿暖的需要　　　　　　　B. 建立友谊的需要
   C. 受人尊重的需要　　　　　　　D. 学有所用的需要

6. "老将出马，一个顶俩""姜还是老的辣"，说明的观点是（   ）

   A. 人越老越聪明　　　　　　　　B. 老年人的流体智力没有衰退
   C. 老年人的晶体智力还在发展　　D. 老年人有个别差异

7. 某学生活泼好动、行为外向、思维反应敏捷，注意力转移的速度也较快，易适应外界环境的变化，容易接受新事物，但兴趣易变，情绪不稳定。该学生的气质类型偏向于（   ）

   A. 多血质　　　B. 胆汁质　　　C. 黏液质　　　D. 抑郁质

8.诚实或虚伪、勇敢或怯懦、谦虚或骄傲、勤劳或懒惰等描述的是个体的( )

A.性格特征　　　B.能力特征　　　C.气质特征　　　D.认知特征

二、多项选择题

1.下列关于马斯洛需要层次理论表述正确的是( )

A.低级需要直接关系个体的生存

B.高级需要比低级需要复杂

C.满足需要服从全无或全有规律而非波浪式演进

D.需要层次理论强调人的动机是由人的需求决定的

2.因为想要顺利通过考试,所以学生上课会专心听讲,下课主动完成作业,并且去看之前不想看的辅导材料,甚至生病了还坚持学习。由此可以判断出学习动机具有( )

A.激活功能　　　　　　　　B.定向功能

C.维持功能　　　　　　　　D.调节功能

3.卡特尔将人的智力分为流体智力和晶体智力,以下关于流体智力说法正确的有( )

A.流体智力是接受环境、教育等影响的结果

B.记忆的广度属于流体智力

C.流体智力发展到一定程度后,会随着年龄的增长而降低

D.流体智力受文化教育影响较小

三、判断题

1.教师对学生的表扬是一种激发学生学习的正诱因。　　　　　　( )

2.性格结构中,具有核心意义的结构特征是意志。　　　　　　　( )

3.一般来说,测验的信度与效度成正比,信度越高,则效度也越高。( )

四、简答题

简述能力与知识、技能的关系。

第三部分　教育心理学

第一章　教育心理学概述

本章共提炼5个易错点。

易错点1　教育心理学的研究对象与研究内容

教育心理学是一门研究教育教学情境中学与教的基本心理规律的科学。教育心理学的具体研究范畴是围绕学与教相互作用的过程展开的。学与教的相互作用过程是一个系统过程，该系统包含学生、教师、教学内容、教学媒体和教学环境五种要素，由学习过程、教学过程和评价/反思过程这三种活动过程交织在一起组成。如图所示：

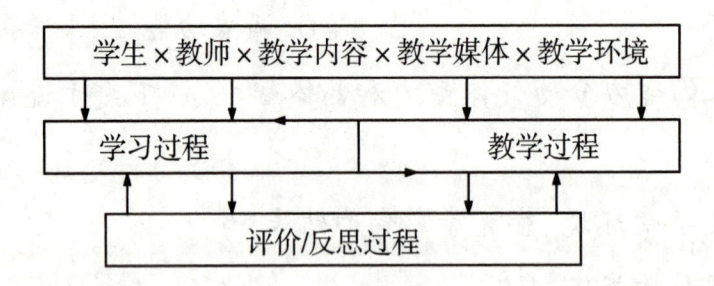

```
┌─────────────────────────────────────────────┐
│ 学生 × 教师 × 教学内容 × 教学媒体 × 教学环境 │
└─────────────────────────────────────────────┘
         ↓                        ↓
┌──────────────────┐    ┌──────────────────┐
│    学习过程      │ ⇄  │    教学过程      │
└──────────────────┘    └──────────────────┘
         ↓                        ↓
        ┌──────────────────────────┐
        │      评价/反思过程        │
        └──────────────────────────┘
```

易错分析

考生会对教育心理学的主要研究对象产生疑问，有时会误认为是教师。因为学生是学习的主体，任何教学都要通过学生起作用。所以，学生是教育心理学的主要研究对象，学习过程是教育心理学研究的核心内容，也是教育心理学家进行最早、最多的研究内容。研究对象可简记为三过程、五要素。其中，三过程可以简记为"洗脚瓶"（习、教、评），五要素可以简记为"教学美容镜"。

例题1：教育心理学研究的核心内容是（　　）

A.教师心理　　　　　　　　B.评价/反思过程

C.教学过程　　　　　　　　D.学习过程

答案：D

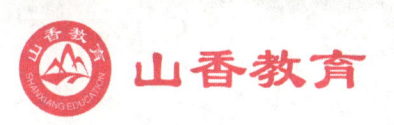

例题2:学习与教学的要素包括(　　)

A.教师　　　　B.学生　　　　C.教学内容　　　　D.教学媒体

E.教学环境

答案:ABCDE

易错点2　教育心理学与普通心理学的关系

教育心理学与普通心理学是个性与共性的关系。普通心理学研究一般人在日常生活中的心理现象与发展规律;教育心理学则主要研究教育工作中学生的心理现象及其发展规律,用以指导教育和教学,从而提高教学工作效率。那种认为教育心理学仅仅是普通心理学原理原则在教育领域中的应用,是一门应用的、缺乏特殊性与独立性的学科的观点,是不恰当的。教育心理学是一门独立的学科,有其自身独特的研究课题。

易错分析

普通心理学的研究虽然要联系社会实践,但它并不直接为某一特定的社会实践领域服务。教育心理学则不同,其研究目的就是为教育实践服务。同时,教育心理学也会用其知识来补充和丰富普通心理学的内容。因此,考生要注意教育心理学并不仅仅是普通心理学原理原则在教育领域中的应用。其作为一门独立学科,有自己的特殊性。

例题3:教育心理学是心理学与教育学的交叉学科,就是应用普通心理学的知识解释或说明教育和教学的现象。(　　)

答案:×

解析:教育心理学并不仅仅是普通心理学原理原则在教育领域中的应用,它拥有自身独特的研究课题。

易错点3　教育心理学中的代表人物与著作/观点

代表人物	著作/观点
裴斯泰洛齐	第一次提出"教育教学的心理学化"的思想
赫尔巴特	首次提出把教学理论的研究建立在心理学之上

续表

代表人物	著作/观点
乌申斯基	《人是教育的对象》,他被誉为"俄罗斯教育心理学的奠基人"
卡普捷列夫	《教育心理学》(最早正式以"教育心理学"命名的著作)
桑代克	《教育心理学》(西方第一本以"教育心理学"命名的著作),他被誉为"教育心理学之父"
房东岳	翻译了日本小原又一著的《教育实用心理学》(我国出版的第一本教育心理学著作)
廖世承	编写了我国第一本《教育心理学》教科书(1924年)

易错分析

考生对于代表人物及其著作或观点的搭配容易混淆,可结合以下口诀进行记忆:裴赫首提出,乌申俄奠基,房东岳翻译,廖世承主编。中国第一廖和房,西方第一桑代克,世界第一卡普捷。

例题4:西方第一部成体系的科学意义上的教育心理学专著是( )

A. 桑代克的《教育心理学》　　　　B. 小原又一的《教育实用心理学》

C. 卡普捷列夫的《教育心理学》　　D. 乌申斯基的《人是教育的对象》

答案:A

解析:1903年,美国心理学家桑代克出版了《教育心理学》,这是西方第一本以"教育心理学"命名的著作。1913~1914年,该书又扩充为三卷本的《教育心理大纲》。这本书奠定了教育心理学发展的基础,西方教育心理学的名称和体系由此确立,桑代克也因此被称为"教育心理学之父"。

易错点4　教育心理学发展的阶段

初创时期
(20世纪20年代前)
(简记为:陪儿撕扑克)
{ 裴斯泰洛齐
赫尔巴特
乌申斯基
卡普捷列夫
桑代克 }

发展时期
(20世纪20~50年代)
- 弗洛伊德的理论
- 程序教学和教学机器兴起
- 廖世承:1924年编写我国第一本《教育心理学》教科书

成熟时期
(20世纪60~70年代末)
- 布鲁纳发起课程改革运动
- 人本主义:罗杰斯主张"以学生为中心"
- 奥苏贝尔和加涅
- 计算机辅助教学(CAI)

完善时期
(20世纪80年代后)
- 主动性研究
- 反思性研究
- 合作性研究
- 社会文化研究

布鲁纳总结四大成果
(简记为:会煮盒饭)

易错分析

考生容易对教育心理学发展的四个阶段和各个阶段的代表人物、理论产生混淆。考生可以把教育心理学发展的阶段以及每个阶段所取得的成就绘制成时间图,直观标记出各个时期的代表人物及理论,进行对比记忆。

例题5: 下列属于教育心理学初创阶段的成果的是( )

A. 教学机器的兴起　　　　　B. 桑代克出版的《教育心理学》

C. 布鲁纳的课程改革　　　　D. 赞科夫的《教学与发展》

答案: B

解析: 教育心理学初创时期为20世纪20年代以前。1903年,美国心理学家桑代克出版了《教育心理学》。因此选择B项。

易错点5　教育性原则与发展性原则

教育性原则(道德性原则)是指在教育心理学的研究过程中,所采用的研究手段与方法应能促进被试心理的良性发展,这是所有关于人的心理学研究中都应遵从的一个基本伦理道德原则。

发展性原则是指教育心理学研究要求研究者牢记被试的心理是不断发展变化

的,应该采用动态的、变化的指标进行衡量。它还要求研究者充分考虑被试已有的知识经验和态度对其心理发展的影响。

> **易错分析**
>
> 考生容易混淆教育性原则和发展性原则的含义:
>
> 教育性原则:促进被试的心理健康发展。
>
> 发展性原则:被试的心理状态是发展变化的。

例题6:华生在研究儿童恐惧心理的实验中,当儿童抚摸小白兔时就用力敲锣,结果使这个儿童不但对小白兔甚至对其他白色东西都产生了畏惧心理。该实验违背了教育心理学研究的( )原则。

A.客观性　　　　B.教育性　　　　C.理论联系实际　　D.发展性

答案:B

解析:教育性原则是指在研究中应能促进被试心理的良性发展,而华生的实验在某种程度上对儿童的正常心理发展产生了消极影响,因此违背了教育性原则。

易错演练

一、单项选择题

1.教育心理学的主要研究对象是( )

A.学生　　　　B.教师　　　　C.学习　　　　D.教学

2.教育心理学作为一门独立的心理学分支学科,诞生于( )

A.1877年　　　B.1879年　　　C.1903年　　　D.1868年

3.下列关于教育心理学发展进程的说法,正确的是( )

A.第一次提出"教育教学的心理学化"的思想是在初创时期

B.布鲁纳的课程改革运动发生在发展时期

C.计算机辅助教学出现在完善时期

D.合作性研究是成熟时期的成果

4.教育心理学的实验研究应该对学生产生积极的影响,避免对学生的身心造成伤害,应遵循( )原则。

A.客观性　　　　B.发展性　　　　C.理论联系实际　　D.教育性

5.教育心理学受弗洛伊德理论的影响扩展了其研究领域,同时,程序教学兴起的时期大致在(　　)

A. 19世纪末20世纪初　　　　　　B. 20世纪20年代到50年代末

C. 20世纪60年代到70年代末　　　D. 20世纪80年代以后

二、多项选择题

1.教学环境是一个由多种不同要素构成的复杂系统。下列属于教学环境中的物质环境的是(　　)

A. 计算机多媒体　　　　　　B. 体育场馆

C. 采光照明　　　　　　　　D. 课堂纪律

2.教育心理学有自身独特的研究课题,即(　　)

A. 如何教　　　　　　　　　B. 如何管

C. 怎样学　　　　　　　　　D. 学与教之间的相互作用

三、判断题

1.教育心理学与许多学科有密切关系,但其作为一门独立学科又有自己的特殊性。（　　）

2.卡普捷列夫被称为教育心理学奠基人。（　　）

第二章　心理发展及个别差异

本章共提炼10个易错点。

易错点1　个体心理发展的一般规律

一般规律	区分要点	典例
连续性与阶段性	连续、不间断,新特征取代旧特征	量变引起质变
定向性与顺序性	有一定的方向,不可逆、不可逾越	各种心理机能中感知觉发展最早,抽象思维出现的最晚
不平衡性	同一个体不同系统的发展差异,同一系统在不同时期的发展差异	智力在13岁以前是直线上升发展的,之后缓慢发展,到25岁时达到最高峰,26~35岁保持高原水平
差异性	不同个体的发展差异	有人言语能力强,有人操作能力强

187

易错分析

考生对心理发展的一般规律理解不透彻,建议考生学习时可以根据各规律的关键词进行理解识记。

当题干中出现"时期+发展任务/年龄+特征"时,一般选择阶段性;

当题干中出现"从……到……/先……后……"之类字眼时,一般选择顺序性;

当题干中表述为某一个体内部的发展差异或关键期时,一般选择不平衡性;

当题干表述为不同个体之间的发展差异时,一般选择差异性。

例题1: 不同个体的心理发展虽然具有一定的规律性,但各种心理机能所能达到的最佳水平、形成的速度、达到成熟水平的时期等却不同,如有人大器晚成,有人少年成才。这反映了学生发展的(　　)特征。

A.顺序性　　　　　　　　B.连续性

C.定向性　　　　　　　　D.差异性

答案:D

解析: 个体心理发展的差异性表现为任何一个正常学生的心理发展总要经历一些共同的基本阶段,但发展的速度、最终达到的水平,以及发展的优势领域等方面往往又千差万别。

例题2: 关键期的提出体现了心理发展的(　　)

A.顺序性　　　　　　　　B.不平衡性

C.阶段性　　　　　　　　D.差异性

答案:B

易错点2　同化与顺应

同化:有机体在面对一个新的刺激情境时,把刺激整合到已有的图式或认知结构中,原有认知结构不发生质的改变。

顺应:当有机体不能利用原有图式接受和解释新刺激时,其认知结构发生改变来适应刺激的影响。

易错分析

考生对同化与顺应的含义理解不清，两者的区别在于是不是改变原有的认知结构：

同化：新刺激整合到已有的认知结构中，不改变原有认知结构。（数量的扩充）

顺应：改变原有认知结构，以适应新刺激。（性质的改变）

例题3： 学生学习数学新知识时，将原有算术图式发展为代数图式，运用新图式可正确解决代数题，实现图式上的新平衡。这在皮亚杰心理学理论中被称为（　　）

A. 同化　　　　　B. 顺应　　　　　C. 组织化　　　　　D. 平衡

答案：B

解析： 题干中强调将原有算术图式发展为代数图式，这是产生了新的图式，是认知结构发生质变来适应新刺激的过程。因此，该过程为顺应。

易错点3　皮亚杰认知发展的四阶段

发展阶段	常考思维特征
感知运动阶段（0~2岁）	"客体永久性"
前运算阶段（2~7岁）	①早期的信号功能；②自我中心性（中心化）；③不可逆运算；④不能够推断事实；⑤泛灵论；⑥不合逻辑的推理
具体运算阶段（7~11岁）	①去自我中心性（去中心化）；②可逆性；③守恒；④分类；⑤序列化
形式运算阶段（11岁~成人）	①命题之间的关系；②假设—演绎推理；③类比推理；④抽象逻辑思维；⑤可逆与补偿；⑥反思能力；⑦思维的灵活性；⑧形式运算思维的逐渐发展

易错分析

皮亚杰将认知发展划分为四个阶段，考生要掌握各阶段的年龄和特征（尤其是重要特征）。理解专业名词的含义：不可逆运算、自我中心、客体永久性、泛灵论等。

> 重点区分具体运算阶段和形式运算阶段：
> 相同点：都可以运用逻辑思维进行运算，解决具体问题。
> 不同点：具体运算阶段除依靠言语或符号还需依赖实物或具体形象；形式运算阶段只需依靠言语或符号即可解决问题。

例题4：五岁的小明认为自己十张一元的纸币比一张十元的纸币多，此时的小明最可能处于皮亚杰认知发展阶段的（　　）

A. 感知运动阶段　　　　　　　　B. 前运算阶段

C. 具体运算阶段　　　　　　　　D. 形式运算阶段

答案：B

解析：题干中的小明不知道十张一元的纸币和一张十元的纸币一样多，还没有"守恒"能力。所以，小明最可能处于皮亚杰认知发展阶段的前运算阶段。

例题5：大明在校园里去过几次图书馆和学校办公楼就能把路线图准确地画出来，大明的思维发展至少已经到了（　　）的程度。

A. 感知运动阶段　　　　　　　　B. 形式运算阶段

C. 具体运算阶段　　　　　　　　D. 前运算阶段

答案：C

解析：具体运算阶段的儿童能够运用逻辑思维解决具体问题，但必须依赖于实物和直观形象的支持才能进行逻辑推理和运用逻辑思维解决问题，不能够进行纯符号运算。题干中大明在校园里去过几次图书馆和学校办公楼就能把路线图准确地画出来，说明大明能够依赖于直观形象形成路线图，大明的思维发展至少已经到了具体运算阶段的程度。

易错点4　维果斯基的最近发展区理论

维果斯基认为，儿童有两种发展水平：一是儿童的现有水平，即由一定的已经完成的发展系统所形成的儿童心理机能的发展水平；二是可能（即将）达到的发展水平。这两种水平之间的差异，就是最近发展区。

易错分析

考生容易对最近发展区的概念理解不到位,错误地认为所有超过儿童现有水平的任务都属于最近发展区,或是认为只有儿童能达到的任务才属于最近发展区。最近发展区代表的是一种发展的可能性,上限是儿童在他人帮助下(包括但不限于成年人的帮助)能达到的水平,下限是儿童现有的水平,只有落在这二者之间的任务才属于最近发展区。特别的,最近发展区是一个动态的概念,是随着儿童的发展不断向前延伸的。典例如"跳一跳,摘桃子"。

例题6： "如果把'摘桃子'用来比喻教学设计,那么教师在设计教学计划时,应该基于学生现有的知识状态,让他们跳一跳才能摘到'桃子'",提出这一思想的学者是(　　)

A. 斯金纳　　B. 华生　　C. 巴甫洛夫　　D. 维果斯基

答案： D

易错点5　皮亚杰和维果斯基关于认知理论的对比

	皮亚杰	维果斯基
不同点	①个体发展是生物适应的过程,强调人的自然本性； ②发展的关键在于儿童的独立探索活动； ③儿童的发展存在阶段性； ④思维的发展决定语言的发展	①个体发展受社会文化历史因素的制约,强调人的社会本性； ②强调教育的重要性； ③发展是连续的,没有绝对的阶段； ④语言的发展决定思维的发展
相同点	①强调主体的活动在发展中的重要作用； ②强调主体与环境的相互作用	

易错分析

考生对于皮亚杰的认知发展理论和维果斯基的心理发展理论理解不够透彻,两者的理论既有相同点,又有不同点,可根据前表在理解的基础上进行记忆。

例题7：下列关于维果斯基和皮亚杰的说法，正确的是( )

A. 强调主体和客体的互相作用

B. 二者都强调教学的重要性

C. 二者对心理发展的阶段性的观点相同

D. 皮亚杰从自然本性、维果斯基从社会本性对个体心理发展本质做了不同的说明

答案：AD

解析：皮亚杰认为儿童发展的关键在于儿童的独立探索活动，维果斯基强调教育的重要性。因此，B项错误。皮亚杰认为儿童的发展是呈阶段性的，维果斯基认为发展是连续的，没有绝对的阶段。因此，C项错误。

易错点6　自我调控系统

自我调控系统是以自我意识为核心的人格调控系统，包括以下三个子系统：

自我认识：对自己的洞察和理解，包括自我观察和自我评价，其中自我评价是自我调节的重要条件。

自我体验：自我意识在情感上的表现，是伴随自我认识而产生的内心体验。自我体验的内容包括自尊、自爱、自信、自卑、内疚、自豪感、成就感、自我效能感等。其中，自尊是自我体验中最主要的方面。

自我控制：自我意识在行为上的表现，是实现自我意识调节的最终环节。

易错分析

自我调控系统三个成分的含义偏抽象，不易理解。可根据关键词对其进行理解：

成分	要点
自我认识	自我观察和评价
自我体验	情感上的体验
自我控制	行为中的表现

例题8：自尊对于自我意识来说非常重要，它属于自我意识中的（　　）

A. 自我评价　　B. 自我控制　　C. 自我体验　　D. 自我监督

答案：C

解析：自我体验是自我意识在情感方面的表现，例如："我喜欢自己这个样子""我觉得自己很讨厌"。自尊心、自信心是自我体验的具体内容。

例题9：一个人在心目中对自己的印象就是自我认识。（　　）

答案：×

解析：自我认识是对自己的洞察和理解，包括自我观察和自我评价。一个人在心目中对自己的印象是自我概念。自我概念和自我认识是不同的概念。

易错点7　自我意识的发展

生理自我（自我中心期）：是个体对自己身体、生理状态的认识和体验。最原始的形态，3岁左右基本成熟。

社会自我（客观化时期）：指个体对自己在人际关系中所扮演的角色、发挥的作用，承担的权利、义务等方面的意识。少年期基本成熟。

心理自我（主观自我时期）：指个体对自己的心理活动、个性特点、心理品质的认识、体验和愿望。青春期开始发展和形成。

易错分析

考生容易混淆自我意识发展的顺序，究其根源是对于三种自我意识的理解不到位。考生可结合自身发展进行记忆。

个体在出生之后，首先需要对自己的身体、生理状态有一个明确的认识，因此生理自我在第一位。

个体随着发展，3岁开始上幼儿园，建立新的人际关系，社会化程度不断加深，因此社会自我在第二位。

个体进入青春期后，生理和心理急剧变化，开始关注自己的内心世界，因此心理自我在第三位。

例题10：关于自我意识的下列描述,正确的是( )

A. 自我意识包括三种成分：自我认识、自我体验和自我监控

B. 个体自我意识的发展经历了从生理自我到心理自我再到社会自我的过程

C. 生理自我在3岁左右基本成熟

D. 自我意识发展有两次飞跃：1~3岁和青春期

答案：ACD

解析：自我意识包括三种成分：自我认识、自我体验和自我监控。A项表述正确。个体自我意识的发展经历了从生理自我到社会自我，再到心理自我的过程。B项表述不正确。生理自我在3岁左右基本成熟。C项表述正确。青春期是自我意识发展的第二个飞跃期。在个体进入青春期以前，曾出现过一次自我意识发展的飞跃期，其年龄大约在1至3岁。因此，D项表述正确。

例题11：个体自我意识的发展经历了从生理自我到社会自我，再到心理自我的过程。( )

答案：√

易错点8　青少年的四种同一性状态

玛西亚认为可以根据两种特性——危机(探索)或承诺来看待同一性：存在或缺失。危机是同一性发展的一个阶段，在这个阶段中青少年有意识地在多种选择中做出抉择。承诺是对一种行动或思想意识过程的心理投资。玛西亚在对青少年开展了深度访谈后，提出了四种青少年同一性类型。

维度		类型	表现特点
危机/探索	承诺		
高	高	同一性获得	青少年在考虑了各种选择后对某一特定同一性做出承诺，确定自己区别于他人的独特方面，做出最终决定
高	低	同一性延缓	这类人正在经历埃里克森预言的危机，他们在一定程度上探索了各种选择，但是还没有对某一特定选择做出承诺

续表

维度		类型	表现特点
危机/探索	承诺		
低	高	同一性早闭/过早自认/同一性拒斥	青少年在没有充分探索各种选择的情况下过早地承诺某种同一性。他们接受的是别人为他们做出的最好决定
低	低	同一性扩散/同一性混淆/同一性迷乱	处于这一阶段的青少年既不探索也不去思考各种选择。他们容易变来变去，从一种事转到另一种事上

易错分析

同一性的状态有四种，会结合青少年的具体表现进行考查。考生应区分清楚四种同一性状态的表现特点。同一性获得强调正确认识后的选择；同一性延缓强调尚未做出选择，但后续会做出；同一性早闭强调他人帮助做出选择；同一性扩散强调不做出选择。另外，由于四种同一性的译名较多，考生可以多记忆几种译名。在考场上若遇到不熟悉的译名，可根据表现特点，利用排除法做题。

例题12： 如果某学生是高探索和高承诺的青少年，且认为自己已经确定了职业生涯的选择。根据玛西亚的自我同一性状态理论中关于同一性的四种状态，该学生属于（　　）

A. 同一性扩散　　　　　　B. 过早自认

C. 同一性延缓　　　　　　D. 同一性获得

答案：D

解析： 题干中某学生认为自己已经确定了职业生涯的选择，做出了最终的决定，这表明该学生属于同一性获得。

例题13： 学生在面临选择时把选择权交给父母，这体现的是玛西亚同一性类型中的（　　）

A. 同一性获得　　　　　　B. 同一性延缓

C. 同一性拒斥　　　　　　D. 同一性弥散

答案：C

🖊️解析：属于同一性拒斥的个体没有体验过明确的探索，但却对一定的目标和价值做出了承诺，这种投入往往是基于父母或权威人物等重要他人的期望或建议，他们不加思考地接受了别人预先为他们准备好的同一性。题干中的学生在面临选择时把选择权交给父母，这体现的是玛西亚同一性类型中的同一性拒斥。

易错点9　智力发展水平的差异

研究表明，人们的智力水平呈正态分布，又称常态分布，大多数人的智力属于中等水平。一般认为，IQ超过140的人属于天才；IQ超过130为智力超常儿童；IQ低于70为低常儿童，又称智力落后儿童。美国的柯克进一步将智力落后儿童分成三种类型：

智力落后儿童的类型	智商范围
可教育的智力落后儿童	55~70
可训练的智力落后儿童	25~55
严重的智力落后儿童	25以下

易错分析

大多数学生对于天才儿童的最低临界值有疑问，根据叶奕乾编写的第三版《普通心理学》可知，尽管也有人认为120或者140为天才儿童的最低临界值，但是研究者一般把130作为天才儿童的最低临界值。在具体做题时，题干说智商为多少是天才，选140；题干明确提出天才儿童的最低临界值，则选130。特殊表述，特殊对待。

例题14：按照智力测验的标准，智力超常儿童智商的最低临界值应是140。（　　）

答案：×

🖊️解析：题干关键词为智商最低临界值，所以答案为130。考生要注意天才和智力超群儿童的临界值，不能相混淆。

例题15：可教育的智力落后儿童的智商在（　　）之间。

A. 70~79　　　　B. 55~70　　　　C. 25~55　　　　D. 25以下

答案：B

易错点 10　场依存型与场独立型

	场依存型者	场独立型者
学习兴趣偏好	人文、社会科学	理科、自然科学
学习成绩倾向	理科、自然科学成绩差，人文、社会科学成绩好	理科、自然科学成绩好，人文、社会科学成绩差
学习策略特点	易受暗示，学习欠主动，由外在动机支配	独立自觉学习，由内在动机支配
教学方式偏爱	结构严密的教学	结构不严密的教学

注：场依存型学生对人比对物更感兴趣。

易错分析

考生对于该知识点没有深入理解。"场"即环境，场依存型者即较依赖于环境，更容易受到环境影响，因此其学习偏好是与社会环境紧密相连的人文、社会科学，又因其偏好人文、社会学科，所以他们的人文、社会学科成绩好。因为他们对于环境的依赖程度高，学习欠主动，所以在进行教学时，应该采用结构严密的教学方式。场独立型者则反之。

例题16：某同学做作业时，常以身边老师面部表情判断对错，若发现老师脸色不对便认为作业有错误，并迅速更改。这说明其认知方式属于（　　）

A. 场依存型　　　B. 场独立型　　　C. 冲动型　　　D. 沉思型

答案：A

解析：题干中的学生做作业时，常以身边老师（权威人士）的面部表情判断对错，不易独立地对事物做出判断，所以该学生属于场依存型。故选A项。

例题17：下列有关场独立型者与场依存型者的说法有误的是（　　）

A. 场独立型者一般更偏爱自然科学

B. 场依存型者一般社会科学成绩较好

C. 场独立型者一般更偏好结构不严密的教学

D. 场依存型者一般更能独立自觉学习

答案：D

🖊️**解析**：场独立型的学生偏好理科、自然科学，理科、自然科学成绩好，喜欢结构不严密的教学，更喜欢自己独立思考，独立学习。A、C两项正确。场依存型的学生人文、社会科学成绩好，喜欢结构严密的教学，适合于那些强调"社会敏感性"的教学方法，如善于听老师讲解，喜欢与别人讨论等。B项正确。D项错误。

易错演练

一、单项选择题

1. 儿童心理的发展总是由具体形象思维发展到抽象思维，从机械记忆发展到意义记忆，从喜怒哀乐等一般情感发展到理智感、道德感、美感等高级情感。这指的是心理发展的（　　）

　　A. 阶段性与连续性　　　　B. 定向性与顺序性
　　C. 不平衡性　　　　　　　D. 差异性

2. 主体把新的刺激整合到原有图式中，使原有图式丰富和扩大的过程是（　　）

　　A. 同化　　　　　　　　　B. 顺应
　　C. 平衡　　　　　　　　　D. 重建平衡

3. 幼儿园里，老师问小明，"小明，你有兄弟吗？""有！我有个双胞胎弟弟，他叫小亮！"小明高兴地回答。"那么，"老师接着问："小亮有兄弟吗？""没有。"小明说。小明处于的认知发展阶段是（　　）

　　A. 感知运动阶段　　　　　B. 前运算阶段
　　C. 具体运算阶段　　　　　D. 形式运算阶段

4. 一名9岁儿童，在没有成人的帮助下，能完成9岁半儿童题目，而在成人帮助下，能完成11岁儿童题目，这两种水平之间的差距是（　　）

　　A. 关键期　　B. 最佳教育区　　C. 最近发展区　　D. 敏感期

5. 在皮亚杰的心理发展理论中，有四个非常重要的概念，其中改变原有图式，以适应环境的质的变化指的是（　　）

　　A. 新图式　　B. 同化　　　　　C. 顺应　　　　　D. 平衡

6. 老师要求小明和小青画一个"精确"的椭圆，第一次画椭圆时没有给参照，第二次画椭圆时老师才画了一个精确的椭圆轮廓，让两人能随时检查自己画得是否够

准确。小明两次画得同样好,小青第二次画得比第一次好很多,小青和小明的认知风格有可能(　　)

A. 都是场依存型　　　　　　　　B. 分别是场依存型和场独立型

C. 都是场独立型　　　　　　　　D. 分别是场独立型和场依存型

二、多项选择题

1. 心理发展的不平衡性体现在(　　)

A. 个体不同系统在发展速度上的不同

B. 个体不同系统在发展的起讫时间上的不同

C. 个体不同系统在发展达到成熟时期上的进程不同

D. 个体不同系统在发展优势领域的不同

2. 小刚和小松是一对好朋友,两人从小学到中学一直在一个班,几乎形影不离,学习上你追我赶,一直都不相上下,但各有侧重,小刚更喜欢安静地看书并独自做读书笔记,小松更愿意在老师指导下学习。升入初三,学校调换了班主任老师,一个学期后,小松的成绩下滑得很厉害,而小刚的成绩则波动不大,家长追问小松原因,小松说:"原来的班主任老师对我很好,经常鼓励我,可新班主任太严厉,整天不苟言笑,看到他我就害怕。"而小刚则说:"班主任是谁无所谓,学习本身就很有意思啊。"针对此案例,下列说法正确的是(　　)

A. 小松更喜欢有严密结构的教学活动

B. 小刚和小松拥有不同的认知风格

C. 小松在学习上易受暗示,学习欠主动

D. 小刚在学习中加工信息的方式是深层加工

3. 儿童经常说"我一走路,月亮就跟我走""花儿开了,因为它想看看我";而他们的思维又具有只能前推不能后退的表现;同时儿童在注意事物的某一方面时往往忽略其他的方面,对物体的认识受其形态变化的影响。此材料说明前运算阶段儿童的认知特点是(　　)

A. 自我中心　　　　　　　　　　B. 他人中心

C. 不可逆性　　　　　　　　　　D. 尚未守恒

4. 在人格结构中,自我调控系统包括的子系统有(　　)

A. 自我认识　　B. 自我体验　　C. 自我评价　　D. 自我控制

三、判断题

1. 生理自我成熟的时间在6岁左右。（　　）

2. 人具有动物所不具备的高级心理机能,饥饿、安全的需要皆属于高级心理机能的一部分。（　　）

3. 处于前运算阶段的儿童,认知结构中已经有了抽象概念,因而能够进行逻辑推理,但他们的逻辑推理只是具体的,不是形式的。（　　）

四、简答题

1. 简述皮亚杰的认知发展阶段理论。

2. 简述维果斯基提出的"最近发展区"的含义。

第三章　学习理论

本章共提炼18个易错点。

易错点1　学习的概念

学习是个体在特定情境下由于练习或反复经验而产生的行为或行为潜能的相对持久的变化。

学习
- (1) 实质上是一种适应活动
- (2) 是人和动物共有的普遍现象
- (3) 是由反复经验引起的
- (4) 是有机体后天习得经验的过程
- (5) 过程可以是有意的,也可以是无意的
- (6) 引起的是相对持久的行为或行为潜能的变化

学习的"五非原则"
- (1) 非本能
- (2) 非成熟
- (3) 非疲劳
- (4) 非药物
- (5) 非病

易错分析

学习的概念及其多层含义是考试的重点,也是难点。学习的概念要点有:"练习或反复经验""行为或行为潜能""相对持久的变化"等,这几个概念要点在一项活动中同时存在时,才能称之为学习。考生在判断一项活动是不是学习时可从正反两方面出发。可以直接根据学习的定义选出正确选项,多用于单项选择题中;也可以利用学习的"五非原则"排除错误选项,多用于多项选择题中。

例题1: 下列属于学习的是( )

A. 女大十八变　　　　　　　　B. 蜘蛛结网

C. 打上一针兴奋剂,一口气跑十里地　　D. 儿童模仿成人的行为

答案: D

解析: A项属于自然成熟,B项是动物的本能行为,C项的变化是由于药物作用产生的,这三项均不属于学习。

例题2: 凡是行为的变化都意味着学习的存在。( )

答案: ×

解析: 并非所有的行为变化都是由学习产生的,如生理成熟、疲劳、药物等因素亦可引起行为的变化。

易错点2　学习水平分类

信号学习:刺激—强化—反应

刺激—反应学习:情境—反应—强化

连锁学习:一系列刺激—反应动作联结

言语联结学习:一系列的言语单位的联结

辨别学习:识别多种刺激的异同并作出不同的反应

概念学习:对一类刺激做出同样的反应

规则或原理学习:两个及以上概念之间的关系

解决问题学习(高级规则学习):使用所学原理或规则去解决问题

201

易错分析

这八种学习水平的分类是加涅根据学习情境由简单到复杂、水平由低到高的顺序排列的。考生需要识记清楚分类的顺序及每种学习的含义。在八种学习中,考生容易混淆信号学习和刺激—反应学习这两种分类。考生可以根据强化与反应的前后顺序进行判断:强化在前,反应在后是信号学习,对应学习理论中巴甫洛夫的经典性条件作用理论;反应在前,强化在后是刺激—反应学习,对应学习理论中的操作性条件作用理论。

例题3:小孩子看见穿白大褂的护士就联想起打针,从而表现出恐惧。根据加涅的学习分类理论,这种学习行为属于(　　)

A. 信号学习　　　　　　　　B. 刺激—反应学习

C. 问题解决学习　　　　　　D. 言语联想学习

答案:A

解析:信号学习指学习对某种信号做出某种反应,其过程为:刺激—强化—反应。题干中,小孩子看见穿白大褂就想起打针,从而表现出恐惧,其中白大褂是信号,恐惧是反应。对白大褂这一信号做出反应属于信号学习,故选A项。

例题4:巴甫洛夫的经典条件反射是(　　)的典型例证。

A. 信号学习　　　　　　　　B. 辨别学习

C. 连锁学习　　　　　　　　D. 刺激—反应学习

答案:A

解析:信号学习是指,学习对某种信号做出某种反应,其过程为:刺激—强化—反应。巴甫洛夫的经典条件反射是信号学习的典型例证。

易错点3　学习结果分类

$\left\{\begin{array}{l}\text{智慧技能:解决问题}\\ \text{认知策略}\\ \text{言语信息}\\ \text{动作技能(动作技能领域)}\\ \text{态度(情感领域)}\end{array}\right.$ 认知领域

> **易错分析**
>
> 考生对学习结果的分类识记不清(可简记为:认、智、言、动、态),对各种学习结果的含义及进一步划分理解不透彻,不能灵活运用。

例题5:小罗在实验课上学习如何操作显微镜。根据加涅的学习结果分类,这属于( )

A. 言语信息的学习　　　　　　B. 态度的学习

C. 认知策略的学习　　　　　　D. 动作技能的学习

答案:D

解析:动作技能是指通过练习获得的、按一定规则协调自身运动的能力。故题干中的小罗学习如何操作显微镜属于动作技能的学习。

易错点4　加涅的智慧技能与动作技能

智慧技能:运用符号或概念与环境交互作用的能力。智慧技能的学习又可分为五个小类:辨别学习、具体概念学习、定义性概念学习、规则学习、高级规则(解决问题)学习。

动作技能:通过身体动作的质量的不断改善而形成整体动作模式的学习。

> **易错分析**
>
> 概念较为抽象,易混淆两者的含义。加涅的智慧技能与动作技能要根据其给出的定义进行理解。智慧技能强调"符号、概念",动作技能强调"身体动作"。

例题6:小元学会了如何计算圆柱的体积,根据加涅对学习的分类,这属于( )的学习。

A. 言语信息　　B. 认识策略　　C. 动作技能　　D. 智慧技能

答案:D

解析:智慧技能指运用符号或概念与环境交互作用的能力。智慧技能的学习要解决"怎么做"的问题。题干中小元学会计算圆柱的体积,属于智慧技能的学习。

易错点5　经典性条件反射中的无条件反射与无条件刺激、条件反射与条件刺激

俄国生理学家巴甫洛夫发现：狗吃到食物时，会分泌唾液。这是自然的生理反应，不需要学习，这种反应叫无条件反射，引起这种反应的刺激是食物，称为无条件刺激。

如果在狗每次进食时发出铃声，一段时间后，狗只要听到铃声也会分泌唾液，这时作为中性刺激的铃声由于与无条件刺激食物联结而成了条件刺激，由此引起的唾液分泌就是条件反射。这种单独呈现条件刺激即能引起的唾液分泌反应叫作条件反应，后人称之为"经典性条件作用"。

易错分析

在上述经典实验中，考生需要重点理解无条件刺激、中性刺激和条件刺激的具体含义，不能有偏差。

无条件刺激：引起无条件反射的刺激。狗吃到食物时，会分泌唾液。对狗来说，食物属于无条件刺激。

中性刺激：无关刺激，不引起反应，与无条件刺激联结转变为条件刺激。狗听到铃声没有反应，对狗来说，铃声属于中性刺激。

条件刺激：中性刺激与无条件刺激经过多次联结，中性刺激转变为条件刺激，能引起条件反应。单独呈现铃声，狗听到后会分泌唾液。

例题7：在巴甫洛夫的经典性条件作用实验中，当狗吃到食物时会自然分泌唾液，此时的食物属于（　　）

A. 中性刺激　　　　　　　　　　B. 无条件刺激

C. 条件刺激　　　　　　　　　　D. 实物刺激

答案：B

解析：题干中狗吃到食物会分泌唾液属于自然的生理反应，这种反应叫无条件反射，引起这种反应的食物，称为无条件刺激。

易错点6　泛化与分化

刺激的泛化：机体对与条件刺激相似的刺激做出条件反应。

刺激的分化：只对条件刺激做出条件反应，而对其他相似刺激不做反应。

易错分析

考生混淆了泛化与分化的概念。泛化是对事物的相似性的反应，分化则是对事物的差异性的反应。简单来说，泛化是分不清，分化是分得清。

例题8：小学生初学汉字时，对"银行"和"很行"分不清。这属于刺激的（　　）

A. 分化　　　　B. 泛化　　　　C. 消退　　　　D. 获得

答案：B

解析：小学生初学汉字时分不清"银行"和"很行"的现象属于对相似刺激做出相同反应，即刺激的泛化。

易错点7　操作性条件反射与经典性条件反射

异同		经典性条件反射	操作性条件反射
不同点	主要代表人物	巴甫洛夫	斯金纳
	行为	无意的、情绪的、生理的	有意的
	顺序	行为发生在刺激之后	行为发生在刺激之前
	学习的发生	中性刺激与无条件刺激的匹配	行为结果影响随后的行为
	典例	学生将课堂（开始是中性的）与教师的热情联结在一起，课堂引发出积极情绪	学生回答问题后受到表扬，学生回答问题的次数增加
相同点		操作性条件反射与经典性条件反射的基本原理是相同的，都是大脑皮层上暂时神经联系的接通	

易错分析

区分经典性条件反射和操作性条件反射要抓住关键：

经典性条件反射：先有刺激后有行为，对应的是应答性行为。

操作性条件反射：先有行为后有刺激，对应的是操作性行为。

例题9: 经典性条件反射的建立过程与操作性条件反射的建立过程无根本差异。( )

答案: ×

解析: 经典性条件反射认为行为是无意的、情绪的、生理的;行为发生在刺激之后。而操作性条件反射认为行为是有意的;行为发生在刺激之前。故题干表述错误。

易错点8　强化与惩罚

	强化		惩罚	
	正强化（积极强化）	负强化（消极强化）	正惩罚（给予性惩罚）	负惩罚（剥夺性惩罚）
要点	呈现愉快刺激	取消厌恶刺激	呈现厌恶刺激	取消愉快刺激
目的	增加反应频率	增加反应频率	降低反应频率	降低反应频率
典例	给予表扬、普雷马克原理	免做家务	关禁闭	禁吃零食

普雷马克原理,又称"祖母法则",最早是由普雷马克提出来的,指用高频活动作为低频活动的有效强化物。需要注意的是,该原理在运用时,行为和强化的关系不能颠倒,必须先有行为,再有强化。

易错分析

知识理解有误多因考生思维定势,看到"负"就认为是减少、降低。考生需要明确一点:正强化和负强化都属于强化,二者的区别在于刺激物是积极的还是消极的,而不在于强化的结果。而负强化与惩罚可从二者的效果来区分:负强化能增加行为反应频率;惩罚则是降低行为在将来发生的频率。

例题10: 学生甲频频扰乱课堂纪律,张老师要求他次日留在家中,不能参加学校的春游活动,张老师的做法属于( )

A. 正强化　　B. 正惩罚　　C. 负强化　　D. 负惩罚

答案: D

解析： 题干中张老师在学生甲扰乱课堂纪律的行为后，移除了次日参加学校春游活动这一满意刺激，以减少学生甲扰乱课堂纪律的行为，属于负惩罚，故选D项。

例题11： 小明喜欢航模，但不喜欢数学，教师可以让他先做完一定量的数学题目，再让他去玩航模，这属于（　　）

A. 扇贝效应　　　　　　　　B. 高级条件作用

C. 社会促进效应　　　　　　D. 普雷马克原理

答案： D

解析： 题干中的小明喜欢航模，但不喜欢数学，于是采取让他先做完一定量的数学题目（低频活动），再让他去玩航模（高频活动）的方法，来强化他做题的行为，故属于普雷马克原理。

易错点9　逃避条件作用与回避条件作用

逃避条件作用：当厌恶刺激出现时，有机体做出某种反应，从而逃避了厌恶刺激，则该反应在以后的类似情境中发生的概率便增加。它揭示了有机体是如何学会摆脱痛苦的。在生活中典型的例子有：看见路上的垃圾后绕道走开；感觉屋内人声嘈杂时暂时离屋；等等。

回避条件作用：当预示厌恶刺激即将出现的刺激信号呈现（而厌恶刺激本身并未出现）时，有机体自发地做出某种反应，从而避免了厌恶刺激的出现，则该反应在以后的类似情境中发生的概率便增加。在生活中典型的例子有：害怕见生人不敢上街等。

易错分析

在操作性条件作用的基本规律中，考生很难分辨的就是逃避条件作用与回避条件作用。首先，两者都属于消极强化的类型，其次，两者的主要区别在于：

在逃避条件作用中，厌恶刺激或不愉快的情境在个体做出反应之前就已经出现了，个体实际上经受了由厌恶刺激带来的痛苦。

在回避条件作用中,厌恶刺激或不愉快的情境因有机体事先做出的反应而得以避免,个体并未实际遭受厌恶刺激的袭击。采用回避条件作用来维持行为比采用逃避条件作用更主动,这是在德育工作中应注意"防患于未然"的理论基础。

简单来讲,<u>逃避条件作用是厌恶刺激出现之后采取行动,而回避条件作用是在厌恶刺激本身出现之前采取行动</u>。

例题12: 下列属于回避条件作用现象的是( )

A. 看见路上的垃圾后绕道走开

B. 感觉屋内人声嘈杂时离开房间

C. 过马路时听到汽车喇叭声后迅速躲避

D. 违章骑车时遇到警察赶快下车

答案:CD

解析: 根据回避条件作用和逃避条件作用的定义可知,答案选C、D项。A项和B项属于逃避条件作用。

例题13: 小明放学走过一个小巷子时,不慎被狗咬伤。从此以后,他再也不敢走那个小巷子了。上述现象可以用( )来解释。

A. 条件反射　　　　　　　　B. 逃避条件作用

C. 非条件反射　　　　　　　D. 回避条件作用

答案:D

解析: 回避条件作用指当预示厌恶刺激即将出现的刺激信号呈现时,有机体自发做出某种反应,从而避免厌恶刺激的出现,而此时,厌恶刺激本身并未出现。题干中小明为避免再被狗咬伤,自发地做出回避这条巷子的反应,这种现象可以用回避条件作用来解释。

易错点10 消退的含义与应用

含义:条件刺激形成以后得不到强化,条件反应会逐渐减弱,直至消失的现象。

应用:消退是一种无强化过程,其作用在于降低某种反应在将来发生的概率,以达到消除某种行为的目的。消退是减少不良行为、消除坏习惯的有效方法。

易错分析

考生需要理解消退的含义。在考题中,消退的运用常常表现为"不理会""冷处理"等。

例题14： 小军为引起教师和同学的注意,上课故意发出怪叫声,教师对其不予理睬,后来小军此类行为逐渐减少。这体现了刺激的(　　)

A. 正强化　　　　　　　　　　B. 负强化

C. 惩罚　　　　　　　　　　　D. 消退

答案：D

解析：教师对小军发出的怪叫声不予理睬,使其行为得不到强化而逐渐减少,体现的是刺激的消退。

例题15： 小强看到他的同学买了新手表,回家哭着闹着也要换个新手表。妈妈对小强的哭闹行为不予理会。这属于(　　)

A. 正惩罚　　　　　　　　　　B. 负惩罚

C. 消退　　　　　　　　　　　D. 负强化

答案：C

解析：题干中的妈妈对小强的哭闹行为不予理会,使小强的哭闹行为得不到强化,属于消退的应用。

易错点11　观察学习的过程

观察学习的四个过程是一个完整的学习过程。

(1)在注意过程中,观察者注意并知觉榜样情境的各个方面。

(2)在保持过程中,观察者记住从榜样情境中了解的行为,以表象和语言的形式将它们在记忆中进行表征、编码以及储存。

(3)在复现(生成)过程中,观察者将头脑中有关榜样情境的表象和符号概念转为外显的行为。

(4)在动机过程中,观察者因表现出所观察到的行为而受到激励。

易错分析

首先,考生对观察学习的四个过程识记不清,四个过程可以用口诀"注意(注意)保(保持)护会复(复现)活的动(动机)物"来记忆。另外本知识点较抽象,并且含义跟学生已有的概念不相符,理解起来较困难。考生需要记清楚每个过程中所进行的内容。

注意过程:注意榜样行为的特征。

保持过程:将榜样的行为以符号的形式保存在记忆中。

复现过程:把符号表象转化为外显的行为。

动机过程:受直接强化、替代强化和自我强化的影响。

例题16:班杜拉认为,观察学习的过程包括(   )

A. 动机过程   B. 注意过程

C. 动作再现过程   D. 保持过程

答案:ABCD

解析:观察学习包括四个过程:注意过程、保持过程、复现过程、动机过程。

例题17:根据班杜拉的观察学习理论,学生把记忆中的表象和符号转换成适当的行为,即再现以前所观察到的示范行为。这属于观察学习过程中的(   )

A. 注意过程   B. 保持过程   C. 生成过程   D. 动机过程

答案:C

解析:在复现(生成)过程中,观察者将头脑中有关榜样情境的表象和符号概念转为外显的行为。

易错点12 观察学习的效应

观察学习效应	含义	典例
习得效应	通过观察习得新的技能和行为模式	父母使用文明语言,其子女习得文明语言;父母使用不文明语言,其子女经常出现不文明语言

续表

观察学习效应	含义	典例
抑制效应、去抑制效应	抑制效应:观察者看到他人的不良(或良好)行为受到社会谴责,观察者会暂时抑制受到谴责的不良(或良好)行为 去抑制效应:观察者看到他人的不良行为未受到应有的惩处,其原本受到抑制的不良行为重新发作	一名有不良行为习惯的学生进入一个班风很好,纪律严明的班级集体,在周围同学良好表现的耳濡目染之下,该生的不良行为方式很可能暂时受到抑制。由于他的恶习一时难以完全消除,他一离开班集体,进入他自己原先的小圈子,不良习气又重新发作
反应促进效应	通过观察促进新的学习或加强原先习得的行为	在体育课上有些学生胆小,不敢做一些危险性的动作。这时教师让某个胆大的学生先做示范。胆小的学生看到该动作他人能做,胆子也大起来,认为自己也能做,从而促进新的行为的学习
刺激指向效应(环境加强效应)	通过观察榜样行为,观察者将自己的注意指向特定的刺激或榜样的行为能使观察者注意到他人喜爱的某些物体或环境,结果观察者后来可能更经常地使用这种物体	看到榜样用木槌击打布娃娃的儿童同未看到这种行为的儿童相比,不但模仿这种攻击行为,而且更多地将木槌用到其他情境
情绪唤醒效应	看到榜样表达的情感,在观察者身上容易唤起类似的情感	人们在观看电影、电视剧或舞台戏剧时,看到剧中人物的命运,自己也常常会情不自禁地表现出与剧中人物相同的喜、怒、哀、乐

易错分析

观察学习五种效应的概念很抽象,常会结合实例进行考查。考生需理解透彻例子中所体现的效应。

习得效应只强调习得新技能或行为;抑制效应强调抑制受谴责的行为;去抑制效应与抑制效应相对,强调原本受抑制的行为重新出现;反应促进效应强调"促进",即一种推动作用;刺激指向效应强调更多的"使用";情绪唤醒效应强调与榜样类似的情感。

例题18：学生小松高一时经常迟到，不按时完成作业。高二选课、走班后分到新的班级。班主任管理有方，纪律严明，班内同学自律性都很强，积极上进，慢慢地小松在这样的环境下也不再迟到，开始严格要求自己。下列哪一效应很好地说明了这一现象（　　）

A. 阿伦森效应　　　　　　　　B. 抑制效应

C. 去抑制效应　　　　　　　　D. 反应促进效应

答案：B

解析：题干中经常违纪的学生小松被调到风气良好班级，在周围学生严格守纪行为的影响下，其违纪行为暂时没有表现出来，属于抑制效应。

易错点13　布鲁纳的学习过程

布鲁纳认为学习包括三种几乎同时发生的过程，这三种过程是：

新知识的获得：新知识可能是以前知识的精炼，也可能与原有知识相违背。

知识的转化：超越给定的信息，运用各种方法将它们变成另外的形式，以适合新任务，并获得更多的知识。

知识的评价：对知识转化的一种检查，通常包含对知识的合理性进行判断。

易错分析

此知识点难度不大，但需要考生与一般的学习过程相区分：

"布鲁纳得花甲"：获得、转化和评价。

一般学习过程：获得、保持（巩固）和应用。

例题19：丽丽在课上学习到柠檬酸是清洁窗户的好帮手，所以当看见妈妈在擦玻璃时，丽丽建议妈妈使用可乐清洗，果然效果奇佳。根据布鲁纳的理念，这个过程反映了（　　）

A. 知识的获得　　　　　　　　B. 知识的保持

C. 知识的转化　　　　　　　　D. 知识的评价

答案：ACD

解析：丽丽在课上学习到柠檬酸是清洁窗户的好帮手，属于知识的获得；建议妈妈用可乐擦窗户是知识的转化；效果奇佳是知识的评价。

易错点 14　奥苏贝尔的学习分类

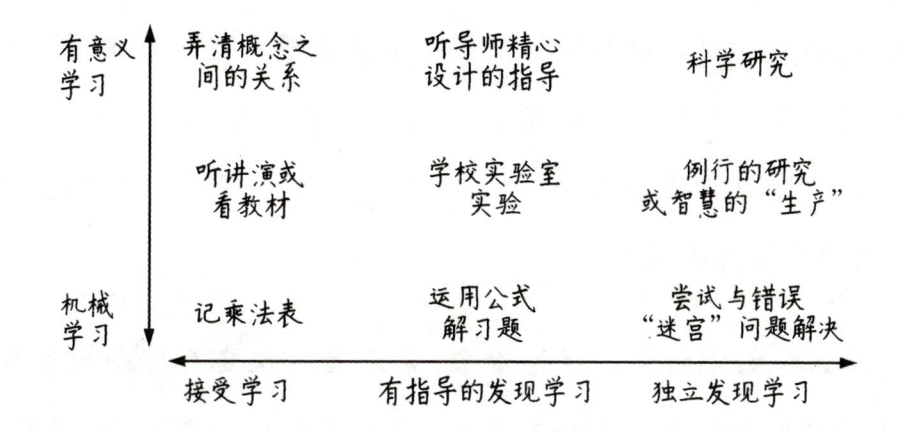

	接受学习	有指导的发现学习	独立发现学习
有意义学习	弄清概念之间的关系	听导师精心设计的指导	科学研究
	听讲演或看教材	学校实验室实验	例行的研究或智慧的"生产"
机械学习	记乘法表	运用公式解习题	尝试与错误"迷宫"问题解决

易错分析

有意义学习与机械学习、接受学习与发现学习是在两个标准下划分出来的学习种类，所以，认为接受学习就是机械学习，发现学习就是有意义学习的看法是错误的。考生需要消除对接受学习的误解。接受学习未必都是机械学习，它可以而且也应该是有意义的学习。同样，发现学习未必都是有意义的学习，它也可能是机械学习。

例题20：所有的接受学习都是机械的。（　　）

答案：×

易错点 15　有意义学习的本质和心向

有意义学习的本质就是以符号为代表的新观念与学习者认知结构中原有的适当观念建立起非人为的和实质性的联系的过程，是原有观念对新观念加以同化的过程。

有意义学习的心向是指学习者积极主动地把新旧知识加以联系的倾向性。学习心向的作用是将学习材料的潜在意义转化成现实意义。它表现在两个方面：学习者要有主动积极的学习要求；要努力找出新旧知识的相同点和不同点，并辨别清楚，理解透彻，最后旧知识得到改造，新知识也获得了实际意义即心理意义。

易错分析

考生易混淆有意义学习的本质与有意义学习的心向。有意义学习本质的关键点为：非人为的、实质性联系。所谓非人为的联系，是指有内在联系而不是任意的联想或联系，指新知识与原有认知结构中有关的观念建立在某种合理的逻辑基础上的联系，而不是人为的随意的不合逻辑的联系。所谓实质性的联系，是指表达的语词虽然不同，但却是等值的，也就是说这种联系是非字面的联系。有意义学习心向强调的是学习的倾向性。

例题21： 在认知主义的学习理论看来，学习者不仅要有主动积极的学习要求，还要努力找出新旧知识的相同点和不同点，并辨别清楚，理解透彻，最后旧知识得到改造，新知识才能获得实际意义。以上两个方面构成了有意义学习的（　　）

A. 机制　　　　B. 心向　　　　C. 特征　　　　D. 本质

答案： B

解析： 题干所述是有意义学习心向的表现。考生易误选D项。

易错点16　先行组织者

提出者：奥苏贝尔。概念：先于某个学习任务本身呈现的引导性学习材料，先行组织者的抽象、概括和综合水平高于学习任务，并与认知结构中的原有观念及新的学习任务相关联。种类如下：

种类	含义	典例
陈述性组织者（说明性组织者）	与新的学习内容之间是"上位关系"，其概括性和抽象性要高于新知识。在呈现陈述性组织者之后再进行的新知识的学习，即为"下位学习"	在学习"马克思主义哲学"之前，先掌握"哲学"的概念
比较性组织者	通过比较新知识与认知结构中旧知识的异同，增加新旧知识的可辨认性。在比较性组织者之后的新知识的学习是"并列结合学习"	在学习奥苏贝尔的接受学习之前，将已经掌握的布鲁纳的发现学习理论与之比较

易错分析

先行组织者的提出者和含义是常考的内容,考生应识记清楚并结合例子理解其含义。先行组织者既非人,也非活动,而是一种学习材料。先行组织者的种类常以教学实例考查,考生需要区分清楚新学习内容与认知结构中旧知识的关系。

例题22:奥苏贝尔讲的先行组织者作为一种教学策略,它是指(　　)

A. 一种学习材料　　　　　　　　B. 帮助学生学习的教师

C. 组织的学生活动　　　　　　　D. 帮助学生学习的学生

答案:A

解析:先行组织者是先于某个学习任务本身呈现的引导性学习材料。

例题23:汤老师在讲授人体细胞之前,先引导学生讨论了学生熟悉的社区结构,再将细胞结构与类似的社区结构联系起来。汤老师使用的教学策略是(　　)

A. 比较性组织者　　　　　　　　B. 说明性组织者

C. 提示策略　　　　　　　　　　D. 替代学习

答案:A

解析:比较性组织者通过比较新知识与认知结构中类似的或邻近的知识的异同,提高两者的可辨别性,从而促进对新知识的有意义的学习,保证学生获得精确的知识。根据题干的描述可知,汤老师使用的教学策略是比较性组织者。

易错点17　认知学派的有意义学习与人本主义的有意义学习

比较范畴	认知学派	人本主义
代表人物	奥苏贝尔	罗杰斯
概念	以符号为代表的新观念与学习者认知结构中原有的适当观念建立起非人为的和实质性的联系	涉及学习者是完整的人,使个体的行为、态度、个性以及在未来选择行动方针时发生重大变化的学习,是一种与学习者各种经验融合在一起、使个体全身心地投入其中的学习

学习结果	将新知识纳入原有认知结构	不仅仅是知识的增长,还对学习者认知结构、行为、个性、态度、人格等各方面都有影响
概念范畴	属于认知范畴	属于知情统一
条件/要素	客观条件:学习材料本身具有逻辑意义 主观条件:①学习者必须具有有意义学习的心向;②学习者认知结构中有适当的知识;③学习者必须积极主动	①自我参与;②自我发起;③学习是渗透性的;④自我评价
举例说明	如果只是让教师在课堂上教授学生"烫"这个词的意义,在教学中使用只对教师有意义的材料,学生学习的速度将会很慢,而且不容易在学生的记忆中长期保存	当一个儿童触到一个取暖器时,他就可以学习到"烫"这个词的意义,同时也学会了以后对所有的取暖器都要当心,迅速学到的这些内容和意义都会长期保留在儿童的记忆中

易错分析

因为两者名称一致,所以考生在记忆时容易混淆。奥苏贝尔提出的有意义学习属于认知范畴,强调认知层次上的有意义(新知识与原有认知结构间非人为和实质性的联系),与之相反的是机械学习。而罗杰斯提出的有意义学习属于知情统一,关注学习内容与个人之间的关系,探讨完整的人(具有情感和理智的人),与之相反的是无意义学习(不涉及感情或个人意义,仅仅涉及经验累积与知识增长)。

例题24:奥苏贝尔的"有意义学习"与罗杰斯的"有意义学习"的区别在于前者强调知识与个人经验、兴趣的关系,后者强调新旧知识存在的联系。( )

答案:×

易错点 18　四大学习理论之比较

	行为主义	认知主义	人本主义	建构主义
基本观点	学习的实质是通过学习形成某种行为上的变化,是S-R联结的形成过程。在教学上强调行为的塑造和矫正	学习的实质是引起学习者认知结构的变化,将外在事物的关系内化为学习者的认知结构。在教学上注重材料的组织和教学控制,追求共同学习目标	学习的实质是促进学习者的个人发展与成长。学习是人的自我实现,是个人自主发起的活动。在教学上注重学习者的自主性和主动性	强调学习者的主动性,认为学习是学习者基于原有的知识经验生成意义、建构理解的过程,而这一过程常常是在社会文化互动中完成的
学习过程的控制因素	外部环境对学习过程起控制作用。强调客观因素	外部环境及学习者个人原有认知结构一起影响学习过程,但更强调外部环境的影响。偏重于强调客观因素	个体的自身需要及情感、个性等决定学习过程。强调主观因素	外部环境及学习者原有认知结构一起影响学习过程,更强调个体原有认知结构及经验的影响。偏重于强调主观因素
教学应用策略	程序教学法	"先行组织者"	自由学习	支架式教学、抛锚式教学、随机进入教学、认知学徒制
教师角色	教学的控制者	教学活动的设计者和管理者	学习的促进者、"助产士"和"催化剂"	学习的帮助者、合作者
学生角色	知识的被动接受者	知识的接受者(主动或被动)	学习的主导者	知识的发现者

易错分析

四大学习理论内容较多,且有比较抽象的知识内容,考生在学习时有一定困难,可结合表格进行识记。四大学习理论简单来讲,行为主义强调行为变化,认知流派强调认知结构的变化,人本主义强调(认知、情感、态度等)完整的人,建构主义不是一个特定的学习理论,而是许多理论观点的统称,其思想的核心是:知识是在主客体相互作用的活动中建构起来的。

例题25: 何老师在教师经验交流会上说:"教学不能简单地、强硬地从外部对学习者实施知识的填灌,而是应该把学习者原有的知识经验作为新知识的生长点。"何老师的教育理念侧重于( )

A. 行为主义　　　B. 认知主义　　　C. 建构主义　　　D. 人本主义

答案:C

易错演练

一、单项选择题

1. 小安看完电影《长津湖》后,对军人产生了敬佩之情,立志以后要做一名解放军,根据加涅的学习结果分类,这属于( )

A. 态度的学习　　　　　　　　B. 智力技能的学习
C. 运动技能的学习　　　　　　D. 言语信息的学习

2. 下列各选项中,属于合理使用强化理论的是( )

A. 小明在商场哭闹着想买玩具,妈妈买了零食制止他的哭闹行为

B. 欢欢考试取得好成绩,妈妈就奖励她100元

C. 妈妈允许林林在按时完成作业后看1小时的电视

D. 三年级的睿睿上课迟到了,老师讽刺道:"你真有出息啊,每次都迟到。"

3. 关于学习的实质,下列说法错误的是( )

A. 学习是由反复经验引起的　　　B. 学习表现行为或行为潜能的变化
C. 学习是人类的本能活动　　　　D. 学习引起的行为变化是相对持久的

4. 闻一知十、举一反三反映了条件作用的( )

A. 分化　　　B. 获得　　　C. 保持　　　D. 泛化

5. 加涅把人类的学习分为八个层次,下列属于概念学习的是( )

A. 学生掌握了鸟的特征后,能知道喜鹊属于鸟类

B. 学生掌握了加减法则后,帮助父母到超市采购食材

C. 正在走廊嬉笑打闹的学生听到上课铃后,快速走进教室

D. 学生能区分"quite""quiet"这两个单词的中文含义

6. 下列情境中,属于奥苏贝尔理论中有意义接受学习的是( )

A. 丹丹死记硬背九九乘法表

B. 妈妈一字一句地教孩子念书

C. 小素通过听讲进一步理解概念间的关系

D. 小华通过自编的谐音记忆法来记忆单词

二、判断题

1. 负强化是惩罚。（　　）

2. 操作性条件反射理论强调行为前的强化。（　　）

第四章　学习心理

本章共提炼35个易错点。

易错点1　外部动机的类型

自我决定动机理论把外部动机划分为四种类型。

种类	要点
外部调节	为了获得报偿，避免惩罚
内摄调节	为了获得自我提高和自我价值感
认同调节	认同了行为目标的价值，接受了行为对个人的重要意义
整合调节	来源于认同的进一步发展

易错分析

考生容易混淆外部动机的四种类型，可结合关键词进行理解记忆。

外部调节强调"完全依靠外部"；内摄调节强调"自我提高、自我价值"；认同调节强调"认同行为目标的价值"；整合调节强调"认同的进一步发展，即内化"。

例题1：音乐老师教授了一段舞蹈，丽丽回家练习了十几遍，当妈妈问她努力练习的原因时，丽丽说："如果我不会跳，班里其他同学就会嘲笑我的。"丽丽的行为体现的外部动机的类型是（　　）

A. 外部调节　　B. 内摄调节　　C. 认同调节　　D. 整合调节

答案：B

解析：题干中丽丽因为避免被同学嘲笑而努力练习舞蹈，是为了维护自己的价值感,故其外部动机类型属于内摄调节。

例题2:某学生渴望成为一个具有广博知识和受过良好教育的人。他不仅在校期间刻苦学习,课外时间也抓住一切机会涉猎多种知识。依据自我决定动机理论,个体这种将外部规则完全内化为自我的一部分,在各种活动中自主地做出规则所要求的行为的动机属于(   )

A. 外部调节动机　　　　　　B. 内摄调节动机

C. 认同调节动机　　　　　　D. 整合调节动机

答案:D

解析:题干中的学生将外部规则完全内化为自我的一部分,属于认同的进一步发展,故其属于整合调节型。

易错点2　奥苏贝尔的成就动机分类

成就动机类别	要点	内外动机	在动机结构中所占比重
认知内驱力	求知需要,在有意义学习中最稳定、最重要	内部动机	是青年期学生学习的主要动机
自我提高内驱力	赢得地位与自尊心、获得荣誉	外部动机	是青年期学生学习的主要动机
附属内驱力	获得长者的赞许或许可	外部动机	在儿童早期最为突出,到儿童后期和少年期有所减弱

注:认知内驱力、自我提高内驱力和附属内驱力在动机结构中所占的比重并非是一成不变的,通常是随着年龄、性别、个性特征、社会地位和文化背景等因素的变化而变化。

易错分析

考生容易混淆自我提高内驱力和附属内驱力。自我提高内驱力和附属内驱力虽然都属于外部动机,但自我提高内驱力是为了赢得地位与自尊心,附属内驱力是为了获得长者们(如家长、教师)的赞许或认可。做题时,考生只需要牢牢把握住这一点即可。

例题3:小牛为能考上心仪的学校,将来从事理想的职业而努力学习。小牛的这

种学习动机是( )

A. 内部动机　　　　　　　　B. 认知内驱力

C. 附属内驱力　　　　　　　D. 自我提高内驱力

答案：D

解析：自我提高内驱力是一种通过自身努力，胜任一定的工作，取得一定的成就，从而赢得一定社会地位的需要。自我提高内驱力是一种外部动机。题干中小牛为从事理想的职业而努力学习，他的学习动机为自我提高内驱力。

例题4：奥苏贝尔提出，学校情境中的成就动机主要由以下三个方面的内驱力组成，即认知内驱力、自我提高内驱力和附属内驱力。其中，自我提高内驱力是最重要和最稳定的动机。( )

答案：×

易错点3　学习效果对学习动机的影响

学习效果反作用于学习动机。所学知识的增多，学习成就的取得可以进一步激发学生的好奇心、求知欲，进一步提高学生的自信心等，从而增强学生进一步学习的学习动机。对于那些尚无学习动机或者学习动机不高的学生，尤其是年龄较小的学生，教师没有必要推迟学习活动。

易错分析

对于尚无学习动机或者学习动机不高的学生来说，人们过于重视学习动机的作用，忽略了学习效果对学习动机的反作用。

例题5：学习动机是学生学习的重要条件，当学生尚未表现出对学习有适当的兴趣或动机时，教师必须推迟教学活动。

答案：(1)这种说法是不正确的。(2)教师在强调动机对学习的重要作用的同时，也应该看到所学的知识反过来又可以增强学习的动机。对于那些尚无学习动机或者学习动机不高的学生，尤其是年龄较小的学生，教师没有必要推迟学习活动。教学的最好办法是，把重点放在学习的认知方面而不是动机方面，致力于有效地教他们掌握有关知识,让他们获得成功的体验。学生尝到了学习乐趣,就有可能产生或者增强其学习的动机。

易错点4 成败归因理论

在海德和罗特研究的基础上,韦纳对行为结果的归因进行了系统探讨,发现人们倾向于将活动成败的原因归结为六项因素,即能力、努力程度、工作难度、运气、身心状况、外界环境,又把上述六项因素按各自的性质,分别归入三个维度:内部归因和外部归因、稳定性归因和不稳定性归因、可控制归因和不可控制归因。

因素\维度	成败归因维度					
	稳定性		因素来源(控制点)		可控制性	
	稳定	不稳定	内在	外在	可控制	不可控制
能力	√		√			√
努力程度		√	√		√	
工作难度	√			√		√
运气		√		√		√
身心状况		√	√			√
外界环境		√		√		√

易错分析

考生易混淆成败归因理论中六种原因的各个维度,六因素与三维度的对应方式可根据口诀进行记忆:浑身力气不稳,内在两力与身心,只有努力是可控。浑:环境。身:身心。力:努力。气:运气。内在两力:能力和努力。

例题6:小胡在分析此次考试成绩不好的原因时说道:"都怪上周感冒了,考试时身体不舒服,不然我的成绩不会下降的。"小胡的这种归因方式属于(　　)

A.内在、稳定、可控的　　　　B.内在、不稳定、不可控的
C.外在、稳定、不可控的　　　　D.外在、不稳定、不可控的

答案:B

解析:题干中小胡把自己成绩不好归因于感冒,即身体状况。身心状况属于

内在、不稳定、不可控的因素。

例题7： 小志高兴地说："这次期末考试能考高分是因为我的运气太好了！"他这是把成功归因于（　　）

A. 内部的可控因素　　　　　　B. 内部的不可控因素

C. 外部的可控因素　　　　　　D. 外部的不可控因素

答案：D

解析：题干中小志把考高分归结为运气好，运气属于外部、不稳定、不可控因素，本题选D项。

易错点5　结果期待与效能期待

结果期待：人对自己的某一行为会导致某一结果的推测。

效能期待：人对自己能够进行某一行为的能力的推测或判断。

易错分析

结果期待和效能期待是易混的知识点。结果期待强调对能得到某种结果的预测；效能期待强调对自己是否有能力做到的判断。下面通过一个例子来帮助考生准确区分：学生认为好好学习，就能取得优秀的成绩，这属于结果期待；但是认为自己做不到，这就是效能期待。

例题8： 现象①：王明同学认识到只要上课认真听讲，就会获得他所希望的好成绩，因此王明总是认真地听课。现象②：陈红同学在课前会对本节课进行判断，如果认为自己能听懂老师讲述的知识，她就会认真听课。

根据班杜拉的理论，下列说法正确的是（　　）

A. 现象①和现象②都是结果期待

B. 现象①和现象②都是效能期待

C. 现象①是效能期待，现象②是结果期待

D. 现象①是结果期待，现象②是效能期待

答案：D

解析： 题干中的王明认识到只要上课认真听讲，就会获得他所希望的好成绩，属于结果期待；陈红会根据自己在课前对本节课的判断（对自己能力的判断），来决定是否认真听讲，属于效能期待。

易错点6　自我价值理论

自我价值理论是美国心理学家卡文顿提出的。该理论以成就动机理论和成败归因理论为基础。它根据学生追求成功和避免失败的倾向，将学生分为四类。

类型	表现
高驱低避者（成功定向者/掌握定向者）	这类学生拥有无穷的好奇心，对学习有极高的自我卷入水平。他们的学习超越了对能力状况和失败状况的考虑，他们学习仅仅因为学习是他们快乐的手段，是他们生命的存在方式
低驱高避者（避免失败者/逃避失败者）	这类学生更看重逃避失败而非期望成功。他们不喜欢学习，看起来懒散，但强烈害怕失败。他们怀疑自己的能力，害怕被指责为没有能力的人，感受着高度的焦虑和紧张
高驱高避者（过度努力者）	他们同时受到成功的诱惑和失败的恐惧，对任务又爱又恨。他们学习努力、聪明能干，而且似乎比同龄人成熟一些。对于大部分没有挑战性的作业和功课，他们会自己提出更高的要求和目标，以赢得老师额外的奖励。表面看来，他们很好，但事实上他们严重地受着紧张、冲突等精神困扰。为了成功同时又要掩饰自己的努力，会出现"隐讳努力"的现象，在同学中尽量表现得贪玩，但私下却偷偷努力，拼命学习
低驱低避者（失败接受者）	他们不奢望成功，对失败也不感到丝毫恐惧或羞愧

易错分析

考生没有系统掌握自我价值理论的四个分类。可以结合生活中学生的类型进行记忆：高驱低避者——<u>以学习为乐</u>；低驱高避者——<u>不想成功但害怕失败</u>，外部看起来懒散，但是内心强烈害怕失败；高驱高避者——<u>既想成功，又怕失败</u>，可能对外表现得贪玩，但私下偷偷努力；低驱低避者——<u>不想成功也不怕失败</u>。

例题9：小岚在老师眼里一直都是学习不怎么用功，但成绩很出色的学生。在校内小岚表现得非常贪玩，不把学习当回事儿，但放学回家后，小岚每天坚持学习到深夜，周末也很少出去玩耍。从自我价值理论看，小岚属于（　　）型的学生。

A. 高驱低避　　　　　　　　B. 高驱高避

C. 低驱低避　　　　　　　　D. 低驱高避

答案：B

解析：题干中的小岚在同学中尽量表现得贪玩、不在乎考试，但私下里却偷偷努力，拼命学习，符合高驱高避型的特点。

例题10：小峰同学对学校生活感到很无聊，整天表现得无精打采，对课程学习的兴趣也不高。当问到这次成绩为什么不理想时，他会以"昨天晚上失眠，我没有休息好"来为自己的失败找借口。以此可以推断出小峰最有可能属于（　　）的学生。

A. 高驱低避型　　　　　　　B. 低驱高避型

C. 高驱高避型　　　　　　　D. 低驱低避型

答案：B

解析：低驱高避型的学生又被称为"逃避失败者"，这类学生更看重逃避失败而非期望成功。他们怀疑自己的能力，害怕被指责为没有能力的人，感受着高度的焦虑和紧张。所以这类学生花费许多不必要的时间寻求焦虑的解脱。他们不喜欢学习，虽然他们不一定存在学习问题或学习困难，他们只是对课程提不起兴趣。题干中，小峰对学习提不起兴趣、无精打采的同时，又在为自己的失败寻找理由，属于低驱高避型学生。

易错点7　成败经验对自我效能感的影响

个人自身行为的成败经验对自我效能感的影响最大。一般来说，成功经验会提高效能感，反复的失败会降低效能感。当然，成败经验对效能期待的影响还要取决于个体对成败的归因方式。如果把成功归于外部不可控的因素就不会增强自我效能；把失败归于内部可控的因素不一定会降低自我效能感；把失败归于外部不可控的因素也不一定会降低自我效能。

> **易错分析**
>
> 考生在辨析成败经验对自我效能感的影响时，不能仅根据个人自身行为的成败经验对自我效能感的影响最大就判断增加成功经验就能增加自我效能感，而忽略了成败经验对效能期待的影响还要取决于个体对成败的归因方式。

例题11：学生的成败经验是影响学生自我效能感的重要因素，学生的学习成功经验越多，其自我效能感就会越强。

答案：(1)这种说法是不正确的。(2)一般来说，成功经验会提高效能感，反复的失败会降低效能感。当然，成败经验对效能期待的影响还要取决于个体对成败的归因方式。如果把成功归于外部、不可控的因素就不会增强自我效能感。

易错点8 积极归因训练

(1)"努力归因"，无论成功或失败都归因于努力与否的结果。因为学生将自己的成败归因于努力与否会提高学生学习的积极性，当学习困难或成绩不佳时，一般不会因一时的失败而降低将来会取得成功的期望。

(2)"现实归因"，针对一些具体问题引导学生进行现实归因，以帮助学生分析除努力这个因素外，影响学习成绩的因素还有哪些，是智力、学习方法或是家庭环境、教师等因素。分析这些因素在多大程度上影响其学习成绩，并尽力指出解决这些问题的方法，以提高学生克服困难的勇气，增强自信心。

> **易错分析**
>
> 成败归因理论认为，将成败归因为努力可以提高学生的学习动机。考生易以定势的思维认为，在做题中选择努力因素一般不会错。做题的时候，考生需具体情况具体分析。

例题12：初二学生李某平时学习认真刻苦，成绩却总是忽上忽下。针对这一情

况,老师应引导李同学做( )归因。

A.能力 B.努力程度 C.任务难度 D.运气

答案:D

解析:通常认为无论成败与否归因于努力程度可以提高学生的学习动机,在本题中,考生易因此误选B项。努力归因和现实归因是积极归因训练的两层含义。在本题中,李某学习非常刻苦,成绩却忽高忽低,那么老师应该引导他进行现实归因,让他归因于不稳定、外部、不可控的因素即运气时,可以使他持续努力学习。

易错点9 精加工策略与组织策略

类别	过程	目的
精加工策略	把新信息与头脑中的旧信息联系起来	增加新信息意义
组织策略	将经过精加工提炼出来的知识点加以构造	形成更高水平的知识结构

易错分析

考生易错误理解精加工策略和组织策略的内涵。考生在做题时需要注意题干的关键词,如出现"言外之意""增加意义""深层加工"等则体现了精加工策略;出现"高级的知识结构""组织材料信息"等则体现了组织策略。

例题13:学生阅读课文时能读出"言外之意",说明他在运用组织策略。( )

答案:×

解析:精加工过程是对所呈现的信息进行添加、补充的活动。精加工的结果是生成了新知识中没有明确呈现出来的内容,学生阅读课文时能读出"言外之意",说明他在运用精加工策略。

易错点10 元认知策略与资源管理策略的种类

元认知策略
- 计划策略(前):如设置目标、浏览阅读材料等
- 监控策略(中):如考试时监控速度和时间等
- 调节策略(后):如调整阅读速度、重新阅读等

资源管理策略
- 时间管理策略
  - 统筹安排学习时间
  - 高效利用最佳时间
  - 灵活利用零碎时间
- 环境管理策略：调节自然条件、设计好学习空间等
- 努力管理策略：选择有挑战性的任务、激发内在动机等
- 学业求助策略
  - 学习工具的利用：参考资料、工具书、图书馆、电脑等
  - 社会性人力资源的利用：老师的帮助、同学间的合作与讨论等

易错分析

考生易混淆元认知策略与资源管理策略的种类，考生对于资源管理策略的记忆要抓住"资源"这两个关键字，包括时间、环境和人力等。平时可以借助一些实例加强记忆，这样在做题时才能做到心中有数。

例题14： 根据学习策略的分类，下列哪个不属于资源管理策略（　　）

A. 学习时间管理　　　　　　B. 学习环境的设置

C. 学习努力和心境管理　　　D. 阅读速度的调整

答案： D

解析： 阅读速度的调整属于元认知策略中的调节策略。

例题15： 小强在考试时监视自己的速度和时间，这种策略属于（　　）

A. 计划策略　　　　　　B. 调节策略

C. 监控策略　　　　　　D. 时间管理策略

答案： C

解析： 考试时监视自己的速度和时间属于元认知策略中的监控策略。

易错点11　正迁移、负迁移与顺向迁移、逆向迁移

划分依据	种类	定义
迁移的性质和结果	正迁移	一种学习对另一种学习的促进作用
	负迁移	一种学习对另一种学习产生阻碍作用
迁移发生的方向	顺向迁移	先前学习对后继学习产生的影响
	逆向迁移	后继学习对先前学习产生的影响

易错分析

考生容易割裂顺向迁移、逆向迁移与正迁移、负迁移。考生要牢记：无论是顺向迁移还是逆向迁移，都有正、负之分；同样，无论正迁移还是负迁移，也都有顺向和逆向之分。考生可结合下列表格进行记忆：

迁移类型	含义	典例
顺向正迁移	先前学习对后继学习的积极影响	先学习普通心理学，更容易学会教育心理学
顺向负迁移	先前学习对后继学习的消极影响	在初学英语时，学生容易用学过的汉语拼音的读音读英语字母
逆向正迁移	后继学习对先前学习的积极影响	学会教育心理学之后，加深了对之前学习的普通心理学知识的理解
逆向负迁移	后继学习对先前学习的消极影响	掌握了英语后，可能用英语字母的发音读之前学过的汉语拼音

例题16：迁移是常见的教育学现象，其中逆向迁移是指后续学习对先前学习产生消极影响的迁移。（   ）

答案：×

解析：负迁移也叫"抑制性迁移"，是指一种学习对另一种学习产生阻碍作用。逆向迁移是指后继学习对先前学习产生的影响，这种影响可能是积极的，也可能是消极的。

易错点12　前摄抑制、倒摄抑制与迁移

抑制形式	要点	迁移方向	迁移结果
前摄抑制	先前学习对后来学习的干扰	顺向迁移	负迁移
倒摄抑制	后来学习对先前学习的干扰	逆向迁移	负迁移

易错分析

考生容易忽略前摄抑制、倒摄抑制也属于一种迁移形式。针对前摄抑制和倒摄抑制所属的迁移形式，考生要牢记它们的定义，根据定义进行理解性记忆即可。

前摄抑制：前摄（前影响后＝顺向迁移）、抑制（负迁移）。

倒摄抑制：倒摄（后影响前＝逆向迁移）、抑制（负迁移）。

例题17：倒摄抑制属于的迁移形式是（　　）

A. 顺向正迁移　　　　　　　　B. 顺向负迁移

C. 逆向正迁移　　　　　　　　D. 逆向负迁移

答案：D

解析：后学习的材料对保持和回忆先学习的材料的干扰作用，称为倒摄抑制。根据迁移方向，倒摄抑制属于逆向迁移；根据迁移结果，倒摄抑制属于负迁移。

易错点13　垂直迁移与上位学习、下位学习

垂直迁移的表现	含义	类似
自下而上的迁移	下位的较低层次的经验影响上位的较高层次的经验的学习	奥苏贝尔的上位学习
自上而下的迁移（原则迁移）	上位的较高层次的经验影响下位的较低层次的经验的学习，即经由原则的演绎、推广和应用，确认某特殊事例隶属于该原则之内	奥苏贝尔的下位学习

易错分析

本知识点可从垂直迁移与奥苏贝尔的学习种类的关系这个角度进行考查，考生易混淆自下而上的迁移、自上而下的迁移与上位学习、下位学习的对应关系。"自下而上"与"自上而下"指的是迁移的方向，即"自下而上"是从下位影响上位，这与上位学习（旧知识为下位，新知识为上位）对应，"自上而下"是从上位影响下位，这与下位学习（旧知识为上位，新知识为下位）对应。如果考生对这一概念理解过于困难，可以通过"学习类型与迁移类型的第二个字相反，第四个字等同"来记忆。

例题18：通过对原则的演绎、推广和应用，而确认某些特殊事例隶属于该原则

之内。这种学习即是奥苏贝尔提出的上位学习。（　　）

答案：×

解析：本题综合性强、难度较大，首先考生需要理解垂直迁移中自下而上的迁移及自上而下的迁移的含义，其次考生要对上位学习和下位学习的概念理解透彻。从这两方面分析，可知题干所述迁移是自上而下的迁移，类似下位学习。

易错点14　一般迁移与具体迁移

种类	含义	典例
一般迁移（非特殊迁移、普遍迁移）	一种学习中所习得的一般原理、原则和态度对另一种具体内容学习的影响，即原理、原则和态度的具体应用	生物实验中养成的严谨、规范的态度，在做化学实验也同样适用
具体迁移（特殊性迁移）	学习迁移发生时，学习者原有的经验组成要素及其结构没有变化，只是将一种学习中习得的经验要素重新组合并移用到另一种学习之中	学习了"日""月"对学习"明"的影响；掌握了加减法对做四则运算题的影响等

易错分析

考生易混淆一般迁移与具体迁移。考生在做题时可结合题干进行区分：一般迁移强调原理、原则和态度的具体应用；具体迁移强调经验要素的重新组合。

例题19：赵老师认为：数学学习中形成的认真审题的态度及审题的方法将会对学习化学、物理等学科有积极影响。这种现象属于（　　）

A.负迁移　　　B.垂直迁移　　　C.一般迁移　　　D.具体迁移

答案：C

解析：数学学习中形成的认真审题的态度及审题的方法将会对学习化学、物理等学科有积极影响，这是对原理和态度的具体应用。故属于一般迁移。

易错点15　相同要素说与概括化理论

相同要素说 ┤
代表人物：桑代克
基本观点：迁移是具体的、有条件的，需要有共同的要素
经典实验："形状知觉"实验

概括化理论 { 提出者：美国心理学家贾德
主要观点：对经验进行概括，获得一般原理
经典实验："水下击靶"实验

易错分析

考生混淆了相同要素说和概括化理论的基本观点，基本观点区分清楚后做题时才会得心应手。相同要素说强调有共同的要素，概括化理论强调概括共同的原理。

例题20：布鲁纳特别强调学科基本结构的教学，指出"不论我们选择教什么学科，务必使学生理解各门学科的基本结构，这是在运用知识方面的最低要求。它有助于学生解决在课堂外所遇到的事情和问题，或者在日后训练中解决课堂上所遇到的问题。"最能支持布鲁纳这一观点的迁移理论是（　　）

A. 相同要素说　　　　　　　　B. 形式训练说
C. 概括化理论　　　　　　　　D. 三维迁移模型

答案：C

解析：题干中强调"理解学科的基本结构"，属于让学生完成对学科原理原则的概括，可以用概括化理论解释。

易错点16　陈述性知识、程序性知识和策略性知识

种类	要点	举例
陈述性知识	"是什么"	命题、定义等知识
程序性知识	"怎么做"	操作步骤的知识
策略性知识	"如何学习""如何思维"	解决问题的一般方法和技巧

易错分析

考生易混淆陈述性知识、程序性知识和策略性知识的应用。陈述性知识强调事实性信息。程序性知识与策略性知识相似但又存在区别：二者都是有关回答

"怎么办"的知识,但策略性知识所处理的对象是个人自身的认知活动和个体调控自己认知活动的知识。考生在做题时可以根据知识所处理的对象进行区分。如果知识处理的是个体自身的<u>认知活动</u>,则属于策略性知识;如果处理对象是<u>行为步骤</u>,则属于程序性知识。

例题21:李老师教学生如何解一元二次方程,并讲解了具体过程和操作步骤。李老师传授的属于哪种知识(　　)

A.描述性知识　　　　　　　　B.陈述性知识

C.策略性知识　　　　　　　　D.程序性知识

答案:D

解析:题干中李老师给学生讲授解一元二次方程的具体过程和操作步骤,这种知识属于程序性知识。

例题22:(　　)是回答"怎么办"的知识,它所处理的对象是个人自身的认知活动和个体调控自己认知活动的知识。

A.程序性知识　　　　　　　　B.陈述性知识

C.策略性知识　　　　　　　　D.道德性知识

答案:C

解析:题干中强调解决问题的方法以及"如何思维",因此属于策略性知识。

易错点17　符号学习、概念学习与命题学习

符号学习又称表征学习,是指学习单个符号或一组符号的意义。符号学习的心理机制是符号和它们所代表的事物或观念在学习者认知结构中建立相应的等值关系。它包括词汇学习、非语言符号(如实物、图像、图表、图形等)的学习和事实性知识(如历史事件、历史人物、地形地貌等)的学习。

概念学习是指掌握概念的一般意义,其实质是掌握一类事物的共同的本质属性和关键特征。

命题学习是指获得由几个概念构成的命题的复合意义,实际上是学习表示若干概念之间关系的判断。

易错分析

考生对符号学习、概念学习和命题学习的含义理解不透彻。

符号学习:强调学习**符号**的意义,在事物和符号间建立等值关系。

概念学习:掌握一类事物的**本质属性**和**关键特征**。

命题学习:强调学习表示若干概念之间关系的判断。

尤其要牢记事实性知识(如历史事件)属于符号学习。

例题23: 英语老师告诉小明"book"就是书,小学生认识汉字,这些都属于(   )

A.相似学习　　　　B.命题学习　　　　C.概念学习　　　　D.表征学习

答案: D

解析: 符号学习(表征学习)的主要内容是词汇学习。例如,汉字、英语单词的学习,就属于词汇学习。故选D项。

例题24: 小王同学在历史课上学习了邱少云的英雄事迹。这属于知识掌握类型中的(   )

A.符号学习　　　　B.概念学习　　　　C.命题学习　　　　D.上位学习

答案: A

解析: 符号学习包括事实性知识的学习,即学习一组符号(语言或非语言)所表示的某一具体事实,如历史课中历史事件和历史人物的学习,地理课中地形地貌和地理位置的学习。题干中小王在历史课上学习邱少云的英雄事迹,属于事实性知识的学习,即符号学习。

易错点18　奥苏贝尔的知识学习分类

下位学习(类属学习):原有观念在包容和概括水平上**高于**新学习的知识。

上位学习(总括学习):原有观念在包容和概括水平上**低于**新学习的知识。从具体到一般的归纳概括过程。

并列结合学习(组合学习):是在新命题与认知结构中原有的命题既非下位关系

又非上位关系,而是一种**并列**的关系时产生的。一般而言,并列结合学习比较困难,必须认真比较新旧知识的联系与区别才能掌握。

易错分析

考生容易区分不清楚知识学习的类型,在做题时,可以只根据新知识的概括水平来进行区分记忆。

(1)新知识概括水平较低,则为下位学习;

(2)新知识概括水平较高,则为上位学习,比下位学习困难;

(3)原有观念与新知识是并列关系,则为并列结合学习,是三者中难度最大的。

例题25: 先学习杠杆的力臂原理,再学习定滑轮,得知定滑轮的实质是等臂原理,这种学习属于( )

A.上位学习　　　　B.下位学习　　　　C.并列学习　　　　D.结合学习

答案: B

解析: 题干中新学习的等臂原理(定滑轮)的概括水平较低,所以为下位学习。

例题26: 并列结合学习比上位学习和下位学习更简单、容易。( )

答案: ×

解析: 一般而言,并列结合学习比上位学习和下位学习更困难。

易错点19 派生类属学习和相关类属学习

下位学习类别	要点	典例
派生类属学习	新观念是认知结构中原有观念的特例或例证,新知识只是旧知识的派生物,这种学习比较简单	掌握了轴对称图形的概念后,再学习圆时,将"圆也是轴对称图形"这一命题纳入原有概念中,新命题就能很快获得意义
相关类属学习	新知识扩展、修饰或限定学生已有的旧知识,并使其精确化	学生已有"挂国旗是爱国行动"这一命题,现在要学习"保护能源是爱国行动"这个新命题,新命题因类属于旧命题而获得意义,原有概念的内涵被加深或扩展

> **易错分析**
>
> 考生容易混淆派生类属学习和相关类属学习,区分二者的关键在于学习之后原有观念是否发生本质属性的改变。派生类属学习中没有本质属性的变化,新知识只是旧知识的派生物;相关类属学习中发生了本质属性的变化,原有概念的内涵被加深或扩展。

例题27: 学生学习了平行四边形的概念,掌握了平行四边形的特点,而后学习长方形的知识,并把长方形同化到平行四边形的概念之下,理解了长方形实质上是一种特殊的平行四边形。这种学习属于(　　)

A. 并列结合学习　　　　　　B. 上位学习

C. 派生类属学习　　　　　　D. 相关类属学习

答案: C

解析: 题干中后学习的长方形的知识概括水平较低,因此这种学习属于下位学习。下位学习包括派生类属学习和相关类属学习。题干中的新知识(长方形)是旧知识(平行四边形)的派生物,在这种学习中没有发生本质属性的变化,因此属于派生类属学习。

例题28: 在下位学习中,新旧观念相互作用的结果不会导致原有认知结构的实质性变化。(　　)

答案: ×

解析: 下位学习包括派生类属学习和相关类属学习,相关类属学习在学习之后原有观念的本质属性会发生改变。

易错点20　实物直观与模像直观

实物直观:感知实际事物、提供感性材料。观察标本、演示实验、到工厂或农村进行实地参观访问等。它往往不易突出事物的本质因素。

模像直观:观察模型与图像(如图片、图表、幻灯片、电影、录像、电视等),形成感知表象。它可以人为地排除一些无关因素,突出本质要素。

> **易错分析**
>
> 考生易混淆实物直观和模像直观,对二者可以从感知的基础方面加以区分:
>
> 实物直观:感知的是实际事物,如观察标本、演示实验、实地参观。
>
> 模像直观:感知的是模型与图像。

例题29:张老师通过在课堂中播放视频,让学生身临其境般感受情景。这是使用了(　　)方式进行知识直观。

A.实物直观　　　B.模像直观　　　C.言语直观　　　D.虚拟直观

答案:B

例题30:实物直观是指在感知实际事物的基础上提供感性材料的直观方式。下列属于实物直观的是(　　)

A.观看图片　　　B.观察标本　　　C.演示实验　　　D.实地观察

答案:BCD

解析:A项观看图片属于模像直观。

易错点21　正例、反例和变式

正例又称肯定例证,指包含着概念或规则的本质特征和内在联系的例证。

反例又称否定例证,指不包含或只包含了一小部分概念或规则的主要属性和关键特征的例证。

变式,就是变换使用不同形式的直观材料或事例说明事物的属性,使本质属性保持不变而非本质属性或有或无,以便突出本质属性。简言之,变式就是指概念或规则的肯定例证在无关特征方面的变化。

> **易错分析**
>
> 考生容易混淆正例、反例和变式。正例是肯定例证,反例是否定例证,变式属于正例。正例强调用典型例子说明概念的本质特征。变式强调除了列举一些典型例子外,也会列举一些不典型的例子突出概念的本质属性。

例题31：下列概念教学的活动中，没有使用变式策略的是（　　）

A. 教"鸟"的概念时谈到"鸭子"

B. 教"液体"的概念时谈到"沙子"

C. 教"三角形"的概念时谈到"等腰三角形"

D. 教"哺乳动物"的概念时谈到"蝙蝠"

答案：B

解析：题干选项B中的"沙子"属于"固体"，而不是"液体"，属于运用反例的策略。

易错点22　记忆系统中的三种记忆

信息 → 瞬时记忆 ——注意——→ 短时记忆 ⇌(复述/提取) 长时记忆
　　　　　↓遗忘　　　　　　　　↓遗忘

分类	概念	特点	编码方式
瞬时记忆（感觉记忆/感觉登记）	当客观刺激停止作用后，感觉信息会在一个极短的时间内保存下来，这种记忆叫瞬时记忆	时间极短 容量较大 形象鲜明	图像记忆（为主）和声像记忆
短时记忆（工作记忆）	人脑的信息在1分钟之内（一说是5秒~2分钟）加工与编码的记忆	时间很短 容量有限（7±2个组块） 意识清晰 操作性强 易受干扰	听觉编码（为主）和视觉编码
长时记忆（永久性记忆）	信息经过充分加工，在头脑中长久保持的记忆	容量无限 保持时间长久	意义编码（为主）：表象编码和语义编码（最主要）

易错分析

考生易对三种记忆的含义、特点区分不清楚，可借助关系图和表格对比识记。

三者的编码方式可结合口诀进行记忆：瞬时看图像（图像记忆），短时听声音（听觉编码），长时说词语（语义编码）。

例题32：下面对工作记忆的描述正确的是（　　）

A. 也称为短时记忆

B. 以听觉编码为主

C. 信息容量有限

D. 工作记忆中的信息经过复述会进入长时记忆

答案：ABCD

易错点23　操作技能四阶段的特点

阶段	含义或特点
操作定向	了解操作活动的结构与要求,建立定向映像
操作模仿	动作品质差;多余动作;视觉控制;疲劳、紧张
操作整合	一定的灵活性、稳定性;多余动作减少;逐渐让位于动觉控制;疲劳、紧张降低
操作熟练	动作品质好;多余动作消失;动觉控制;动作效能高

易错分析

考生容易混淆不同操作阶段的动作控制特点,不同阶段的动作控制特点可结合口诀进行区分记忆：模仿靠视觉,整合让动觉,熟练主动觉。

例题33：在体育课上学习广播体操时,学生的动作特点主要表现为动作的稳定性、准确性、灵活性较差,主要靠视觉控制,那么此时学生处于操作技能形成阶段中的（　　）

A. 操作定向　　B. 操作模仿　　C. 操作整合　　D. 操作熟练

答案：B

解析：操作模仿阶段动作品质的特点是动作的稳定性、准确性、灵活性较差；动作控制主要靠视觉控制。B项正确。

易错点24　问题解决的界定

问题解决是指为了从问题的初始状态到达目标状态,而采取一系列具有目标指向性的认知操作的过程。

(1)目的性:明确的目的性。没有明确目的指向的心理活动,如漫无目的的幻想等,则不能称为问题解决。

(2)认知性:内在心理加工、一系列认知操作。自动化的操作如走路等基本上没有重要的认知成分参与,不属于问题解决的范畴。

(3)序列性:一系列的心理活动,仅有一个心理操作不能称为问题解决。而且这些心理操作是有一定序列的,序列出错,问题也无法解决。简单的记忆操作不能称之为问题解决,如回忆某人的名字等。

> **易错分析**
>
> 判断属不属于问题解决,考生可以从问题解决的特点方面入手,只要不符合问题解决的目的性、认知性和序列性这三个特征之一的都不能称之为问题解决。考生需要对问题解决的三个特征理解到位。

例题34:下列属于问题解决的是( )

A. 荡秋千 B. 用一个词造句
C. 幻想成为蜘蛛侠 D. 记住一个人的名字

答案:B

解析:A项荡秋千没有重要的认知成分参与,缺乏认知性,排除。C项属于漫无目的的幻想,缺乏目的性,排除。D项记住一个人的名字属于简单的记忆操作,缺乏序列性,排除。故答案选B项。

易错点25 问题解决研究的实验

对于问题解决的模式,传统的研究主要观点有两种:一是桑代克提出的试误说,经典实验是饿猫实验;二是格式塔学派心理学家苛勒提出的顿悟说,经典实验为黑猩猩取香蕉实验。

> **易错分析**
>
> 心理学实验比较多,在实验过程中心理学家会提出相关观点或者理论。考生可结合口诀记忆人物及实验:巴甫洛夫的狗,桑代克的猫,苛勒的猩猩摘香蕉。

例题35：以下属于问题解决研究的实验有（　　）

A. 桑代克的饿猫实验　　　　B. 华生的小阿尔伯特实验

C. 苛勒的黑猩猩取香蕉实验　　D. 巴甫洛夫的狗唾液分泌实验

答案：AC

解析：问题解决的研究影响较大的观点：桑代克的"试误说"——饿猫实验；苛勒的"顿悟说"——黑猩猩取香蕉实验；杜威的"五阶段说"；等等。

易错点26　手段—目的分析法与爬山法

手段—目的分析法是将需要达到的问题的目标状态分成若干个子目标，通过实现一系列的子目标而最终达到总目标。（一个一个小目标，可能先扩大再缩小）

爬山法是采用一定的方法逐步降低初始状态和目标状态的距离，以达到问题解决的一种方法。（逐步缩小）

> **易错分析**
>
> 爬山法与手段—目的分析法类似。其不同之处在于，手段—目的分析法包括这样一种情况，即有时人们为了达到目的，不得不暂时扩大目标状态与初始状态的差距，以便最终达到目标。区分这两种方法，考生还需要仔细理解概念。

例题36：李华要做一个演讲，他将这个任务划分为确定选题、查阅资料、罗列提纲、整理具体内容等，他所采用的解决问题的策略是（　　）

A. 爬山法　　　　　　　　B. 逆向推理法

C. 手段—目的分析法　　　D. 类比推理

答案：C

解析：题干中的李华把要达到的目标任务分成若干个子目标，通过实现一系列的子目标而最终达到总目标，符合手段—目的分析法。

易错点27　原型启发与学习迁移

（1）原型启发是指从其他事物上发现解决问题的途径和方法。任何一个人对某一项目的发明创造或革新，都不是凭空想象出来的，在开始时总要受到某种类似的

241

事物或模型的启发。

(2)学习迁移也称训练迁移,是指一种学习对另一种学习的影响,或习得的经验对完成其他活动的影响。某种意义上讲,原型启发属于一种正迁移。

> **易错分析**
>
> 考生容易忽略原型启发属于迁移的一种。正迁移也叫"助长性迁移",是指一种学习对另一种学习的促进作用。原型启发正是由于对一种事物的理解而促进了对问题(另一种事物)的解决,因此属于正迁移。考生可根据定义理解联系记忆。

例题37:下列选项中,属于迁移作用的例子有(　　)

A. 练好毛笔字有助于写好钢笔字

B. 鲁班被带齿的丝茅草划破了皮肤而发明了锯子

C. 先学普通心理学再学心理学的其他内容会觉得容易

D. 瓦特观察水壶里的水烧开后壶盖被蒸汽顶开,由此发明了蒸汽机

答案:ABCD

易错点28　发散思维的特征

$$\begin{cases} 流畅性 \begin{cases}(1)单位时间内数量多\\(2)时间短速度快\end{cases}\\ 灵活性(变通性)\begin{cases}(1)单位时间内的种类多\\(2)打破旧的思维观念,从新角度考虑问题\end{cases}\\ 独创性(独特性)\begin{cases}(1)人与人不同,人无我有\\(2)超乎寻常,新奇独特\end{cases}\end{cases}$$

> **易错分析**
>
> 考试容易混淆发散思维的三个特征,三个特征常以客观题的形式结合实例进行考查,各个特征考查的关键词在于:流畅性强调数量多;灵活性强调范围广;独创性强调观念新。

例题38：某教师问道："哪些事物是圆形的？"小李回答："西瓜、水杯、老鼠洞、放大的鼻孔。"这体现了小李创造性思维的哪一特征较好(　　)

A. 多维性　　　　B. 独创性　　　　C. 流畅性　　　　D. 广阔性

答案：B

解析：独创性是指产生不寻常的反应和不落常规的能力，以及重新定义或按新的方式对所见所闻加以组织的能力。题干中小李能联想到"老鼠洞、放大的鼻孔"这些不同寻常的例子是圆形，体现了其创造性思维的独创性较好。

易错点29　创造力与智力的关系

高智商是高创造性的必要条件，但不是充分条件。其关系表现为：

(1)低智商不可能具有高创造性；

(2)高智商可能有高创造性，也可能有低创造性；

(3)低创造性者的智商水平可能高，也可能低；

(4)高创造性者必须有高于一般水平的智商。

两者关系的另一种表述是：

(1)高创造性者，智力一定很高；

(2)高智商者，创造性可高可低；

(3)低智商者，创造性一定低；

(4)低创造性者，智商可高可低。中等智力的人可能较有创造性，也可能创造性较少。

易错分析

第一个说法：低智商的创造性不高(属于一般水平或者较低水平)。第二种说法：低智商的创造性一定低(属于较低水平)。不管哪种说法，我们一般都认为，创造性并不是少数人独有的，而是人类普遍存在的一种潜能，是每个人都有的一种心理品质。但是在做题的过程中，考生需要结合选项的说法，更符合上述两种说法中的哪一个，就以哪一种为准。不同省份的出题参考书不同。

例题39：创造性与智商存在一定的关系，以下描述正确的是（　　）

A. 高智商者，创造能力一定不会低

B. 高智商者，创造能力可能高也可能低

C. 低智商者，创造能力一定不会低

D. 低智商者，创造能力一定低

答案：BD

解析：高智商者，创造性可高可低；低智商者，创造性一定低。

例题40：创造性是少数人的天赋。（　　）

答案：×

解析：创造性并不是少数人独有的，而是人类普遍存在的一种潜能，是每个人都有的一种心理品质。

易错点30　品德的心理结构

品德的心理结构是指品德的组成成分，或品德的各种心理成分按照一定的关系和联系构成的结构。我国心理学家对品德的心理结构做了多年的探索，提出了因素构成说、功能结构说和系统结构说等。这里主要讲述因素构成说。

因素构成说认为品德是由若干相互联系的心理因素所构成的。不同的学者有不同的看法，基本分为三因素说、四因素说、五因素说和六因素说。

观点	成分
三因素说	道德认知、道德情感、道德行为（知、情、行）
四因素说	道德认知、道德情感、道德意志、道德行为（知、情、意、行）
五因素说	道德认知、道德情感、道德信念、道德意志、道德行为（知、情、信、意、行）
六因素说	道德认知、道德情感、道德信念、道德意志、道德行为、道德评价（知、情、信、意、行、评）

易错分析

品德的心理结构到底包括哪几个成分有时会引起学生的困惑。在做题过程中，考生需认真审题，根据题干中的信息判断题目具体考查哪一种说法。不管属于哪种说法，"知、情、行"都是必不可少的因素，其次是"意"。

例题41：品德心理结构包括哪三个部分（　　）

A. 道德认知　　　B. 道德理想　　　C. 道德情感　　　D. 道德行为

答案：ACD

解析：本题考查的是品德心理结构中的三因素说。

例题42：品德的心理结构一般包括（　　）

A. 道德认知　　　B. 道德情感　　　C. 道德意志　　　D. 道德判断

E. 道德行为

答案：ABCE

解析：本题考查的是品德心理结构中的四因素说。

易错点31　自律阶段与他律阶段

他律道德阶段	自律道德阶段
基于强制的关系,如儿童完全接受成人的指令	基于自主个体间的平等合作与相互认同的关系
把规则看成是不可改变的,来源于外部,具有权威性,不可协商的;完全服从于成人或规则就是对的	把规则看成是灵活的,彼此都认可的,可以协商的,与合作以及相互尊重的原则相一致的行为方式就是对的
根据要禁止或惩罚的事来定义道德错误	依据违背了合作精神而定义道德错误
错误的程度是由破坏的数量而定的	考虑到犯错误者的想法去评定错误
同伴中的侵犯性行为应受到外部权威的惩罚（抵罪性惩罚）	同伴中的侵犯性行为应受到受害者一方报复性行为的惩罚（报应性惩罚）
儿童应服从规则,因为这是那些权威者制定的	儿童应服从规则,因为大家都关心其他人的权利

易错分析

考生混淆了他律道德与自律道德的特征。区分两者应抓住要点：

他律道德：主要依据他人设定的外在标准,只关注行为结果,不关注行为动机。

自律道德：大多依据自己的内在标准,开始关注行为动机。

例题 43：小丽在跟伙伴们玩耍时，发现一名婴儿被反锁在了私家车内。面对该名婴儿的哭喊声，他们为该不该砸碎车窗、立刻救出婴儿而发生争执。最终小丽站出来说："我们把车窗砸碎吧，为了救人砸坏车窗没有错！"根据皮亚杰的道德认知发展理论可知，小丽的道德认知最可能处于(　　)

A. 无律道德阶段　　　　　　B. 契约道德阶段

C. 自律道德阶段　　　　　　D. 他律道德阶段

答案：C

解析：题干中的小丽面对该不该砸碎车窗救出婴儿的问题时，选择砸碎车窗，认为为了救人砸坏车窗没有错。这说明她把规则看成是灵活的，对事情的判断依靠自己的内在标准，因此属于自律道德阶段。

易错点 32　科尔伯格的三水平六阶段

科尔伯格将道德判断分为三个水平，每一水平包含两个阶段，六个阶段依照由低到高的层次发展。

水平	阶段	特点
前习俗水平	服从与惩罚的道德定向	道德价值来自对外力的屈从或对惩罚的逃避
	相对功利的道德定向	道德价值来自对自己要求的满足，偶尔也来自对他人需要的满足
习俗水平	好孩子的道德定向	以人际关系的和谐为导向；"好孩子"
	维护权威或秩序的道德定向	以服从权威为导向；"好公民"
后习俗水平	社会契约的道德定向	不再把社会规则和法律看成是死板的、一成不变的条文
	普遍原则的道德定向	以正义、公平、平等、尊严等这些最高的原则为标准进行思考

易错分析

考生易混淆科尔伯格道德发展阶段理论的不同阶段特征，在遇到考查该知识点的题目时，可通过关键词帮助做题：服从与惩罚的道德定向阶段强调逃避惩罚；相对功利的道德定向阶段强调对自己要求的满足；好孩子的道德定向阶段强调成

为"好孩子";维护权威或秩序的道德定向阶段强调服从权威和社会规范;社会契约的道德定向阶段强调灵活、责任、义务;普遍原则的道德定向阶段强调良心、正义、公平。

例题44: 妈妈问小岳:"小罗为了保护好朋友小刘,打了小陈一拳,小罗做得对不对?"小岳的回答是:"对,好朋友之间就应该相互帮助,如果好朋友被欺负而置之不理,别人都会骂他没有良心。"根据科尔伯格道德认知发展理论,小岳的道德认知发展处于( )

A.前习俗水平　　B.后习俗水平　　C.习俗水平　　D.以上均不正确

答案:C

解析: 题干中小岳认为为了保护好朋友可以打别人,不帮助朋友会被骂没有良心,说明其道德发展处于习俗水平中好孩子的道德定向阶段。

易错点33　有效地利用正反论据

只提供正面论据
- 理解能力有限的低年级学生
- 学生没有相反的观点
- 说服的任务是解决当务之急的问题

提供正反论据
- 理解能力较强的高年级学生
- 学生原本就有反面观点
- 说服的任务是培养学生长期稳定的态度

易错分析

考生没有对知识进行系统梳理。选择提供正面论据还是正反论据,需要从理解能力的高低、是否有相反的观点和说服的任务三方面进行考虑。考生可以结合具体教学案例进行对比记忆。

例题45: 当教师进行说服时,应当只提出正面材料的情况有( )

A.针对低年级学生时　　　　B.针对高年级学生时
C.解决当务之急的问题时　　D.培养学生长期稳定的态度时

答案:AC

易错点 34　惩罚的必要性

惩罚作为外部调控手段，不仅影响着认知、技能和策略的学习，而且对个体道德的形成也起到一定的作用。虽然对惩罚的教育效果有不同的看法，但从抑制不良行为的角度来看，惩罚还是有必要的，也是有助于良好的道德形成的。

易错分析

现代教育强调对学生身心健康的维护，禁止体罚或变相体罚，考生由此容易推断不能进行惩罚。在此强调一点：体罚是禁止的，但适当的惩罚在教学过程中则是必要的。

例题46：没有惩罚的教育是不完整的教育。（　　）

答案：√

解析：当一个学生犯了错且屡教不改，用说服感化的办法不能收到预期效果时，就要适当地惩罚他，没有惩罚的教育是不完整的教育。教师教学并不能缺少惩罚，但是惩罚并非就是体罚，而且我们所提倡的"教育惩罚"应当是充满现代民主的精神。

易错点 35　过错行为与不良品德行为

学生的过错行为是指那些不符合道德要求的问题行为，如调皮捣蛋、恶作剧、起哄、无理取闹、作业和考试作弊等。

学生的不良品德行为是指那些由错误道德意识支配的，经常违反道德准则，损害他人或集体利益的问题行为。

易错分析

考生对这两种行为的界定理解不清楚，可以借助关键词进行理解：

过错行为：不符合道德要求。

不良品德行为：损害他人或集体利益，更严重。

例题47：调皮捣蛋、恶作剧、起哄、考试作弊属于（　　）

A. 性格障碍　　　B. 行为障碍　　　C. 过错行为　　　D. 不良品德行为

答案：C

易错演练

一、单项选择题

1. 从迁移的观点来看，"温故而知新"属于（　　）

　　A. 顺向负迁移　　B. 逆向负迁移　　C. 逆向正迁移　　D. 顺向正迁移

2. 体育课上，陈老师在教学生新的广播操动作，她先对每个动作进行示范与讲解，然后让学生进行细致的观察并思考应该怎么做这些动作。这属于操作技能的（　　）阶段。

　　A. 定向　　B. 模仿　　C. 整合　　D. 熟练

3. 先学习和掌握"哺乳动物"的观念，后学习"鲸"这种动物，这属于（　　）

　　A. 上位学习　　　　　　B. 并列结合学习

　　C. 派生类属学习　　　　D. 相关类属学习

4. 小英不想通过努力获得学习上的进步，面对学业挑战也表现出退缩，对获得成就漠不关心。根据自我价值理论，小英最可能属于（　　）的人。

　　A. 高驱低避型　　B. 低驱高避型　　C. 高驱高避型　　D. 低驱低避型

5. "知人所不知，见人所不见"体现了创造性的（　　）

　　A. 流畅性　　B. 变通性　　C. 独特性　　D. 实践性

6. 周恩来总理在年少时期就立下"为中华之崛起而读书"的志向，这种学习动机属于（　　）

　　A. 远景的直接性学习动机　　　　B. 近景的直接性学习动机

　　C. 远景的间接性学习动机　　　　D. 近景的间接性学习动机

7. 小王每天坐地铁上班，但在离小王家最近的地铁站中，搭乘开往小王公司方向的地铁的人很多，小王根本上不去车。于是，小王想了一个办法，每天向公司相反的方向坐两站地铁，然后在那里下车，再坐开往公司方向的地铁上班。从此，小王都能轻轻松松地坐上地铁了。小王所使用的解决问题的策略是（　　）

　　A. 逆向反推法　　　　　　B. 类比思维法

　　C. 手段—目的分析法　　　D. 爬山法

二、多项选择题

1. 下列关于记忆的命题，正确的是（　　）

　　A. 看电影时，虽然呈现在屏幕上的是静止的图像，我们却感觉这些图像是连续运

动的,这是感觉记忆在发挥作用

B. 工作记忆的主要编码方式是听觉编码,复述是工作记忆信息存储的有效方法

C. 短时记忆的容量有限,一般为7±2个组块

D. 对篮球规则的记忆属于程序性记忆

2. 我国中学生的道德发展水平一般处于科尔伯格道德发展阶段理论的（　　）

A. 相对功利取向阶段　　　　　　　B. 寻求认可取向阶段

C. 遵守法规取向阶段　　　　　　　D. 社会法制取向阶段

3. 某学生为了得到老师或父母的奖励而努力学习,其活动动机属于（　　）

A. 内部动机　　　　　　　　　　　B. 外部动机

C. 自我提高内驱力　　　　　　　　D. 附属内驱力

三、判断题

1. 学生因在学习过程中遇到自己无法克服的困难而向他人或物体(字典、参考书等)请求帮助的行为,是一种依赖性的表现。（　　）

2. 相对于实物直观,模像直观有利于突出事物的本质要素和关键特征,一般而言在知识的初级学习阶段,模像直观的教学效果优于实物直观。（　　）

四、案例分析题

以下是五位学生在数学考试成绩出来后的一段对话:

学生A和学生B都得了B。学生A很开心地说:"我太幸运了,昨天刚做了一套模拟题,有三道大题跟考试的类型一样。"学生B则不高兴地说:"我已经很认真地复习了,但还是有很多题不会,看来我不是学数学的料,怎么学都学不好。"

学生C和学生D都得了C。学生C抱怨说:"简直难以置信,我居然只得了C,老师到底有没有认真阅卷,肯定是他看错了!""我也才得C。"学生D补充说,"不过我倒不觉得糟糕,因为我考试的时候感冒了,看试卷的时候头晕,能及格就不错了。"

学生E则说道:"我这次也没有考好,不过我早料到这次不会考好了,因为我这段时间学习太不用功了,我就知道这次会有麻烦,不过我可不想这样的事情再次发生。"

阅读上述案例,回答下列问题。

(1)根据韦纳的归因理论,分析案例中五名学生对考试成败进行归因的特点,以及谁的归因属于积极的归因。

(2)结合案例,谈谈教师应如何指导学生进行积极的归因。

第五章　教学心理

本章共提炼7个易错点。

易错点1　布卢姆的教学目标分类

认知领域：知识、领会(理解)、运用(应用)、分析、综合、评价
情感领域：接受、反应、形成价值观念、组织价值观念系统(组织)、价值体系个性化
动作技能领域：知觉、模仿、操作、准确、连贯、习惯化

水平	描述动词	举例
知识	定义、叙述、背诵、排列、匹配等	(1)准确地背诵《念奴娇·赤壁怀古》； (2)匹配解放战争三大战役的名称和发起时间
领会(理解)	解释、辨别、概括等	(1)通过阅读，辨别现实主义与自然主义各自的特征； (2)概括出《老人与海》的故事情节
运用(应用)	计算、操作、演示等	(1)演示能量守恒定律在生活中的应用； (2)让学生模拟到商店买东西，由此观察他们能否准确计算
分析	分解、说明、推理等	(1)让学生区分一篇报道中的事实和观点； (2)让学生将《荷塘月色》的结构分解出来； (3)划分文章段落大意及找出中心思想
综合	创造、编写、设计等	(1)给定一些事实材料，学生能写出一篇报道； (2)让学生设计出科学实验的程序
评价	评价、对比、证实等	(1)给学生两篇有关某一事件的报道，学生能评定哪一篇较为真实可信； (2)评价孔乙己的价值观

易错分析

本知识点比较细碎，但由于教学目标的层次顺序不变，所以考生应该结合知识框架对三大领域及下属各目标层次进行记忆。对于认知领域的六个层次，经常会以

251

客观题的形式结合实例进行考查,考生要重点把握每个层次的关键性描述动词,可结合上表理解记忆。尤其要注意领会水平和运用水平的区分:<u>领会代表最低水平的理解;运用代表较高水平的理解。</u>

例题1:学生能用光的折射、反射原理理解和解释海市蜃楼,按照布卢姆对认知领域教学目标的划分,这属于( )水平的目标。

A. 认知　　　　B. 理解　　　　C. 应用　　　　D. 评价

答案:C

解析:应用指在理解的基础上,把抽象的概念、原理、法则等知识应用于新的问题情境中。题干中属于对光的折射、反射原理的应用,故选C项。

例题2:某历史课的教学目标是:学生学会解释中国历史上某重要战役的意义。这一目标属于( )

A. 理解　　　　B. 应用　　　　C. 记忆　　　　D. 分析

答案:A

解释:领会(理解)是指把握所学材料的意义,代表最低水平的理解。题干中要求学生解释中国历史上某重要战役的意义,属于理解水平的目标。

例题3:布卢姆的教学目标分类中根据内化的程度,将情感领域的目标分为不同层次,下列不是其倡导的是( )

A. 认知　　　　B. 接受　　　　C. 反应　　　　D. 组织

答案:A

易错点2　教学策略的种类

以教师为中心
- (1) 直接教学(指导教学):适用于教授那些学生必须掌握的、有良好结构的信息或技能
- (2) 接受学习(讲授教学):奥苏贝尔,侧重知识或结果

以学生为中心
- (1) 发现学习(发现教学):布鲁纳,侧重过程或者探索知识
- (2) 情境教学:教学环境与现实情境相类似
- (3) 合作学习
  - ① 学生主动合作学习代替教师主导教学
  - ② 分组原则:组内异质,组间同质;人数以5人左右为宜

个别化教学 ⎰(1)程序教学(创始者:普莱西;贡献最大:斯金纳)
　　　　　⎱(2)掌握学习:布卢姆(给予足够的学习时间;80%~100%的掌握水平)

易错分析

对于教学策略种类的试题,考生先要判断教学策略的中心是教师还是学生,接着判断是否强调个体差异。因为个别化教学也是以学生为中心,但强调个体差异。

例题4: 只要提供足够的时间和帮助,每一个学生都能达成学习目标。与这种教学模式和思想相符的是(　　)

A.程序教学模式　　　　　　　　B.掌握学习模式
C.非指导性教学模式　　　　　　D.发现学习教学模式

答案:B

例题5: 教学目标侧重知识或结果,则宜选择(　　)

A.发现学习　　B.接受学习　　C.合作学习　　D.掌握学习

答案:B

解析: 教师可以根据教学目标选择适当的教学策略,教学目标侧重知识或结果,宜选择接受教学;教学目标侧重过程或者探索知识的经验,宜选择发现学习。

易错点3　社会干扰与社会惰化

社会干扰(社会抑制):当他人在场或与他人一起从事某项工作时而使个体行为效率下降的现象。

社会惰化:当群体一起完成一件工作时,群体中的成员每人所付出的努力会比个体在单独情况下完成任务时偏少的现象。

易错分析

社会干扰和社会惰化的区别在于:

社会干扰:强调他人在场,使工作效率降低,落脚点在个体的工作效率上。

社会惰化:强调在群体工作中,个人付出的努力减少,落脚点在个人付出的努力上。

考生在理解时,可以从字面意思入手:

"社会干扰"中"扰"即"打扰"的意思。因此,社会干扰可理解为被别人打扰,导致个体工作效率下降。

"社会惰化"中"惰"即"懒惰"的意思。因此,社会惰化可理解为在群体工作中,人变得懒惰,所付出的努力会少于个人单独工作时所付出的努力。

例题6:滥竽充数是一种(　　)现象。

A. 从众　　　　B. 社会干扰　　　　C. 冲突　　　　D. 社会惰化

答案:D

解析:社会干扰和社会惰化造成的结果都是行为效率下降,但二者的情况存在不同之处:社会干扰是个人单独完成某件事,他人在场会影响效率;社会惰化是多人完成一件事,存在偷懒现象。滥竽充数比喻没有真才实学的人混在内行人之中,以次充好。所以,滥竽充数属于社会惰化。

例题7:在语文写作课上,小美看到同学们都动笔了,就感到很焦虑、没有思路,不知道该怎么办。这体现了群体影响的(　　)

A. 社会干扰　　　B. 社会惰化　　　C. 社会助长　　　D. 社会促进

答案:A

易错点4　从众与服从

从众是个体在群体的压力下,放弃自己的意见而采取与大多数人一致的行为的社会现象。

服从是指在权威命令、社会舆论或群体气氛的压力下,放弃自己的意见而采取与他人一致的行为。

易错分析

从众和服从都属于放弃自己的意见而采取与他人一致的行为的社会现象,考生很容易混淆两者的概念。两者的区别之处在于:从众的原因强调群体的压力;服从的原因强调权威命令、社会舆论或群体气氛的压力。考生可以这样记忆:"众"代表的是群体;"服"一般指对权威、舆论等的服从。

例题8：杨老师班级的小李同学总是在学校穿一些"过于时髦""非主流"的、不太符合学生角色的衣服,在杨老师和他谈心后,小李同意在学校规章制度允许范围内选择自己喜欢的服饰。这属于心理学中的(　　)现象。

　　A.从众行为　　　　B.服从行为　　　　C.社会惰化　　　　D.社会助长

答案：B

解析：题干中小李同学是在杨老师的要求下同意遵守学校规章制度,体现的是服从。

例题9：入乡随俗反映的是(　　)

　　A.从众　　　　B.服从　　　　C.社会促进　　　　D.群体极化

答案：A

解析：从众在日常生活中可以表现为对特定的或临时的情境中的优势观念和行为方式的采纳,如跟随潮流、人云亦云等;也可以表现为对长期性的占优势地位的观念和行为方式的接受,如顺应风俗习惯等。入乡随俗反映的是从众。

易错点5　从众现象发生的两个原因

一是人们往往相信大多数人的意见是正确的,觉得别人提供的意见将有助于他。如果学生越相信集体的正确性,自信心越差,从众的可能性就越大。

二是个人往往不愿意被群体其他成员视为越轨者或不合群者,为了避免他人的非议或排斥,避免受孤立,从而发生从众。

易错分析

考生易从从众的概念出发,误认为从众现象发生的原因包括别人提供的信息是权威意见或是旁观者的意见,从而错误理解从众的原因。考生在做此类试题时,可根据信息的性质(是否有助于个人,是否来源于群体压力)进行判断。

例题10：从众现象的发生,一般认为有两个原因,一是人们往往相信大多数人的意见是正确的,觉得别人提供的信息(　　)

　　A.是权威意见　　　　　　　　　　B.将有助于他

255

C. 是旁观者的意见　　　　　　　　D. 是客观的意见

答案：B

例题11：课堂中的从众现象的发生一般认为是（　　）的结果。

A. 群体凝聚力　　　　　　　　B. 群体规范

C. 课堂气氛　　　　　　　　　D. 课堂中的人际交往与人际关系

答案：B

解析：群体规范会形成群体压力，对学生的心理和行为产生极大的影响，还可能导致从众现象的发生。

易错点6　消极的课堂气氛与对抗的课堂气氛

消极的课堂气氛
- （1）课堂纪律问题较多，师生关系疏远
- （2）学生无精打采，注意力分散，反应迟钝，多数学生处于被动应付教师的状态
- （3）不少学生做小动作，情绪压抑

对抗的课堂气氛
- （1）课堂纪律问题严重，师生关系紧张
- （2）学生随心所欲，各行其是
- （3）注意力指向无关对象，教师无法正常上课，时常被学生打断或不得不停下来维持课堂纪律

易错分析

两种不良的课堂气氛容易混淆，消极的课堂气氛与对抗的课堂气氛相比：对抗的课堂气氛是一种失控的课堂状态，学生会<u>主动破坏</u>课堂；消极的课堂气氛强调学生<u>被动、消沉</u>，但不会主动破坏课堂。考生需理解掌握这两种课堂气氛的特点。

例题12：因为期中考试失利，班会上学生们郁郁寡欢，提不起精神，对班主任的提问表现得反应迟钝。这种课堂心理气氛最可能属于（　　）

A. 混合型　　　B. 积极型　　　C. 对抗型　　　D. 消极型

答案：D

例题13：学生在课堂上不认真听课，故意捣乱，课堂纪律极差，教师为了维持课堂纪律而中断讲课，完成不了预定的教学目标。这是消极型课堂气氛的基本特征。（　　）

答案：×

易错点7　课堂纪律的种类

种类	要点	举例
教师促成	教师的监督和指导	教师主动要求大家静一静
集体促成	群体压力	大家都在学习，小明也不说话了
自我促成	自我约束	学生自觉遵守纪律，在任何情况下都用纪律严格要求自己
任务促成	具体任务	课堂讨论、当堂测验

易错分析

考生首先需要理解并掌握四种课堂纪律的类型及其特点。教师促成的课堂纪律是最不稳定的，自我促成的纪律，即自律，是课堂纪律管理的最终目标。另外，考生易混淆集体促成的纪律和任务促成的纪律。在做题中判断是集体促成纪律还是任务促成纪律的依据是看是否有具体的任务。在集体中因为具体的任务所形成的纪律属于任务促成的纪律，没有明确的任务就是集体促成的纪律。

例题14：分组活动时，教师要求同学们尽可能快地完成此次任务，一向喜欢与同学讨论、争辩问题的肖肖看到其他小组成员都在全神贯注地思考或尝试操作，自己便忍住了想说话的冲动。肖肖的行为体现的纪律属于（　　）

A. 教师促成的纪律　　B. 集体促成的纪律
C. 任务促成的纪律　　D. 课程促成的纪律

答案：B

解析：题干中，肖肖看到其他成员在认真思考、操作后，便忍住了想说话的冲动，这属于群体压力作用下形成的纪律，即集体促成的纪律。

易错演练

一、单项选择题

1. 语文课上老师教授一个词汇"雾霾",让学生掌握其正确的字音、字形属于哪一水平的认知学习目标( )

　　A. 知识　　　　B. 领会　　　　C. 评价　　　　D. 应用

2. 掌握学习理论认为,学生能否成功掌握教学内容并不在于他们能力上的差异,而是在于他们( )

　　A. 学习的积极性　　　　　　　B. 学习的自觉性

　　C. 智力的水平　　　　　　　　D. 要花多少时间

3. 下列哪种情况最有可能出现社会抑制的作用( )

　　A. 一个热衷于表现的演员在舞台上表演

　　B. 警察在执勤

　　C. 一个新手在老工人的监督下学习复杂性操作

　　D. 一个领导在为本单位的职工作报告

4. 物理老师一上课就对学生说这堂课很重要,要认真听,等会儿将进行随堂测试。同学们听后纷纷打起精神,认真听物理老师讲的每一句话。这属于( )

　　A. 集体促成的纪律　　　　　　B. 教师促成的纪律

　　C. 任务促成的纪律　　　　　　D. 自我促成的纪律

5. 在危机决策过程中,由于要在压力大和时间紧的形势下做出重大决定,部分决策者为避免承担个人责任而不愿意或不敢提出不同意见,往往采取随大流做法。这种现象称为( )

　　A. 从众效应　　　　　　　　　B. 雁阵效应

　　C. 鲶鱼效应　　　　　　　　　D. 蝴蝶效应

二、判断题

1. 合作学习中在分组时应确保组间异质、组内同质。　　　　　　　　( )

2. 社会惰化是没有办法消除的。　　　　　　　　　　　　　　　　　( )

第六章　心理健康与教师职业心理

本章共提炼9个易错点。

易错点1　正确理解心理健康的标准

(1)判断一个人的心理健康状况时,应兼顾个体内部协调与对外良好适应两个方面;

(2)心理健康概念具有相对性,即心理健康有高低层次之分;

(3)心理不健康与有不健康的心理和行为不能等同;

(4)心理健康与不健康不是泾渭分明的对立面,而是一种连续状态;

(5)心理健康的状态不是固定不变的,而是动态变化的过程;

(6)心理健康标准是一种理想尺度;

(7)心理健康与否,在相当程度上可以说是一个社会评价问题。

易错分析

心理健康的标准多种多样,是一个比较主观的界定。但是有一些共识的问题考生需要结合教材理解清楚,而不能主观臆断。考生可结合上面知识阐述进行理解记忆。考生要特别注意(3)(4)(5)经常会以选择题、判断题等形式从反面考查。

例题1：下列关于心理健康标准的理解,正确的是(　　)

A. 人偶尔出现异常的行为,就认定为心理不健康

B. 心理健康与不健康界限严格,要么健康要么不健康

C. 社会历史变迁、文化的差异不会影响心理健康标准

D. 心理健康既要内在协调一致,又要外部适应良好

答案：D

解析：判断一个人的心理健康状况时,应兼顾个体内部协调与对外良好适应两个方面。

易错点 2　心理健康教育的任务

面向人群	任务
大多数心理健康的学生	培养学生良好的心理素质,预防心理障碍的发生,促进学生心理机能、人格的发展与完善
有心理障碍的学生	排除学生的心理障碍,预防心理疾病的发生,提高学生的心理健康水平
少数有心理疾病的学生	进行心理咨询与治疗

易错分析

考生要根据题干中的对象来确定心理健康教育的任务,要注意面向人群不同,任务不同,可结合上表进行区分记忆。

例题2：在心理健康教育中,面向大部分心理正常的学生的任务是( )

A. 预防心理障碍　　　　　　　　B. 排除心理障碍

C. 促进学生心理机能的发展和完善　　D. 促进学生人格的发展与完善

答案：ACD

易错点 3　心理辅导的原则

六原则
- (1) 面向全体学生
- (2) 预防与发展相结合
- (3) 尊重与理解学生
- (4) 发挥学生主体性
- (5) 个别对待学生
- (6) 促进学生整体性发展

易错分析

考生对心理辅导的原则不熟悉。心理辅导的原则可简记为"理个发,主全整"。另外,在做题过程中,考生需要仔细辨认选项中强调的是哪一个原则,以免错选。

例题3：罗杰斯在其"以人为中心"的治疗中，将"无条件积极关注"看作心理辅导的前提之一。这体现了学校心理辅导的（　　）

A. 发展性原则　　　　　　　　　　B. 面向全体学生的原则

C. 尊重学生主体性原则　　　　　　D. 尊重与理解学生原则

答案：D

解析：罗杰斯的"无条件积极关注"要求对来访者要充分尊重、充分理解，并且这种尊重与理解是无条件的，对任何来访者都不能有偏见。这种要求与学校心理辅导的尊重与理解学生原则相符合。

易错点4　不合理信念的特征

绝对化要求：个体以自己的意愿为出发点，以极端的要求衡量一切事物。

概括化要求（过分概括化）：一种以偏概全的不合理的思维方式，它包括对自己和对他人的不合理评价。

糟糕至极：一旦遇到什么挫折，就产生一种非常糟糕、甚至是灾难性的预期的非理性信念，从而陷入极端不良的情绪体验，如耻辱、焦虑、悲观、抑郁、绝望、恐惧的恶性循环当中而难以自拔。

易错分析

本知识点比较抽象，考生要抓住关键词，结合三种不合理信念各自的要点和典型例子进行理解记忆。

不合理信念	要点	典例
绝对化要求	应该、必须、一定要	我必须每次都考第一名
过分概括化	评价自己或他人、以偏概全	一次考试成绩不理想便认为自己不行
糟糕至极	极度糟糕	我没通过考试，一切都完了

例题4："这道题虽然很难，连老师都不会做，但我作为物理课代表一定要解出这道题。"这句话所表达的不合理信念是（　　）

A. 绝对化要求　　B. 过分概括化　　C. 糟糕至极　　D. 过分理想化

答案：A

解析：题干中的物理课代表以自己的意愿为出发点，认为自己一定要解出这道题，表明物理课代表的不合理信念是绝对化要求。

易错点5　阅读障碍与视空间障碍

1. 阅读障碍：

(1)读字遗漏或增字、阅读时出现"语塞"或太急、字节顺序混乱、漏行、阅读和书写时视觉倒翻、不能逐字阅读、计算时位数混乱和颠倒；

(2)默读不专心，易用手指指行阅读；

(3)若是英语或拼音可整体读出，但不能分读音节；

(4)组词读出时不能提取相应的词汇，对因果顺序表达欠佳，并且命名物体困难。

2. 视空间障碍：

(1)手指触觉辨别困难，精细协调动作困难，顺序和左右认知障碍，计算和书写障碍；

(2)有明显的文字符号镜像处理现象，如把p视为q,b为d,m为w,was为saw,6为9,部为陪；

(3)计算时忘记计算过程的进位或错位，直式计算排位错误，抄错抄漏题，数字顺序颠倒，数字记忆不良，从而导致量概念困难和应用题计算困难；

(4)视觉信号无法传入运动系统，从而使空间知觉不良，方位确认障碍。因此易出现空间方位判断不良，判断远近、长短、大小、高低、方向、轻重以及图形等的困难。

易错分析

视空间障碍与阅读障碍的特征易混淆，考生需要仔细分析两种障碍的特征。考试中一般是从镜像处理问题的方面考查视觉空间障碍。镜像翻转是对空间方位的认知错误，所以属于视空间障碍，考生需要牢牢把握这一点。

例题5： 小学二年级的小燕学习成绩非常差，其任课老师反映小燕在学习过程中

常常把"p"看成"q",把"b"看成"d",把"部"看成"陪",同时在计算时总是忘记计算过程的进位或是错位,抄错抄漏题,数字顺序颠倒。据此推断,小燕最可能存在(　　)

A. 阅读障碍　　　　　　　　　B. 视空间障碍

C. 语言表达障碍　　　　　　　D. 语言理解困难

答案:B

解析:本题易误选A项。根据视空间障碍的特征可知,小燕最可能存在视空间障碍。

易错点6　多动症、学习困难与厌学症

种类	要点
儿童多动综合征(多动症)	注意力缺陷和活动过度
学习困难	缺乏学习技能
厌学症	对学习不感兴趣

易错分析

考生易混淆儿童多动症、学习困难综合征和厌学症的特征。在做此类题目时,考生应注意审清题干,理解记忆。儿童多动综合征:可把"多动"和"活动过度"联系记忆;学习困难综合征:缺乏学习技能以致学习困难;厌学症:不喜欢学习所以厌学。但是,需要注意的是患有儿童多动症的学生可能有学习困难的表现,但儿童多动症的学生的学习困难主要是由于好动、冲动、注意力缺陷和行为障碍造成的。而患有学习困难综合征的学生,则没有上述多动症的表现,他们在个体发展上是健康的,不存在多动症儿童所表现的情绪和行为问题。

例题6:多动症学生不会存在学习困难的表现。(　　)

答案:×

例题7:儿童厌学症的主要表现是(　　)

A. 缺乏学习技能　　　　　　　B. 过度焦虑

C. 注意力缺陷　　　　　　　　D. 对学习不感兴趣

答案:D

易错点7　教师期望效应的分类

第一类为自我应验效应，即原先错误的期望引起把这个错误的期望变成现实的行为。

第二类是维持性期望效应，即老师认为学生将维持以前的发展模式。

易错分析

考生容易混淆自我应验效应和维持性期望效应。简而言之，自我应验效应强调"弄假成真"，维持性期望效应强调"一成不变"。

例题8： 小李成绩一直较差，为了提高成绩，暑假一直在家补习，在开学后的一次测验中考了不错的分数，然而老师却对小李的进步持怀疑态度，认为他是作弊才得到高分，这大大打击了小李的学习积极性，使得小李的成绩更加差了。这体现了（　　）

A. 自我应验效应　　　　　　B. 维持性期望效应

C. 木桶效应　　　　　　　　D. 近因效应

答案：B

解析： 题干中的老师对小李的错误期望让学生维持了以前较差的学习成绩，甚至更差了，属于维持性期望效应。

易错点8　教师成长的阶段

阶段	关注的问题
关注生存	教师自身的生存适应性
关注情境	如何教好每一堂课以及与教学情境有关的问题
关注学生	考虑学生的个别差异

易错分析

考生容易混淆关注情境阶段和关注学生阶段的内涵。处于关注情境阶段的教师关心的是如何教好每一堂课，以及班级大小、时间压力和备课材料是否充分等与教学情境有关的问题。处于关注学生阶段的教师将考虑学生的个别差异，

认识到不同发展水平的学生有不同的需要,根据学生的差异采取适当的教学方法,促进学生发展。考生在判断一名教师是否进入关注学生阶段时,除了要注意教师能否自觉关注学生以外,还要从教师的关注内容上进行区分。关注学生阶段强调关注学生的"个别差异",而关注情境阶段只考虑"课堂效果"。

例题9：杨老师在教学工作中,更关注自己的教学方式和教学案例是否符合学生的认知发展规律。这说明杨老师当前最可能处于(　　)阶段。

A.关注生存　　　　　　　　B.关注情境

C.关注学生　　　　　　　　D.关注自我

答案：B

解析：题干中的杨老师更关注与教学情境有关的问题,因此,其最可能处于关注情境阶段。

易错点9　教师职业倦怠

玛勒斯等人认为职业倦怠主要表现为三个方面：

职业倦怠特征	表现特点
情绪耗竭	疲劳、丧失工作热情
去人性化(人格解体)	冷漠、忽视、保持距离
个人成就感低	消极评价、贬低意义和价值

法贝认为职业倦怠行为主要有三种表现形式：

职业倦怠类型	具体表现
精疲力竭型	放弃努力、减少投入
狂热型	狂热、短时间
低挑战型	缺乏刺激、厌倦工作、敷衍搪塞

易错分析

考生容易混淆各个表现所对应的事例,可结合关键词进行理解记忆。

情绪耗竭：一般是跟情绪情感有关的描述。

> 去人性化:对学生和工作环境的态度有关的描述。
>
> 个人成就感低:跟自我评价和工作意义有关的描述。
>
> 精疲力竭型:跟精力有关。
>
> 狂热型:一开始正向的描述,后来会有转折。
>
> 低挑战型:厌倦工作本身。

例题10: 经过一学期的班主任工作,陈老师感到精疲力尽、郁郁寡欢,而且不能放松下来恢复精力。陈老师的表现属于( )

A. 情绪耗竭 B. 去人性化
C. 发展动力缺失 D. 个人成就感低

答案:A

解析: 题干中的陈老师感到疲劳、郁郁寡欢,工作热情丧失,属于情绪耗竭。

例题11: 张老师是一名新老师,对教学有一腔热血,立志要成为一名优秀的教师,但工作一个学期后,班上的同学不仅成绩下滑,还一致不欢迎这个新老师,此后张老师对教学失去了热情,不再尽心上课。张老师的表现属于教师职业倦怠中的( )

A. 精疲力竭型 B. 狂热型 C. 低挑战型 D. 随波逐流型

答案:B

易错演练

一、单项选择题

1. 下列关于学校心理健康教育和心理辅导的说法,错误的是( )

A. 对于少数有心理疾病的学生,心理健康教育的任务是对其进行心理咨询与治疗

B. 学校的心理辅导就是针对个别"问题学生"的辅导

C. 学校的心理辅导应注意促进学生的整体性发展

D. 学校心理健康教育的任务之一是预防心理障碍的发生

2. 张老师在学校经常会考虑自己的说话方式是否会影响到和其他老师的关系,

自己的教育方式能否管理好学生,张老师所处的教师专业发展阶段是(　　)

A.关注发展阶段　　　　　　　　B.关注生存阶段

C.关注情境阶段　　　　　　　　D.关注学生阶段

3.张老师这段时间对工作失去了热情,觉得工作没意思,同时总是感觉很疲劳,工作效率不高。他目前的状态属于职业倦怠中(　　)方面的表现。

A.去人性化　　　　　　　　　　B.个人成就感低

C.情绪耗竭　　　　　　　　　　D.缺乏工作动机

4.小辉因一次模拟考试失败,就认定自己考不上理想中的大学,感觉前途无望。根据理性—情绪疗法原则,小辉的这种不合理信念属于(　　)

A.主观要求　　B.相对化　　C.糟糕至极　　D.片面化

二、多项选择题

1.在理解与把握心理健康的标准时,应考虑(　　)

A.判断心理健康状况时应兼顾内部协调与对外良好适应两个方面

B.心理健康概念具有相对性

C.心理健康是一个社会评价问题

D.心理健康是一种状态,也是一个过程

2.教育教学过程中,丁老师经常对学生说"你真棒",并对他们进行鼓励,让学生感受到老师的信任,激发学生的潜在能力。学生的能力有了显著提高。丁老师的行为体现的教师期望效应特点主要是(　　)

A.暗示性　　　B.规范性　　　C.情感性　　　D.激励性

三、案例分析题

A.事件:成绩不好,被打。

B.后果:被人嘲笑。

C.情绪:低落,伤心。

D.被人嘲笑不是件很糟糕的事情。

E.没人嘲笑我,即使别人嘲笑也没有关系,我会努力成功,这样就不会被打;即使不成功也没有关系,我还有其他特长。

(1)A—E是哪种心理疗法?

(2)此种心理疗法的理论支持是什么?

(3)此种疗法的目标是什么?

(4)此种疗法最关键的是哪个阶段?

第四部分　教育法律法规

本部分共提炼16个易错点。

易错点1　教育法规的特征

本质特征：强制性

最根本的本质特征：阶级性

易错分析

考生需要辨别教育法规不同的特征，可结合"本（本质特征）质（强制性）根（最根本的本质特征）基（阶级性）"进行区分记忆。

例题1：教育法规最根本的本质特征是它具有（　　）

A. 阶级性　　　B. 平等性　　　C. 全社会性　　　D. 强制性

答案：A

易错点2　教育法律的制定机关

类别	制定机关
我国《宪法》中有关教育的条款	全国人民代表大会
教育基本法律	全国人民代表大会
教育单行法律	全国人民代表大会常务委员会
教育行政法规	国务院

易错分析

考生容易混淆教育法律的制定机关，不同层次的法律由不同的机关制定和发布，考生需要注意它们的对应关系。

全国人民代表大会是最高国家权力机关，所以制定法律效力最高的两个法律。

全国人民代表大会常务委员会是全国人民代表大会的常设机关，所以制定的法律地位仅次于全国人民代表大会。

国务院是最高国家行政机关，所以制定教育行政法规。

例题2:《中华人民共和国民办教育促进法》是由( )制定的教育单行法律。

A. 全国人民代表大会　　　　　　B. 全国人民代表大会常务委员会

C. 国务院　　　　　　　　　　　D. 教育部

答案:B

易错点3　教育法规的效力等级

判断和确定教育法律的效力等级通常应遵循以下原则:(1)下位法服从上位法;(2)特殊法优于一般法;(3)后定法优于前定法;(4)特定程序法律优于一般程序法律;(5)被授权机关的立法等同于授权机关自己的立法。

易错分析

考生需要牢记教育法规确定效力等级时遵循的原则,做题时需要注意法律之间的地位、时间以及对应立法机关之间的关系。一般来讲,下位法、特殊法、后定法和特定程序法律具有优先适用的法律效力。

例题3: 某村儿童王小明,今年9岁,父母觉得读书没有前途,不如在家干活,因而不让他上学,学校老师多次劝说无果。王小明父母的行为违反了( )

A.《中华人民共和国宪法》　　　B.《中华人民共和国教育法》

C.《中华人民共和国义务教育法》　D.《中华人民共和国教师法》

答案:C

解析: 王小明父母的行为违反了我国《宪法》《教育法》和《义务教育法》的相关规定,但由于《中华人民共和国义务教育法》是单行法,具有优先适用的法律效力,所以,答案选C项。

易错点4　教育法律规范的种类

分类	要点
强制性规范	必须做出或不能做
任意性规范	自行确定
制裁性规范	惩戒

续表

分类	要点
奖励性规范	奖励
义务性规范	应当
授权性规范	可以、有权

易错分析

概念不清,考生混淆了不同的教育法律规范。本知识点考查的重点是义务性规范和授权性规范,考生只需要记住各自的关键字,就可选出正确答案。

义务性规范:"必须""应当""义务""禁止""不准""不得"等字样。

授权性规范:"可以""有权""不受……干涉""有……的自由"等术语。

例题4:《中华人民共和国未成年人保护法》指出,公安机关、人民检察院、人民法院办理未成年人遭受性侵害或者暴力伤害案件,在询问未成年被害人、证人时,应当采取同步录音录像等措施,尽量一次完成;未成年被害人、证人是女性的,应当由女性工作人员进行。上述条款属于(　　)

A. 义务性规范　　　　　　　　　　B. 命令性规范

C. 强制性规范　　　　　　　　　　D. 授权性规范

答案:A

易错点5　教育法律关系的构成要素

构成要素	要点
主体	公民(自然人)、机构和组织(法人)、国家
客体	物质财富、非物质财富、行为
内容	权利和义务

易错分析

在做题过程中,考生容易把教案等认为是教育法律关系的内容,直接排除正确选项。教育法律关系的内容和教育法律关系的客体存在本质区别:前者是主体所享有的权利和义务;后者是权利和义务的指向对象。

例题5：学校上课铃响后，教师根据事先准备好的教案内容给学生上课。在此情景中，下列属于教育法律关系的主体和客体的是（　　）

A. 教师与学生　　　　　　　　B. 学生与学校

C. 教师与学校　　　　　　　　D. 教师与教案

答案：D

解析：教育法律关系的主体是在具体的教育法律关系中享有权利并承担义务的人和组织；教育法律关系客体是教育法律关系主体的权利与义务所指向的对象。在题干所述情景中，教育法律关系的主体是教师和学生，教育法律关系的客体是教案。

易错点 6　教师申诉制度

申诉主体	处理机关
学校/其他教育机构	主管的教育行政部门
当地人民政府的有关行政部门	同级人民政府/上一级人民政府有关部门

易错分析

教师申诉的处理机关因被诉主体的不同而有所区别，考生可以通过"受理申诉的机关可以管辖被申诉机关"进行理解记忆。

例题6：学校侵犯了教师的合法权益，受理教师申诉的机关是（　　）

A. 当地人民政府　　　　　　　B. 当地检察院

C. 当地法院　　　　　　　　　D. 主管的教育行政部门

答案：D

易错点 7　教育行政申诉和行政复议的处理时间

教育行政申诉：30日内

教育行政复议：60日内

易错分析

考生容易混淆教育行政申诉和行政复议的处理时间。考生可首先记住行政申诉是30日，然后"复"是两倍，那么复议自然是60日。

例题7：根据《中华人民共和国教师法》的规定，教师对学校或者其他教育机构侵犯其合法权益的，或者对学校或者其他教育机构作出的处理不服的，可以向教育行政部门提出申诉，教育行政部门应当在接到申诉的（　　），作出处理。

A. 15日内　　　　B. 30日内　　　　C. 30日后　　　　D. 60日内

答案：B

易错点8　最基本的权利

公民最基本的权利：人身权

学生最基本的权利：受教育权

儿童最基本的权利：生存权、受教育权、受尊重权、安全权

易错分析

考生需要区分不同主体的最基本的权利。对于公民和学生的最基本权利最容易考查，考生可结合"学生受教育"进行区分记忆。

例题8：人身权是公民享有的最基本、最重要的权利。（　　）

答案：√

例题9：儿童最基本的权利是（　　）

A. 生存权、健康权、受尊重权、安全权　　B. 生存权、受教育权、受尊重权、隐私权

C. 生存权、受教育权、受尊重权、安全权　　D. 生存权、隐私权、受尊重权、安全权

答案：C

易错点9　著作权与专利权

权利类型	概念	保护对象
著作权	公民、法人和其他组织对所创作的文学、艺术和科学领域内的作品依法享有的专有权利	作者思想、情感和观点的表现形式（小说、论文、电影、歌曲、图画等）
专利权	专利权人对其发明、实用新型和外观设计依法享有的专有权利	发明创造，属于思想、观点内容范围（电视机的发明、灯泡的制造方法、可口可乐瓶独特的外观设计等）

易错分析

考生容易混淆专利权和著作权的保护对象。二者虽然都是对知识产权的保护，但保护的具体对象有差别。考生可参考上面的表格进行理解记忆。同时考生还需注意著作权的保护对象并不需要达到一定的水准，只要是自己独立完成的，体现了自己的思想、情感、构思和表达方式的作品，都属于著作权的保护对象。

例题10：某老师未经学生允许私自将学生的作文编入自己编著的优秀作文集。对该老师的做法，下列说法正确的是（　　）

A. 该老师的做法侵犯了学生的著作权

B. 该老师的做法侵犯了学生的财产权

C. 该老师的做法没有侵犯学生的著作权，因为"作文"不算作品，不受《中华人民共和国著作权法》的保护

D. 该老师侵犯了学生的人身自由权

答案：A

解析：中小学生的作文也是作品，是受我国《著作权法》保护的文字作品。题干中该教师的做法侵犯了学生的著作权。

易错点10　体罚与惩戒

类型	概要	表现形式
惩戒	不能超越法律限度	点名批评；责令赔礼道歉、做口头或者书面检讨；适当增加额外的教学或者班级公益服务任务；一节课堂教学时间内的教室内站立；课后教导；学校校规校纪或者班规、班级公约规定的其他适当措施
体罚	明令禁止	体罚：罚站、罚跪、用教鞭打手心、罚绕操场跑圈等；打耳光，用黑板擦、扫帚等责打学生；命令其他学生轮流打某个学生等。 变相体罚：罚抄、罚钱、罚劳、逐出教室而不及时处理、未经领导同意随意停课或停止学生参加一切活动、轰撵学生回家等

> **易错分析**
>
> 考生首先要明确,体罚是被禁止的。其次要注意惩戒教育在一定情况下是被允许的,但是不能强制执行,不能超过法律的限度。最后要注意区分惩戒和体罚之间的区别,明确何种行为属于体罚,何种行为属于惩戒。

例题11:下面(　　)属于国家和学校禁止的体罚。

A.体育课时跑步热身　　　　B.让学生跑100圈

C.语言侮辱　　　　　　　　D.罚款

答案:B

例题12:初一学生李某未能完整背诵课文,老师罚他抄课文50遍,老师的做法属于对学生的变相体罚。(　　)

答案:√

例题13:教师可以对学生进行适度体罚。(　　)

答案:×

解析:体罚是明令禁止的。

易错点11　义务教育的特征

(1)强制性:最本质特征;(2)普及性:基本特征;(3)免费性(公益性);(4)公共性(国民性);(5)基础性。

> **易错分析**
>
> 义务教育最直观的表现是免费性,考生会误认为免费性是义务教育的最本质特征。同时考生需要将义务教育的特征与教育法规的特征进行区别记忆,避免混淆。义务教育的特征可简记为"强、普、免、公、基"。

例题14:19世纪中期开始,义务教育逐渐在世界范围内普及。一般来说,义务教育的主要特点有(　　)

A.普及性　　　B.专业性　　　C.强制性　　　D.免费性

答案:ACD

例题 15：义务教育最本质的特点是免费性。（　　）

答案：×

易错点 12 教师权利的性质

教师的职业权利从性质上看,是一种与教师职业相关的特殊权利,是其他非教师公民所不能享有的权利。由于教师的职业权利是一种公务性质的行为,且涉及学生,因此往往是不能放弃的;而与职业相关的利益,教师可以根据自己的情况进行选择,也可以放弃。

易错分析

考生需注意对教师不同权利的不同性质进行理解区分。教师的一般权利是教师作为公民所应当享有的权利,主要有:政治权利、宗教信仰自由权、平等权、公民人身自由权、文化教育权、社会经济权以及监督权等。教师对学生的教育权利不同于一般权利,具有权利和义务的双重性,需要区别记忆。

例题 16：下列选项中属于教师一般权利的是（　　）

A. 文化教育权、学术自由权、受聘权

B. 受聘权、获得报酬权、政治权

C. 名誉权、培训进修权、教育教学权

D. 政治权、文化教育权、公民人身自由权

答案：D

例题 17：教师的教育权利是可以放弃的。（　　）

答案：×

解析：教师的教育权利属于职业权利,不能放弃。

易错点 13 教师职业权利的内容

类别	要点
教育教学权	进行教育教学活动、开展教育教学改革和实验
科学研究权(学术自由权)	从事科学研究、学术交流,参加专业的学术团体,在学术活动中充分发表意见

续表

类别	要点
管理学生权(指导评价权)	指导学生的学习和发展,评定学生的品行和学业成绩
获得报酬权	按时获取工资报酬,享受国家规定的福利待遇以及寒暑假期的带薪休假权
民主管理权(参与教育管理权)	对学校教育教学、管理工作和教育行政部门的工作提出意见和建议,通过教职工代表大会或者其他形式,参与学校的民主管理
进修培训权	参加进修或者其他方式的培训

易错分析

考生在记忆教师职业权利的内容时,需要注意区分科学研究权和进修培训权。科学研究权强调"学术团体",进修培训权强调"教师的学习"。

例题18:某学校因为资金压力取消了本学期的教师进修计划,该校行为侵犯了教师(　　)的权利。

A. 教育教学　　B. 学术研究　　C. 参与管理　　D. 进修培训

答案:D

例题19:张老师根据班级学生人数太少的情况,打破传统课堂讲授惯例,进行讨论式教学改革,张老师这样做是《中华人民共和国教师法》赋予她的(　　)

A. 科学研究权　　B. 教育教学权　　C. 管理学生权　　D. 班主任管理权

答案:B

易错点14 教育教学权与管理学生权

教育教学权:教师最基本的权利。

管理学生权:与教师在教育教学过程中的主导地位相适应的一项基本权利。

易错分析

考生在理解记忆教师各项职业权利时,容易将教育教学权和管理学生权混淆。考生可结合"教师在教育教学过程中管理学生(故教育教学权最基本)"对上述知识理解记忆。

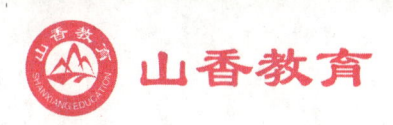

例题20：我国《教师法》规定，教师为履行教学职责必须具备的最基本的权利是（　　）

A. 学术研究权　　　　　　　　B. 教育教学权

C. 报酬待遇权　　　　　　　　D. 管理学生权

答案：B

例题21：教育教学权是与教师在教育教学过程中的主导地位相适应的一项基本权利。（　　）

答案：×

易错点15　过错责任和过错推定责任

受损害主体	人身损害场所	责任原则
无民事行为能力人	幼儿园、学校或者其他教育机构	过错推定原则
限制民事行为能力人	学校或教育机构	过错责任原则

注：无民事行为能力人，包括不满八周岁的未成年人、不能辨认自己行为的成年人等；限制民事行为能力人，包括八周岁以上的未成年人、不能完全辨认自己行为的成年人等。

易错分析

考生容易混淆过错推定原则和过错责任原则的适用范围。根据我国《民法典》相关规定，无民事行为能力人在幼儿园、学校或者其他教育机构学习、生活期间受到人身损害的，学校或教育机构的归责原则为过错推定原则，即学校或教育机构应提出证据证明自身无过错。若题中未强调学生为无民事行为能力人，则发生学生伤害事故时，学校或教育机构的归责原则通常为过错责任原则，即学校或教育机构失职、未尽责，因存在过错应承担法律责任。同时考生可结合"无人（无民事行为能力人）推定（过错推定原则）限人（限制民事行为能力人）责任（过错责任原则）"进行记忆。

例题22：在学生伤害事故处理中，学校责任适用的归责原则是（　　）

A. 过错责任原则　　　　　　　　B. 无过错责任原则

C. 严格责任原则　　　　　　　　D. 公平原则

答案：A

例题23：《中华人民共和国民法典》第一千一百九十九条规定，无民事行为能力人在幼儿园、学校或者其他教育机构学习、生活期间受到人身损害的，幼儿园、学校或者其他教育机构应当承担侵权责任；但是，能够证明尽到教育、管理职责的，不承担侵权责任。这在法律上被称为（　　）

A. 补充责任　　　　　　　　B. 一般过错责任

C. 过错推定责任　　　　　　D. 追加责任

答案：C

易错点16　监护职责与教育保护职责

监护职责与教育保护职责属于两个不同的法律范畴。所谓监护，是对未成年人和精神病人的人身、财产及其他合法权益进行监督和保护的民事法律制度。我国是根据亲权和亲属关系来设立监护制度的。学校没有法定的监护职责，而有法定的教育保护职责。学校是否在非教育教学时间之外承担监护职责，取决于学校与家长是否达成委托协议。

易错分析

考生混淆了监护职责与教育保护职责的主体、对象和内容。区分两者可从不同的主体入手：一般来讲，亲属具有监护职责，学校具有教育保护职责。

例题24：教师与学生之间存在的法律关系包括（　　）

A. 教育与被教育　　　　　　B. 管理与被管理

C. 保护与被保护　　　　　　D. 监护与被监护

答案：ABC

解析：教师与学生之间的法律关系包括：(1)教育和被教育的关系；(2)管理和被管理的关系；(3)保护和被保护的关系；(4)互相尊重的平等关系。

易错演练

一、单项选择题

1. 某实验中学因校舍改造施工,操场暂停使用。该校体育老师马老师安排七年级一班学生到校门口旁的马路上跑步,该班学生卢文文在此过程中不慎摔倒,导致小腿骨折。谁应当对卢文文的骨折承担责任（　　）

A. 学校　　　　　　　　　　B. 马老师

C. 卢文文　　　　　　　　　D. 卢文文的父母

2. 国务院1995年颁布的《教师资格条例》属于（　　）

A. 教育基本法　　　　　　　B. 教育部门法

C. 教育部门规章　　　　　　D. 教育行政法规

3. 既是我国法律体系的根本大法,也是教育类法律的根本大法的是（　　）

A.《中华人民共和国义务教育法》

B.《中华人民共和国教师法》

C.《中华人民共和国教育法》

D.《中华人民共和国宪法》

4. 小学教师张某认为在职称评定中,该县教育局侵犯了其合法权益,受理其申诉的机关可以是（　　）

A. 所在学校　　B. 县教育局　　C. 县人民政府　　D. 公共机构

二、判断题

1. 根据我国《宪法》的规定,国务院有权制定并发布教育单行条例。（　　）

2. 教育法规定的法律责任只是一种民事责任。（　　）

3. 教师整理出版学生的优秀作文,可以不用向学生付稿费。（　　）

第五部分　新课程改革与教师职业道德

本部分共提炼8个易错点。

易错点1　教育改革的核心

课程在学校教育中处于核心地位,教育的目标、价值主要通过课程来体现和实施,因此,课程改革是教育改革的核心内容。

易错分析

教学是学校的中心工作,因此部分考生会误认为教学改革是教育改革的核心。需要强调的是教学虽是学校教育的中心工作,但教学工作需要依托课程才能进行,所以课程改革是教育改革的核心内容。

例题1: 教学方法改革是我国当前教育改革的核心。(　　)

答案: ×

解析: 课程改革是教育改革的核心内容。

易错点2　新课程结构的均衡性与综合性

新课程在结构上所倡导和实现的均衡性试图改变以往学生动手实践能力低下、知识体系相互隔离、所学知识远离现实生活的状况,引导学生在掌握课程内容的同时,关注生活,关注社会发展和科技进步,能够积极开展探究活动,能够主动地参与社会生活,实现素质的均衡发展。

新课程结构的综合性是针对过分强调学科本位、科目过多和缺乏整合的现状而提出的。它体现在三个方面:(1)加强学科的综合性;(2)设置综合课程;(3)增设综合实践活动课程。

易错分析

新课程结构的均衡性与综合性是容易混淆的知识点,考生可结合二者的关键点进行区分:前者主要是为了克服教育内容和学习活动的片面化,追求整体素质的全面提升;后者是针对学科孤立现象提出的解决方案,倡导知识的交叉渗透和整合,旨在构建更为立体多元的知识结构,培养复合型人才。

例题2: 李老师是小学五年级某班的语文老师兼班主任,他认为学生的学习时间很紧张,因此总是占用体育课给学生补习语文。李老师虽然是出于好心,但是其做法违背了新课改的( )原则。

A. 稳定性　　　　B. 选择性　　　　C. 综合性　　　　D. 均衡性

答案: D

解析: 题干中的李老师"占用体育课给学生补习语文",不利于学生全面均衡发展,违背了新课改的均衡性原则。

易错点3　新课程倡导的教师角色与教师教学行为的变化

教师角色	
教师与学生	学生学习的促进者
教学与研究	教育教学的研究者
教学与课程	课程的开发者和建设者
学校与社区	社区型开放的教师

教师教学行为	
对待师生关系	尊重、赞赏
对待教学关系	帮助、引导
对待自我	反思
对待与其他教育者的关系	合作

易错分析

新课程倡导的教师角色与新课程中教师教学行为的变化是容易混淆的知识点。考生在识记新课程倡导的教师角色时,可抓住每一条的关键词:促进者、研究者、开发者和建设者、开放的教师;考生在识记新课程中教师教学行为的变化时,也可采取同样的方法。

例题3: 新课程中教师的教学行为发生了变化,以下各项属于这种变化的是( )

A. 在对待师生关系上,新课程强调尊重、赞赏

B.在对待教学关系上,新课程强调帮助、引导

C.在对待自我上,新课程强调反思

D.从教学与课程的关系看,新课程要求教师应该是课程的建设者和开发者

答案: ABC

解析: D项属于新课程倡导的教师角色之一,不属于教师教学行为的变化。

易错点 4　新课程提倡的师生关系模式

新课程提倡的师生关系是合作伙伴关系。为此,要处理好师生之间的伙伴关系:(1)要尊重学生,尊重每一位学生的尊严和价值;(2)要民主,民主是师生关系的融化剂,是师生平等对话的前提。

易错分析

因为我国新型师生关系的特点之一是提倡民主平等的师生关系,所以部分考生会误认为新课程倡导的师生关系模式是平等模式。考生要注意:平等只是合作模式的一方面,合作模式包含的内容更全面。

例题4: 新课程改革提倡构建新型的师生关系,具有现代师生关系特征的模式是(　　)

A.合作模式　　B.平等模式　　C.管理模式　　D.授受模式

答案: A

解析: 新课程提倡的师生关系是合作伙伴关系,故新课程中具有现代师生关系特征的模式是合作模式。

易错点 5　现代学习方式的首要特征与核心特征

传统　　　　　　　现代

被动性 ⟷ 主动性(首要特征)

依赖性 ⟷ 独立性(核心特征)

易错分析

现代学习方式的首要特征与核心特征是容易混淆的知识点,考生可结合上面的示意图进行区分记忆。

例题5：现代学习方式的核心特征是(　　)

A.主动性　　　　B.独立性　　　　C.体验性　　　　D.问题性

答案：B

易错点6　综合实践活动的性质

(1)相对于学科课程而言,综合实践活动是一门<mark>经验性课程</mark>;

(2)相对于分科课程而言,综合实践活动是一门<mark>综合性课程</mark>;

(3)相对于选修课程而言,综合实践活动是一门<mark>必修课程</mark>;

(4)综合实践活动是三级管理的课程;

(5)综合实践活动还是一门<mark>实践性课程</mark>,强调对学生实践能力的培养。

易错分析

因综合实践活动的形式多样,国家没有统一的硬性规定,故部分考生会误认为它是选修课程。综合实践活动课程是新的基础教育课程体系中设置的必修课程,它虽然是必修的,但其具体的课程形式则是灵活多变的,各个地区或者学校可以根据实际情况选择合适的课程形式。

例题6：综合实践活动课程属于(　　)

A.学科课程　　　B.选修课程　　　C.必修课程　　　D.分科课程

答案：C

解析：综合实践活动是新的基础教育课程体系中设置的必修课程。

易错点7　关爱学生与教书育人的具体内容

关爱学生	①关心爱护全体学生,尊重学生人格,平等公正对待学生; ②对学生严慈相济,做学生的良师益友; ③保护学生安全,关心学生健康,维护学生权益; ④不讽刺、挖苦、歧视学生,不体罚或变相体罚学生
教书育人	①遵循教育规律,实施素质教育; ②循循善诱,诲人不倦,因材施教; ③培养学生良好品行,激发学生创新精神,促进学生全面发展; ④不以分数作为评价学生的唯一标准

283

> **易错分析**
>
> 关爱学生与教书育人的具体内容是容易混淆的知识点,考生可结合二者的关键点进行区分:"关爱学生"强调的是教师对学生的情感、态度,而"教书育人"强调的是教师的教学方法、教学手段、教学目标等方面的内容。

例题7: 关爱学生是教师职业道德的灵魂,以下关于"关爱学生"的论述不正确的是( )

A. 保护学生安全,关心学生健康,维护学生权益

B. 关心爱护全体学生,尊重学生人格,平等公正对待学生

C. 对学生严慈相济,做学生的严师良友

D. 循循善诱,激发学生创新精神,促进学生全面发展

答案:D

解析: D项属于教书育人的内容。

易错点8 师德的核心内容与最基本内容

核心内容——爱岗敬业、教书育人和为人师表。

最基本内容——关爱学生。

> **易错分析**
>
> 因为关爱学生是师德规范的一个重要内容,所以部分考生会误认为关爱学生是师德的核心内容。考生在复习过程中需要准确识记上述知识点,以灵活应对不同题目。

例题8: 师德规范的核心内容是( )

A. 爱岗敬业　　　　　　　　B. 关爱学生

C. 为人师表　　　　　　　　D. 教书育人

答案:ACD

易错演练

一、单项选择题

1. 新课程不仅要求教师的观念要更新,而且要求教师的角色要转变。"教师是学生学习能力的培养者""教师是学生人生的引路人"。这是指( )

A. 从教学与研究的关系看,新课程要求教师应该是教育教学的研究者

B. 从学校与社区的关系看,新课程要求教师应该是社区型开放的教师

C. 从教学与课程的关系看,新课程要求教师应该是课程的建设者和开发者

D. 从教师与学生的关系看,新课程要求教师应该是学生学习的促进者

2. 我国当前教学改革的基本策略是( )

A. 实施科学评价　　　　　　　　B. 实施素质教育

C. 坚持整体教学改革和实验　　　D. 建立合理的课程结构

3. ( )是新课程倡导的现代学习方式的首要特征,与传统学习方式相对,二者在学生的具体学习活动中表现为"我要学"和"要我学"。

A. 独立性　　　B. 独特性　　　C. 体验性　　　D. 主动性

4. 新课程改革提倡的教学观是( )

A. 教学的最终目的是甄别和选拔学生

B. 教学应以大量重复训练为主要途径

C. 学生是接受知识的工具

D. 教师在教学过程中应与学生积极互动、共同发展

5. 根据《基础教育课程改革纲要(试行)》的要求,我国小学现阶段既开设语文、数学、英语等学科课程,又开设了科学、艺术等综合课程。这体现了课程结构具有( )

A. 实践性　　　B. 综合性　　　C. 选择性　　　D. 开放性

6. "师也者,教之以事而喻诸德者也。"这句话体现了教师职业道德要求的( )特点。

A. 针对性　　　　　　　　　　　B. 双重性

C. 全面性　　　　　　　　　　　D. 典范性

285

7.加里宁说:"既然你们在今天、明天、后天就得把你们的所有的一切都奉献出去,但同时你们如果不日新月异地补充自己的知识、力量和精力,那么你们的任何东西都留不下来了。"这体现了教师职业道德规范中的(　　)

A. 爱国守法　　　　B. 终身学习　　　　C. 教书育人　　　　D. 为人师表

8."培养学生良好品行,激发学生创新精神,促进学生全面发展"属于教师(　　)

A. 关爱学生的职业道德规范　　　　B. 爱国守法的职业道德规范

C. 终身学习的职业道德规范　　　　D. 教书育人的职业道德规范

二、填空题

1. 教师职业道德规范包括爱国守法、爱岗敬业、关爱学生、教书育人、为人师表和终身学习。其中,_____是师德的灵魂,_____是教师专业发展的不竭动力。

2. 从教学与研究的关系看,新课程要求教师应该是教育教学的_____。

3. 在对待师生关系方面,新课程中教师的教学行为强调_____。

易错演练参考答案

第一部分　教育学

第一章　教育与教育学

一、单项选择题

1. C 【解析】《学记》提出"师严然后道尊,道尊然后民知敬学"。

2. A 【解析】黄炎培是我国职业教育的先驱,他提倡"大职业教育主义",将职业教育的目的概括为"使无业者有业,使有业者乐业"。

3. B 【解析】东汉灵帝时,设立鸿都门学,这是一种研究文学艺术的专门学校。

4. D 【解析】心理起源说认为教育起源于日常生活中儿童对成人的无意识模仿。

5. B 【解析】亚里士多德在教育史上首次提出了"教育遵循自然"的观点,主张按照儿童心理发展的规律对儿童进行分阶段教育,提倡对儿童进行和谐的教育。

6. B 【解析】墨翟以"兼爱""非攻"为教,同时注重文史知识的掌握和逻辑思维能力的培养,还注重实用技术的传习。

7. A 【解析】在陶行知的生活教育理论中,"生活即教育"是生活教育的本质论及核心,"社会即学校"是生活教育的范围论,"教学做合一"是生活教育的方法论。

8. B 【解析】根据观察者是否直接参与被观察者所从事的活动,可以将观察分为参与式观察与非参与式观察。参与式观察是指研究者直接参加到所观察对象的群体和活动当中去,不暴露研究者真实身份,在参与活动中进行隐蔽性的研究观察。非参与式观察不要求研究人员站到与被观察对象同一地位上,而是以"旁观者"的身份,可采取公开的,也可以采取秘密的方式进行。故学校领导随堂听课属于非参与式观察。

9. D 【解析】行动研究是指实际工作者(如教师)基于解决实际问题的需要,与专家、学者及本单位的成员共同合作,将实际问题作为研究的主题,进行系统的研究,以解决实际问题的一种研究方法。题干中,这一研究的目的是解决"学生学习英语的积极性不高"这一实际问题,主体是王老师以及其他教育理论工作者,符合行动研究的概念和特点。故王老师的研究属于行动研究。

10. A 【解析】一次文献包括专著、论文、调查报告、档案材料等以作者本人的实践为依据而创作的原始文献。根据题干所述,研究者查阅的相关资料属于一次文献。

二、多项选择题

1. ABC 【解析】陶行知的"生活即教育"和杜威的"教育即生活"的相同点是:(1)承认教育和生活之间存在着密切的联系,反对将教育与生活分离;(2)认为生活含有重要的教育意义;(3)承认教育对改造生活的重要作用。

2.BCD 【解析】"七艺"包括"三科"(文法、修辞、辩证法)和"四学"(算术、几何、天文、音乐)。

3.ABCD 【解析】商代已经有了比较正规的学校教育场所,文献记载中关于商代学校的名称有"大学""小学""庠""序"等。瞽宗是商代大学特有的名称,它是奴隶主贵族子弟学习礼乐的学校。

4.BC 【解析】不同级别官员的子孙进入不同的机构学习,体现了我国古代社会学校教育的等级性特点,也反映出教育具有象征性,即能不能受教育和受什么样的教育是区别社会地位的象征。

三、判断题

1.× 【解析】生物起源说是第一个正式提出的有关教育起源的学说,它的提出标志着在教育起源问题上开始转向科学解释。

2.√ 【解析】"藏息相辅"即正课学习与课外练习必须兼顾,课内与课外相结合,相互补充。

3.√ 【解析】洛克在其著作《教育漫话》(1693年)一书中,详细论述了绅士教育的内容(即体育、德育和智育)及方法。

第二章 教育的基本规律

一、单项选择题

1.C 【解析】个体身心发展的个别差异性的表现之一是不同儿童不同方面的发展存在差异。题干所述表明这对双胞胎在观察能力和记忆力两个不同方面的发展存在差异,这体现了个体身心发展的个别差异性规律。

2.C 【解析】学校教育在影响个体发展上的特殊功能有:(1)学校教育对于个体发展做出社会性规范。(2)学校教育具有开发个体特殊才能和发展个性的功能。(3)学校教育对个体发展的影响具有即时和延时的价值。(4)学校教育具有加速个体发展的特殊功能。学校教育在人身心发展中起主导作用的原因有:(1)学校教育是有目的、有计划、有组织地培养人的活动。(2)学校有专门负责教育工作的教师,相对而言效果较好。(3)学校教育能有效地控制和协调影响学生发展的各种因素。因此,C选项不符合题意。

3.C 【解析】题干所述的意思是:增长才干必须刻苦学习。不努力学习就不能增长才智,不明确志向就不能在学习上获得成就。因此,这里所提到的影响人的身心发展的因素是教育和个体主观能动性。

4.A 【解析】题干提出人的性本能是推动人发展的最根本动因,强调的是个体内在因素对人发展的影响,属于内发论的观点。

5.B 【解析】个体身心发展的阶段性是指不同年龄阶段学生的身心发展具有不同的特征和任务。因而教育工作者对不同年龄阶段的学生,在教育的内容和方法上应有所不同。题干描述的是针对不同年龄阶段学生的特征,应采用不同的教学方式,体现了儿童身心发展具有阶段性。

6.B 【解析】教育的社会流动功能,按其流向可分为横向流动功能与纵向流动功能。教育的社会横向流动功能是指社会成员因受到教育和训练而提高了能力,可以根据社会需要,结合个人意愿与可能,更换其工作地点、单位等,做水平的流动,改变其环境而不提升其在社会阶层或科层结构中的地位,亦称水平流动。教育的社会纵向流动功能是指社会成员因受教育的培养与筛选,能够在社会阶层、科层结构中做纵向的提升,包括职称晋升、职务升迁、薪酬提级等,以提高其社会地位及作用,亦称垂直流动。"寒门出贵子"即体现了教育的社会纵向流动功能。

7.A 【解析】孔子把人性分为四等:"生而知之者"属于上智;"学而知之者"与"困而学之"属于中人;"困而不学"属于下愚。"唯上智与下愚不移"是说只有上等的智者与下等的愚人是改变不了的。这句话肯定了先天因素的决定作用。"性相近,习相远"指的就是中人这部分,中人是有条件接受教育的,可以对他们谈高深的学问。所以,从整体上来看,孔子的人性论属于多因素相互作用论。

8.B 【解析】不同的政治经济制度要求传递不同的教育内容,特别是思想道德方面的内容。资本主义教育通过专门设置"公民课""宗教教育"向年青一代宣传资产阶级的思想和宗教精神,这反映了社会政治经济制度决定着教育内容的取舍。

二、判断题

1.√ 【解析】题干引文出自《荀子·性恶》,意思是:人的本性从一生下来就有贪图私利之心,如果顺着这种本性发展,人与人之间就要发生争夺,也就不再讲求谦让了。这说明人的发展需要依靠外在的力量,如环境的刺激和要求、他人的影响和学校的教育等,这属于外铄论的观点。

2.× 【解析】人的发展的阶段性要求教育要从学生的实际出发,尊重不同年龄阶段学生的特点,并根据这些特点提出不同的发展任务,采用不同的教育内容和方法,进行有针对性的教育。人的发展的不平衡性要求教育要掌握和利用人的发展的成熟机制,抓住发展的关键期,不失时机地采取有效措施,促进学生健康发展。

第三章 教育目的与教育制度

一、单项选择题

1.D 【解析】素质教育不仅是促进学生全面发展的教育,也是促进学生个性发展的教育。

2.A 【解析】教育目的对教育活动的调控主要借助三种方式进行:(1)通过确定价值的方式进行调控;(2)通过标准的方式进行调控;(3)通过目标的方式进行调控。题干中的老师选择按照课程标准的要求,满足两名同学的不同要求,就是在通过标准的方式进行调控。题干中的案例体现了教育目的的调控功能。

3.D 【解析】个人本位论以个体发展需要作为制定教育目的的依据,忽视社会的需要以及社会的发展,其代表人物有孟子、卢梭、裴斯泰洛齐、福禄贝尔、马利坦、赫钦斯、奈勒、马斯洛、萨特等。题干表述与个人本位论的观点一致。

4.C 【解析】"教育目的"是理论术语,是学术性概念;"教育方针"是工作术语,是政治性概念。

5. D 【解析】壬子癸丑学制是我国第一个具有资本主义性质的学制。

6. D 【解析】非制度化教育所推崇的理想是:"教育不应再限于学校的围墙之内。"

二、判断题

1. √ 【解析】教育方针是教育目的的政策性表达,具有政策的规定性,在一定时期内具有必须贯彻的强制性,教育目的只是教育方针的若干组成要素之一。

2. × 【解析】提出构建学习化社会的理想是非制度化教育的重要体现。

3. × 【解析】教育制度是指一个国家或地区各级各类教育机构与组织的体系及其各项规定的总称;教育体制是一个国家配合政治、经济、科技体制而确定下来的学校办学形式、层次结构、组织管理等相对稳定的运行模式和规定。二者是不同的。

4. √ 【解析】中国建立现代学校教育制度是从清末开始的。1902年,清政府制定了中国近代第一个学制——壬寅学制。这个学制未及实施,1904年又颁布了癸卯学制,它是我国近代第一个以法令形式公布并在全国推行过的学制,是中国实行近代学校教育制度的开始。

三、案例分析题

1. ADE 【解析】智育的具体任务有:(1)向学生系统传授科学文化知识,为学生各方面发展奠定良好的知识基础;(2)培养训练学生,使其形成基本技能;(3)培养和发展学生的智力才能,增强学生各个方面的能力;(4)培养学生良好的学习品质和热爱科学的精神。体育的基本任务包括:(1)指导学生锻炼身体,促进身体正常发育和技能的发展,增强学生体质,提高健康水平;(2)使学生掌握运动锻炼的科学知识和基本技能,掌握运动锻炼的方法,增强运动能力;(3)使学生掌握身心卫生保健知识,养成良好的身心卫生保健习惯;(4)发展学生的良好品德,养成学生的文明习惯。因此B、C项的说法是片面的。

2. ACDE 【解析】五育的关系包括:(1)"五育"在全面发展中的地位存在不平衡性。(2)"五育"各有其相对独立性。①德育对其他各育起着保证方向和保持动力的作用,它体现了社会主义教育的方向,是"五育"的灵魂;②智育为其他各育的实施提供了认识基础;③体育是实施各育的物质保证;④美育和劳动技术教育是德育、智育、体育的具体运用和实施。(3)"五育"之间具有内在联系。德育、智育、体育、美育、劳动技术教育紧密相连,它们互为条件,互相促进,相辅相成,构成一个统一的整体。它们的关系具有在活动中相互渗透的特征。

第四章 教师与学生

一、单项选择题

1. D 【解析】在专制型的师生关系中,教师教学责任心强,不讲求方式方法,不注意听取学生意愿和与学生协作;学生对教师唯命是从,不能发挥独立性、创造性,学习被动。师生交往一般缺乏情感因素,教师的专断粗暴、简单随意会引起学生的反感、憎恶甚至对抗,造成师生关系紧张。题干中的教师不尊重学生的意见,学生主动性不强,这是专制型师生关系的表现。

2. C 【解析】自我教育即专业化的自我建构,它是教师个体专业化发展最直接、最普遍的途径。

3. C 【解析】教师的教育专业素养包括:(1)具有先进的教育理念;(2)具有良好的教育能

力;(3)具有一定的研究能力。

4. C 【解析】教师劳动具有广延性,广延性是指空间的广延性。教师没有严格界定的劳动场所,课堂内外、学校内外都可能成为教师劳动的空间。题干中的数学老师注意到小明在课上情绪低落后,在课下积极向家长说明情况,体现了教师劳动的广延性特点。

5. B 【解析】教师合理的知识结构包括以下几个方面:(1)本体性知识,即特定学科及相关知识,是教学活动的基础;(2)条件性知识,即认识教育对象、开展教育活动和研究所需的教育学科知识和技能,如教育原理、心理学、教学论、学习论、班级管理、现代教育技术等;(3)实践性知识,即课堂情境知识,体现教师个人的教学技巧、教育智慧和教学风格,如导入、强化、发问、课堂管理、沟通与表达、结课等技巧;(4)一般文化知识。

6. C 【解析】教师的在职培训是为了适应教育改革与发展的需要,为在职教师提供的继续教育,主要采取"理论学习、尝试实践、反省探究"三结合的方式,培养教师研究教育对象、教育问题的意识和能力。教师在职培训活动很广,可以是业余进修,也可以是校本培训(如集体观摩、相互评课、相互研讨等)。题干中的王老师参与的就是在职培训。

7. D 【解析】在经过了"任务关注"阶段之后,教师已经完全掌握了教学机制和课堂管理策略,更加关注课堂内部的活动及其实效,关注学生是否真的在学习,关注教学内容是否真的适合学生,关注学生的差异。"自我更新关注"阶段的教学由关注情境转为关注学生。随着专业技能的日渐成熟,教师有了更多的时间和机会对自己的专业发展进行反思,也有了较明确的自我专业发展意识。题干中的李老师会思考哪种教学方法更适合学生,这说明李老师关注教学方法是否适合学生,教学由关注情境转为关注学生,D项符合题意。

8. B 【解析】学生的主观能动性主要表现在三个方面:(1)自觉性,也称主动性,这是学生主观能动性最基本的表现;(2)独立性,也称自主性,这是自觉性进一步发展的表现;(3)创造性,这是学生主观能动性的最高表现。

9. C 【解析】"度德而师之"的意思是:衡量(一个人的)德行是否能够服人,然后向其学习。这说明教师在教育教学工作中应扮演好示范者角色,成为学生学习和模仿的榜样。

10. B 【解析】"我就是课程"强调教师要有课程意识,只有如此,教师才能真正地进入课程,才能使静态的课程设计转化为动态的课程实施,才能使预设的课程转化为创生的课程。即教师在教学过程中,要不断创生和发展课程,这体现了教师劳动的创造性。

二、多项选择题

1. ABCD 【解析】我国新型师生关系(理想师生关系)的特点表现为:尊师爱生、民主平等、教学相长、心理相容。

2. ABCD 【解析】教师劳动的特点有:(1)复杂性和创造性;(2)连续性和广延性;(3)长期性和间接性;(4)主体性和示范性;(5)劳动方式的个体性和劳动成果的群体性。

三、判断题

1. × 【解析】学生具有依赖性,但同样也具有主观能动性。学生在接受教育的过程中,具有一定的素质,可以进行自我教育。因此,学生是自我教育和发展的主体。

2. √ 【解析】师生关系在教育内容的教学上结成授受关系。

3.× 【解析】具有一定的研究能力属于教师的教育专业素养,而非人格素养。

4.× 【解析】"生存关注"阶段是教师专业发展的关键阶段,突出特点是"骤变与适应"。"任务关注"阶段的主要特征是:随着教学基本"生存"知识、技能的掌握,自信心日益增强,由关注自我的生存转到更多地关注教学,由关注"我能行吗"转到关注"我怎样才能行"。

四、案例分析题

1. ACD 【解析】夏老师关心爱护学生,也得到了学生的尊重,与学生成为无话不谈的好朋友,这体现出师生之间做到了尊师爱生、心理相容;学生说出老师对自己的误解或不公,老师开展自我批评,这体现出师生之间做到了民主平等。

2. ABCD 【解析】影响师生关系的因素主要有:(1)教师方面主要是教师对学生的态度、教师领导方式、教师的智慧、教师的人格因素;(2)学生方面主要是学生对教师的认识;(3)环境方面主要是学校的人际关系环境和课堂的组织环境。

第五章 课程

一、单项选择题

1. B 【解析】英国著名教育家斯宾塞在其名著《什么知识最有价值》中第一次提出了"课程"这个术语,这是把课程用作教育科学的专门术语的开始。

2. D 【解析】课程标准是课程计划中每门学科以纲要的形式编写的、有关学科教学内容的指导性文件,是课程计划的分学科展开。它是编写教科书和教师进行教学的直接依据,也是衡量各科教学质量的重要标准。

3. C 【解析】课程资源涉及学生学习与生活环境中一切有利于达成课程目标的资源,它弥散于学校内外的方方面面,因而具有广泛多样的特点。

4. B 【解析】CIPP评价模式是美国教育评价家斯塔弗尔比姆倡导的课程评价模式。

5. D 【解析】课程实施的三种取向分别是:忠实取向、相互调适取向和创生取向。其中,创生取向强调师生共同创生新的教育经验。题干中,教师突破教材文本,创生出更适合学生的课程,这是创生取向的课程实施。

6. D 【解析】泰勒原理可概括为:目标、内容、方法、评价,即:(1)确定课程目标;(2)根据目标选择课程内容;(3)根据目标组织课程内容;(4)根据目标评价课程。其中,确定课程目标是最为关键的一步,其他所有步骤都是围绕目标展开的。

7. C 【解析】表现性目标指在教育情境的种种遭遇中每一个学生个性化的创造性表现。它关注学生的创造精神、批判思维,适合以学生活动为主的课程安排。题干中的教师没有规定形式,而是让学生进行创造性的展示,发挥了学生的个性,这一教学行为旨在达成表现性目标。

二、多项选择题

1. ABCDE 【解析】教材可以是印刷品(包括教科书、教学指导用书、补充读物、图表等),也可以是音像制品(包括幻灯片、电影、录音带、录像带、磁盘、光盘等)。

2. BCE 【解析】CIPP模式、CSE模式和目的游离模式属于课程评价的主要模式。

三、简答题(参考答案)

(1)课程标准和教科书等是基本而特殊的课程资源;(2)教师是最重要的课程资源;(3)学生既是课程资源的消费者,又是课程资源的开发者;(4)教学过程是师生运用课程资源共同建构知识和人生的过程。

第六章 教学

一、单项选择题

1. D 【解析】形式教育论认为教学的主要任务在于通过开设希腊文、拉丁文、逻辑、文法和数学等学科发展学生的智力,至于学科内容的实用意义则是无关紧要的。

2. B 【解析】题干的描述体现了知和行是密切联系的,也即体现了理论联系实际原则。

3. B 【解析】形成性评价是在教学过程中为改进和完善教学活动而进行的对学生学习过程及结果的评价。它包括在一节课或一个课题的教学中对学生的口头提问和书面测验。依据题干可知孙老师采取的教学评价是形成性评价。

4. B 【解析】题干中的李老师在传授给学生知识的同时,也对学生进行思想品德教育,体现了教学过程中传授知识与思想品德教育相统一的规律。

5. A 【解析】新课程课堂教学提倡"以学论教",主要从学生的情绪状态、注意状态、参与状态、交往状态、思维状态、生成状态六个方面进行评价。其中,从学生的情绪状态进行评价是指:学生是否具有浓厚的兴趣,对学习具有好奇心与求知欲;能否长时间保持兴趣,能否自我调节和控制学习情绪;学习过程是否愉悦,学习愿望是否不断得以增强。故本题选A项。

6. D 【解析】演示法是指教师通过展示实物、教具和示范性的实验来说明、印证某一事物和现象,使学生掌握新知识的一种教学方法。题干中李老师通过演示硫酸亚铁氧化法的实验向同学们阐述化学知识运用的是演示法。

7. D 【解析】贯彻启发性原则要求教师设置问题情境,启发学生独立思考,培养学生良好的思维方法和思维能力。题干中该教师抛出问题,引导学生围绕这一问题进行讨论,最终成功解决了这一问题。这一过程符合启发性原则的贯彻要求。

8. D 【解析】个体内差异评价是对被评价者的过去和现在进行比较,或将评价对象的不同方面进行比较。题干中,数学老师对小明的逻辑推理能力和记忆能力两个不同方面进行比较,属于对个体内差异评价的运用。

9. A 【解析】领会知识是教学过程的中心环节。领会知识包括使学生感知和理解教材。感知教材主要是使学生获得关于所学内容的一个整体的表象,是所有教学活动的必经阶段。理解的目的在于形成概念、原理,真正认识事物的本质和规律。英语老师通过两两比较的方式进行重难点的讲解,这是为了让学生认识名词性从句的规律,真正理解名词性从句。这处于教学过程的中心环节。

10. C 【解析】"接知如接枝"的意思是:我们必须有从自己经验里发出来的知识做根,然后别人的相类的经验才能接得上去。倘使自己对于某事毫无经验,我们决不能了解或运用别人关于此事之经验。这体现出学生学习间接经验要以直接经验为基础。

11. A 【解析】量力性原则是指教学的内容、方法、分量和进度要适合学生的身心发展,使他们能够接受,但又要有一定的难度,需要他们经过努力才能掌握,以促进学生的身心发展。题干中第斯多惠的话强调了教学中传授的知识要符合学生的接受能力,只有符合学生的接受能力才能被学生理解,顺利地转化为他们的精神财富。即体现了量力性原则。

12. A 【解析】题干中的老师在面对学生提出的问题时,没有耐心引导,而是粗暴地批评了学生,打击了学生学习的积极性。这说明题干中的老师未发扬教学民主,没有创造民主、和谐的教学氛围。而贯彻启发性原则的要求之一是发扬教学民主。故题干中的老师违背了启发性教学原则。

二、多项选择题

1. BC 【解析】演示法是指教师通过展示实物、教具和示范性的实验来说明、印证某一事物和现象,使学生掌握新知识的一种教学方法。"张老师将事先插在红墨水瓶中的枝条剪下来,分到学生手里,让学生一边剥枝条一边观察"体现了演示法。谈话法也叫问答法,它是教师按一定的教学要求向学生提出问题让学生回答,通过问答、对话的形式来引导学生思考、探究,获取或巩固知识,促进学生智能发展的方法。教师提问,学生边观察边回答,体现了谈话法。

2. BC 【解析】巩固性原则是指教师在教学中要引导学生在理解的基础上牢固地掌握基本知识和基本技能,而且在需要的时候,能够准确无误地呈现出来,以利于知识技能的利用。B项是朱子读书法六条之一,意思是读书要多读几遍,并且要多思考;C项是孔子提出的教育方法,意思是:学到知识后按时温习并实践练习。这两项都含有及时巩固的意思,体现了巩固性教学原则。A项体现的是循序渐进教学原则,D项体现的是直观性教学原则。

3. BCD 【解析】根据使用的主要教学方法,课可分为讲授课、演示课、练习课、实验课和复习课。

三、判断题

1. × 【解析】形式教育论的代表人物是英国的洛克和瑞士的裴斯泰洛齐。实质教育论的代表人物是德国的赫尔巴特和英国的斯宾塞。

2. × 【解析】分组教学是指在按年龄编班或取消按年龄编班的基础上,根据学生能力、成绩分组进行编班的教学组织形式。分组教学有外部分组和内部分组、能力分组和作业分组等。其中,外部分组,即取消按年龄编班,而按学生的能力或某些测验成绩编班;内部分组,即在按年龄编班的班级内,再根据学生的成绩将他们分成若干个不同的小组。

3. × 【解析】相对性评价又称为常模参照性评价,是运用常模参照性测验对学生的学习成绩进行的评价,它主要依据学生个人的学习成绩在该班学生成绩序列或常模中所处的位置来评价和决定他的成绩的优劣,而不考虑是否达到教学目标的要求。"水涨船高""优中选优"属于相对性评价。

四、案例分析题(参考答案)

案例中的王老师通过教学反思,呈现了两种不同的教学情境,这体现了启发诱导、循序渐进和理论联系实际的教学原则。

(1)启发性原则是指在教学活动中,教师要调动学生的主动性和积极性,引导他们通过独

立思考、积极探索,生动活泼地学习,自觉地掌握科学知识,提高分析问题和解决问题的能力。贯彻此原则的要求有:加强学习的目的性教育,调动学生学习的主动性;设置问题情境,启发学生独立思考,培养学生良好的思维方法和思维能力。案例中这位教师在第一堂课中提出的问题:"'绝境'在现代汉语中是什么意思?"出现了"冷场"的局面,这是由于没有引起学生的兴趣;而在教学反思后的第二堂课上,学生们能够紧跟问题思考,最后"纷纷举手并给出正确的答案",这说明学生们的积极性被成功地调动了起来,证明教师的启发有了效果。

(2)循序渐进原则是指教师要严格按照科学知识的内在逻辑和学生的认知发展规律进行教学,使学生掌握系统的科学文化知识,能力得到充分的发展。贯彻此原则的要求有:教师的教学要有系统性;按照学生的认识顺序,由浅入深、由易到难、由简到繁地进行教学。案例中,王老师的问题之所以在第一堂课中没有得到学生的回应,正是因为他直接把难题摆了出来,没有遵循由易到难的顺序;改进后的第二堂课中,王老师先问了容易的问题,学生们做出回答之后,再一步步地引导其到目标问题。这样通过循序渐进的引导,学生们自然而然就理解了老师的问题。

(3)理论联系实际原则是指教师在教学中,应使学生从理论与实际的结合中来理解和掌握知识,并引导他们运用新获得的知识去解决各种实际问题,培养他们分析问题和解决问题的能力。贯彻此原则的要求有:重视书本知识的教学,在传授知识的过程中注重联系实际;重视引导和培养学生运用知识的能力。案例中王老师在第一堂课中的问题没能引起学生的兴趣,因为"绝境"这个词被单独拿出来直接让学生解释,学生无法联系已有的经验。而到了第二堂课,王老师先问了"请问你们都有什么困境?"当学生说出了自己的困境之后,王老师再让学生思考刚才说的"困境"是什么意思。这成功地让学生将理论与生活实际联系起来,因此他们很快就明白了这个词的现代意义,接下来也就可以进行古今词义的对比了,这节课最终也取得了很好的效果。

第七章　德育

一、单项选择题

1.D 【解析】品德评价法是通过对学生品德进行肯定或否定的评价而予以激励或抑制,促使其品德健康形成和发展的德育方法。它包括奖励、惩罚、评比和操行评定等。娜娜帮助同学打扫卫生,老师奖励了她一朵小红花,这说明该老师运用的德育方法是品德评价法。

2.C 【解析】陶冶教育法是教师利用环境和自身的教育因素,对学生进行潜移默化的熏陶和感染,使其在耳濡目染中受到感化的德育方法。题干中的教师通过播放歌曲来使学生感受父母对孩子的爱,体现了陶冶教育法的内涵。

3.D 【解析】导向性原则是指进行德育时要有一定的理想性和方向性,以指导学生向正确的方向发展。在我国,德育工作要把无产阶级的政治方向放在首位,对学生的德育要求要同共产主义目标相联系。因此贯彻这一原则时应做到:(1)坚持正确的政治方向;(2)德育目标必须符合新时期的方针政策和总任务的要求;(3)要把德育的理想性和现实性结合起来。故ABC三项的说法符合导向性原则。D项说法为贯彻知行统一原则的要求。

4．B　【解析】题干中的这句话的意思是：与好人住在一起，如同在满是香草的屋里住着，时间长了自己也会变得芳香。与恶人住在一起，如同身入卖咸鱼的店铺，时间长了自己也会变得很臭。这说明环境对人的重要影响。陶冶教育法是教师利用环境和自身的教育因素，对学生进行潜移默化的熏陶和感染，使其在耳濡目染中受到感化的德育方法。因此，从德育方法来讲，题干所述强调的是对学生进行潜移默化的熏陶和感染，这属于陶冶教育法。

5．B　【解析】实践锻炼法是指教育者有目的地组织受教育者进行一定的实践活动，以培养他们的道德行为和良好品德的德育方法。从题干中的"综合实践基地""校外教育活动场所""德育实践"等关键词，可以看出体现的德育方法是实践锻炼法。

6．D　【解析】疏导原则是指进行德育时要循循善诱、以理服人，从提高学生认识入手，调动学生的主动性，使他们积极向上。题干中，教师给学生讲道理，帮助他们提高认识，并发扬他们身上的积极因素，就体现了德育的疏导原则。

7．B　【解析】榜样示范法是用榜样人物的优秀品德来影响学生的思想、情感和行为的德育方法。学校以小张为榜样来教育学生，运用的是榜样示范法。

8．A　【解析】享用性功能是德育个体性功能的最高境界。

二、判断题

1．√　【解析】德育的途径主要包括：(1)思想品德课(思想政治课)与其他学科教学；(2)社会实践活动；(3)课外、校外活动；(4)共青团、少先队组织的活动；(5)校会、班会、周会、晨会、时事政策的学习；(6)班主任工作。

2．×　【解析】说服教育法的方式之一是运用事实进行说服教育，主要包括参观、访问和调查。题干中的"参观革命纪念馆""听解说"等采用了说服教育法对学生进行德育。

第八章　班级管理与班主任工作

一、单项选择题

1．A　【解析】对学生进行思想品德教育，这是班主任的工作重点和经常性的工作。

2．A　【解析】一个班从刚组建的群体发展为坚强的集体，要经历一个发展过程，大致分为三个阶段：组建阶段、核心初步形成阶段、集体自主活动阶段。其中，在组建阶段，班组织从形式上建立起来了，但同学间互不了解，缺乏凝聚力和活动能力，对班主任有很大的依赖性，需要班主任亲自指导和监督才能开展活动。

3．C　【解析】教师在进行班级管理时，要多发现学生的优点，以达到长善救失的效果，而不能鼓励学生相互找缺点，因为那样会损伤学生的自尊心，不利于学生健康发展。

4．C　【解析】班级民主管理是指班级成员在服从班集体的正确决定和承担责任的前提下参与班级全程管理的一种管理方式。班级民主管理的实质是在班级管理的全过程中，调动学生自我教育的力量，使人人都积极主动地参与班级事务。题干中，班主任和班委干部承担责任，做好分配管理工作，其他班级成员积极配合，调动了学生的积极性。这种班级管理模式属于民主管理。

5．B　【解析】有助于维持班级秩序，形成良好班风是班级管理的基本功能。

6. C 【解析】班主任了解学生的方法主要有书面材料分析法、观察法、调查法和谈话法。其中,观察法是基本方法;谈话法是一种积极、主动了解学生的方法;调查法是深入了解和研究学生的一种方法;书面材料分析法既可以看到学生的过去表现,又可以了解学生的当前情况。

7. B 【解析】课外活动的自愿性是指课外活动是学生自由选择、自愿参加的一种活动,强调学生可以按照自己的兴趣爱好和特长自愿选择。由"不强制要求学生参与"可知,题干体现了课外活动的自愿性特点。

8. B 【解析】课外活动的自主性是指课外活动可以由学生自己组织、设计和动手。课外活动是学生自己的活动,学生是课外活动的主体。题干中,"提倡学生自由管理、自行设计、自由发展"体现了课外活动的自主性特点。

二、判断题

1. × 【解析】班级民主管理是指班级成员在服从班集体的正确决定和承担责任的前提下参与班级全程管理的一种管理方式,并不是要凡事都与学生商量。

2. × 【解析】自主参与原则是指班级成员参与管理,发挥其主体作用。班级的各种组织机构的干部成员都应该由学生民主选举产生,并授予他们进行管理的权力,不能随便干预。当他们遇到困难时,要帮助解决,但不要代替。这也就是我们通常所说的"班干部能做的班主任不做,学生能做的班干部不做"。

3. √ 【解析】班主任工作的基本任务是带好班级、教好学生。班主任工作的首要任务是组织建立良好的班集体。班主任工作的中心任务是促进班集体全体成员的全面发展。

第二部分 心理学

第一章 心理学概述

一、单项选择题

1. B 【解析】个性倾向性决定着人对现实的态度,决定着人对认识和活动对象的趋向和选择,是个性结构中最活跃的因素。

2. C 【解析】心理是客观现实的反映。人的心理是人脑的机能,但人脑并不能自己产生心理现象,而必须借助外界客观事物的作用。题干所述体现了人的心理离不开客观事物,即心理是客观现实的反映。

3. A 【解析】反射分为无条件反射和条件反射,无条件反射是无意识的本能行为。闻到刺激气味就咳嗽属于无条件反射。B、C、D 三项属于后天学习获得的条件反射。

4. B 【解析】大脑左半球是抽象逻辑思维和言语中枢的优势半球,它主要负责言语、阅读、书写、运算和推理等;大脑右半球是形象思维和高度空间知觉的优势半球,它主要处理的信息是知觉物体的空间关系、情绪情感、欣赏音乐和艺术等。

5. A 【解析】相互诱导在效果上可分为负诱导和正诱导。由抑制过程引起或加强邻近区域的兴奋过程称为正诱导。由兴奋过程引起或加强邻近区域的抑制过程称为负诱导。例如,当专注阅读书本时,对周围环境的人或事往往"视而不见,听而不闻",这是负诱导现象。题干中小明的表现体现了负诱导现象。

二、多项选择题

1. ABCD 【解析】格式塔学习理论认为,学习是一种顿悟,即直觉思维,而不是尝试错误;格式塔理论强调整体观,反对联结理论的刺激—反应的联结的思想;强调学习者的知识经验的整体性和知觉经验的组织作用,关注知觉和认知(解决问题)的过程;特别研究了儿童的创造性思维,认为创造思维的核心是思维者关注问题的整体。因此,本题全选。

2. BC 【解析】根据题干所述,学生听到上课铃声马上回到教室准备上课,是后天经过学习才得到的反射,即所谓有意识学习得来的知识、技能、经验等,因此是条件反射。用上课铃声这一具体事物作为条件刺激而建立的条件反射叫作第一信号系统。

3. AB 【解析】构造主义和机能主义的研究对象都是意识;行为主义主张心理学研究行为,强调刺激—反应的联结;人本主义着重人格方面的研究,认为人的本质是好的、善良的。

三、判断题

1. √ 【解析】人本主义心理学代表人物为罗杰斯、马斯洛。人本主义着重于人格方面的研究,认为:(1)人的本质是善良的;(2)人有自由意志,有自我实现的需要。人本主义也被视为西方心理学的"第三势力"。

2. × 【解析】心理过程是心理活动的一种动态过程,是人脑对客观现实的反映过程。心理过程可分为以下三个方面:(1)认知过程;(2)情绪情感过程;(3)意志过程。个性心理特征属于个性心理。题干说法错误。

第二章 认知过程

一、单项选择题

1. A 【解析】知觉的基本特性有知觉的选择性、知觉的整体性、知觉的理解性、知觉的恒常性。知觉的选择性是指当面对众多的客体时,知觉系统会自动地将刺激分为对象和背景,并把知觉对象优先地从背景中区分出来。当对象与背景的差别越大、对比越大时,对象越容易被感知,如万绿丛中一点红、用白粉笔在黑板上写的字、夜深人静时隔壁的电话铃声;反之,则不容易被感知,如冰天雪地中的白熊、穿着迷彩服藏在草地中的士兵、喧闹集市中的手机声。

2. C 【解析】晕轮效应是指当我们认为某人具有某种特征时,就会对他的其他特征做相似判断。如爱屋及乌。题干中小明因为喜欢语文老师而喜欢语文课,体现的是晕轮效应。

3. A 【解析】动景运动是当两个刺激(如光点、直线、图形等)按一定的时间间隔和时距相继呈现时,我们就会看到从一个刺激物向另一个刺激物的连续运动。电子广告、放映机运用的就是这个原理。

4. A 【解析】情景记忆是以亲身经历的、发生在一定时间和地点的事件(情景)为内容的记忆。情景记忆接受和储存的信息和个人生活中的特定时间、地点有关,并以个人的经历为参照,如想起自己参加过的一个会议或曾经去过的地方。冬奥会期间观看比赛的记忆属于情景记忆。

5. B 【解析】思维的概括性包含两层意思:(1)把同一类事物的共同特征和本质特征抽取

出来加以概括;(2)将多次感知到的事物之间的联系和关系加以概括,得出有关事物之间的内在联系的结论。

6. C 【解析】前摄抑制是先学习的材料对识记和回忆后学习的材料的干扰作用。后学习的材料对保持和回忆先学习的材料的干扰作用,称为倒摄抑制。因此题干中后学习的数学知识对先学习的英语知识的干扰属于倒摄抑制。

7. B 【解析】想象的补充功能是指借助想象可以弥补人们认识活动的时空局限,超越个体狭隘的经验范围,获得更多的知识。

8. A 【解析】抽象是在人脑中提炼各种事物或现象的共同的、本质的特征,舍弃个别的、非本质的特征的过程。

9. D 【解析】意义识记是指通过理解材料的意义,把握材料内容的识记,其基本条件是要求识记者能理解识记材料并进行思维加工。比如科学概念、定理、公式、历史事件和文艺作品等都是有意义的材料,在识记这类材料时,一般不会采取逐字逐句强记硬背的方式,而是先理解其基本涵义,借助自己已有的知识经验,通过思维的分析和综合,把握材料各部分的特点和内在逻辑关系,使之纳入认知结构而保持在记忆中。机械识记是指只根据材料的外部联系或表现形式,采取简单重复的方式进行的识记。如记忆外语生词、仪表数字、人名地名、化学元素符号等等。因此,A、B、C三项属于意义识记,D项属于机械识记。

10. B 【解析】概念形成一般经历三个阶段:(1)抽象化;(2)类化;(3)辨别。概念形成首先是要了解客观事物的属性或特征,因此,必须对具体事物的各种特征与属性进行抽象化。

11. B 【解析】思维的深刻性是指能深入地思考问题,善于透过事物的表面现象,抓住事物的实质,揭露事物之间的内在联系。故B项符合题意。

12. B 【解析】注意的分配是指人在进行两种或多种活动时能把注意指向不同对象的现象。例如,学生在课堂上一边听课,一边记笔记。故答案选B项。

13. C 【解析】错觉是对客观事物不正确的知觉,其产生的原因既有主观的,也有客观的,并且不可通过主观努力来纠正。故A、B、D三项表述错误。

二、多项选择题

CD 【解析】系列位置效应就是指接近开头和末尾的记忆材料的记忆效果好于中间部分的记忆效果的趋势。开头部分和结尾部分的记忆效果较好,分别称为首因效应和近因效应,而效果较差的中间部分被称为渐近部分。

三、辨析题(参考答案)

1. (1)这种说法是不正确的。(2)再造想象是依据词语或符号的描述、示意在头脑中形成与之相应的新形象的过程。人在阅读文艺作品、历史文献,工人看建筑或机械图纸都属于再造想象。故题干所述内容为再造想象。题干说法错误。

2. (1)这种说法是不正确的。(2)诱导运动是一个运动的物体导致相邻静止的物体像是发生了运动,两物体是"同时"被感知的。运动后效是先注视一运动物体,然后转向一静止物体,会发现原本静止物体似乎会向原运动物体的相反方向运动;二者的出现有"时间先后",且静止物体朝"相反"方向运动。题干所述现象心理学称之为运动后效。

四、案例分析题(参考答案)

(1)①思维的深刻性是指能深入地思考问题,善于透过事物的表面现象,抓住事物的实质,揭露事物之间的内在联系。小叶不仅深思好学、触类旁通,有独立见解,还能透过现象看本质,体现了思维的深刻性。

②思维的独立性(独创性)是指既能不受他人暗示,不人云亦云,不盲从别人的见解,不依赖现成的方法和结论,又能不武断、不一意孤行、不固执已见、不唯我是从,充分地发挥个人的主观能动性,独立地发现、思考、处理和解决问题。小叶有独立见解,善于创新求异体现了思维的独立性(独创性)。

③思维的灵活性与敏捷性,它表现为能从不同角度、运用不同方法思考问题;在条件发生变化时,能随机应变,及时地改变原有计划、方案,寻找新的解决问题的途径。小叶在数学课上,当问题与条件发生变化时,他总能打破常规,想出新办法,解决问题当机立断,毫不犹豫,体现了其思维的灵活性与敏捷性。

(2)教师在教育教学过程中培养学生良好的思维品质可以从以下几个方面着手:①加强科学思维方法的训练。②运用启发式方法调动学生思维的积极性、主动性。③加强言语交流训练。④发挥定势的积极作用。⑤培养学生解决实际问题的思维品质。社会实践活动是思维发展的源泉,实践不仅为思维活动提出了新问题,还为学生提供了丰富的感性材料和经验,也提供了检验思维正确性的标准。实践有助于学生的理论思维、操作思维及创造性思维品质的发展。梁老师安排在班上开展课前讲故事活动,提高学生的言语表达能力和对数学题意的理解力;在课堂教学中,梁老师设置问题情境,激励学生独立发现问题,提出问题,鼓励学生运用已有知识经验去思考如何解决问题,调动了学生的积极性,培养了学生解决实际问题的能力。

第三章 情绪情感和意志过程

一、单项选择题

1. A 【解析】依据情绪发生的强度、持续性和紧张度的不同,可以把情绪状态划分为激情、心境、应激三种。其中,激情是一种爆发式的、猛烈而时间短暂的情绪状态。例如,狂喜、暴怒、恐惧、绝望、剧烈的悲痛等,都是激情的表现。它往往带有特定的指向性和较明显的外部行为表现,如暴跳如雷、浑身战栗、手舞足蹈等。由此可知题干中小明的情绪状态属于激情。

2. B 【解析】健康功能指情绪和情感调控的好坏直接影响到身心健康。

3. B 【解析】动机斗争(动机冲突)的类型有:双趋冲突、双避冲突、趋避冲突和多重趋避冲突。其中,双避冲突指从希望回避的两种事物中必取其一的心理状态,如学习差的学生既怕学习又怕受处分,这两者对他都是一种威胁,都想逃避,但他必须选择其一。题干中"熬夜补作业"和"被教师批评"均是小智希望回避的事物,故其动机冲突类型属于双避冲突。

4. D 【解析】移置是无意识地将指向某一对象的情绪、意图或幻想转移到另一个对象或替代的象征物上,以减轻精神负担取得心理安宁。例如,一个孩子被妈妈打后,满腔愤怒,难以回敬,转而踢倒身边的板凳,把对妈妈的怒气转移到身边的物体上。这时虽然客体变了,但其冲动的性质及其目的仍然未改变。

5. A 【解析】A项属于主观体验。

6. D 【解析】意志的品质有：(1)自觉性；(2)果断性；(3)自制性；(4)坚韧性(坚持性)。其中，坚韧性指一个人在行动中坚持决定，百折不挠地克服重重困难去达到行动目的的品质。因此，D项符合题意。

二、多项选择题

1. BC 【解析】激情是一种爆发式的、猛烈而持续时间短暂的情绪状态，故B项说法正确。心境是一种微弱的、持续时间较长的，带有弥漫性的情绪状态，故C项说法正确。应激是出乎意料的紧迫情况所引起的急速而高度紧张的情绪状态，故A项说法错误。情绪主要指感情过程，即个体需要与情境相互作用的过程，也就是脑的神经机制活动过程，如高兴时手舞足蹈、愤怒时暴跳如雷。而情感经常用来描述那些具有稳定的、深刻的社会意义的感情，如对祖国的热爱，对敌人的憎恨以及对美的欣赏等。情绪和情感既有区别又有联系，因此不能说情绪与情感的概念相同，故D项说法错误。

2. AD 【解析】意志的自制性是一个人善于控制和支配自己的情绪，约束自己言行的品质。与其相反的意志品质是任性和怯懦。

三、判断题

1. √ 【解析】表情大部分是天生的，也有一些是后天学习得来的，后天获得的表情受一定社会文化、风俗习惯的影响。

2. √ 【解析】情绪的信号性功能是指情绪是人的思想意识的自然流露，各种各样的表情都具有一定的信号意义，这种信号有助于人与人之间的相互了解，即使在语言互不相通的情况下，凭借表情，人们也可以相互交流。

第四章　个性心理

一、单项选择题

1. A 【解析】晶体智力是以学得的经验为基础的认知能力。它受后天经验的影响较大，主要表现为运用已有知识和技能去吸收新知识和解决新问题的能力。最能反映晶体智力的词汇是"经验丰富"。

2. D 【解析】加德纳认为，人的智力结构中存在着七种相对独立的智力，这七种智力在每个人身上的组合方式是多种多样的，每个人在不同领域的智力发展水平是不同步的。加德纳所提出的七种智力是：言语智力、逻辑—数理(数学)智力、视觉—空间智力、音乐智力、运动智力、人际智力(也即社交智力)、自知智力。其中，逻辑数学智力是指数字运算与逻辑思考的能力以及科学分析的能力。侦探、律师、工程师、科学家、数学家的逻辑—数学智力较高。故答案选D项。

3. A 【解析】效度是指一个测验工具希望测到某种行为特征的有效性与准确程度。要想测验可以真实地测出被试的能力，则须要求测验的效度高。故本题选A项。

4. A 【解析】胆汁质以精力旺盛、表里如一、刚强、易感情用事为特征。整个心理活动笼罩着迅速而突发的色彩。题干中小明的气质类型为胆汁质。巴甫洛夫认为强而不平衡的类型

(兴奋型)相当于胆汁质。故小明最有可能属于兴奋型。

5. D 【解析】马斯洛早期把需要分成了七个层次,即生理需要、安全需要、归属与爱的需要、尊重需要、求知需要、审美需要和自我实现的需要。马斯洛对以上七种需要进行了进一步的区分:位于需要层次底部的四种需要被称为缺失性需要,后三种需要是成长性需要。A项吃饱穿暖的需要属于生理需要;B项建立友谊的需要属于归属与爱的需要;C项受人尊重的需要属于尊重需要;D项学有所用的需要属于自我实现的需要。故D项不属于缺失性需要。

6. C 【解析】晶体智力是以学得的经验为基础的认知能力。它受后天经验的影响较大,主要表现为运用已有知识和技能去吸收新知识和解决新问题的能力。显然,晶体智力与教育、文化有关,但在个体差异上与年龄的变化没有密切关系,晶体智力不因年龄增长而降低,有些人甚至因知识经验的累积,晶体智力随着年龄的增长而升高。流体智力以生理为基础,受先天遗传因素的影响较大,与年龄有密切的关系:一般人在20岁以后,流体智力的发展达到顶峰,30岁以后随着年龄的增长而降低。因此,本题答案选C项。

7. A 【解析】多血质气质类型的基本特征有:情感丰富、外露,但不稳定,思维敏捷,但不求甚解,有朝气、活泼好动、热情大方、善于交往,有同情心,但交情浅薄,行动敏捷、适应力强。多血质气质类型个体的弱点是缺乏耐心和毅力,浮躁,稳定性差,见异思迁。根据题干中的关键词"活泼好动""思维敏捷""兴趣易变"等可知,该学生的气质类型偏向于多血质。

8. A 【解析】性格是指人的较稳定的态度与习惯化了的行为方式相结合而形成的人格特征。性格的态度特征是指个体对自己、他人、集体、社会以及对工作、劳动、学习的态度特征。例如,谦虚或自负、利他或利己、粗心或细心、创造或墨守成规等。题干中"诚实或虚伪、勇敢或怯懦、谦虚或骄傲、勤劳或懒惰"均属于性格的态度特征。

二、多项选择题

1. ABD 【解析】马斯洛认为,低级需要直接关系到个体的生存,因而也叫缺失需要。高级需要不是维持个体生存所绝对必需的,也叫成长需要。高级需要比低级需要复杂。A、B项正确。马斯洛还认为,需求的产生,由低级向高级发展是呈波浪式的,在低一级需求尚未完全满足时,高一级的需求便出现了。C项错误。需要层次理论强调"人的动机是由人的需求决定的"。D项正确。

2. ABCD 【解析】为顺利通过考试,学生上课专心听讲,下课主动完成作业体现了动机的激活功能;去看之前不想看的辅导材料体现了动机的指向(定向)功能;生病了还坚持学习体现了动机的维持和调节功能。

3. BCD 【解析】美国心理学家卡特尔根据因素分析的结果,按心智能力功能上的差异,将人的智力分为流体智力和晶体智力两种不同的形态。其中,流体智力的特点包括:(1)受先天遗传因素的影响较大,主要表现为对新奇事物的快速辨认、记忆、理解等,如记忆广度。故A项错误,B项正确。(2)对不熟悉的事物,能以迅速准确的反应来判断其彼此间的关系。(3)流体智力的发展与年龄有密切的关系。一般人在20岁以后,流体智力的发展达到顶峰,30岁以后随着年龄的增长而降低。故C项正确。(4)流体智力属于人类的基本能力,受教育文化的影响较少。故D项正确。因此,本题选B、C、D三项。

三、判断题

1. √ 【解析】凡是使个体趋向或接受某种刺激而获得满足的,称为正诱因。教师对学生的表扬是一种激发学生学习的正诱因。

2. × 【解析】性格的态度特征是指个体对自己、他人、集体、社会以及对工作、劳动、学习的态度特征。性格的态度特征在性格结构中具有核心意义。

3. × 【解析】信度是效度的必要条件,但不是充分条件。一个测量工具要有效度必须有信度,没有信度就没有效度;但是有了信度不一定有效度。信度低,效度不可能高;信度高,效度未必高。

四、简答题(参考答案)

能力与知识、技能的联系:

(1)能力是掌握知识与技能的前提。

(2)能力是在掌握知识和技能的过程中形成和发展起来的,随着人类知识、技能的积累,人的能力也得到相应的提高。

能力与知识、技能的区别:

(1)能力与知识、技能具有不同的概括水平。知识是人类社会历史经验的概括和总结,技能是对一系列活动方式的概括,能力是人在从事某种活动时表现出来的多种心理品质的概括。

(2)在一个人身上,知识和技能的发展是无止境的,它随着学习进程的不断增多而不断丰富;而能力的发展则有一定的限度。

(3)知识、技能的掌握和能力的发展是不同步的。知识多了,能力并不一定就高。

第三部分 教育心理学

第一章 教育心理学概述

一、单项选择题

1. A 【解析】教育心理学研究的最核心的东西是学生的学习过程和个体差异。故学生是教育心理学研究的主要对象。

2. C 【解析】1903年,美国心理学家桑代克出版了《教育心理学》,这是西方第一本以"教育心理学"命名的著作。1913~1914年,该书又扩充为三卷本的《教育心理大纲》,奠定了教育心理学发展的基础,西方教育心理学的名称和体系由此确立,桑代克也因此被称为"教育心理学之父"。

3. A 【解析】初创时期,瑞士教育家裴斯泰洛齐第一次提出"教育教学的心理学化"的思想。A项说法正确。布鲁纳发起的课程改革运动和计算机辅助教学(CAI)出现在教育心理学的成熟时期。BC两项说法错误。在完善时期,美国心理学家布鲁纳总结了教育心理学20世纪80年代以来的成果:(1)主动性研究;(2)反思性研究;(3)合作性研究;(4)社会文化研究。D项说法错误。

4. D 【解析】教育性原则(道德性原则)是指在教育心理学的研究过程中,所采用的研究手段与方法应能促进被试心理的良性发展,这是所有关于人的心理学研究中都应遵从的一个基本伦理道德原则。

5. B 【解析】在教育心理学的发展时期(20世纪20年代至50年代末)主要有两大发展:(1)20世纪40年代,弗洛伊德的理论广为流传。(2)20世纪50年代,程序教学和教学机器的兴起。故选B项。

二、多项选择题

1. ABC 【解析】教学环境包括物质环境和社会环境两个方面。前者涉及课堂自然条件(如温度和照明)、教学设施(如桌椅、黑板和投影仪等)以及空间布置(如座位的排列)等。后者涉及课堂秩序、课堂气氛、师生关系、同学关系、校风以及社会文化背景等。D项属于教学环境中的社会环境。故答案选A、B、C三项。

2. ACD 【解析】教育心理学是一门研究教育教学情境中学与教的基本心理规律的科学。它拥有自身独特的研究课题,即如何学、如何教以及学与教之间的相互作用。

三、判断题

1. √ 【解析】教育心理学是从心理学许多分支中吸取了研究成果而发展起来的,又由于其研究内容的复杂广泛性,它与许多学科有密切的联系。近年来,越来越多的教育心理学家认识到教育心理学是一门独立的科学,有自己的理论、研究方法、问题和技术。因此,题干说法正确。

2. × 【解析】桑代克被称为教育心理学奠基人。

第二章 心理发展及个别差异

一、单项选择题

1. B 【解析】在正常条件下,心理的发展总是具有一定的方向性和先后顺序。题干所述儿童心理的发展总是经历一定的顺序,这体现的是心理发展的定向性与顺序性。

2. A 【解析】同化是指有机体在面对一个新的刺激情境时,把刺激整合到已有的图式或认知结构中。

3. B 【解析】皮亚杰提出了认知发展的阶段理论,将个体的认知发展分为以下四个阶段:感知运动阶段、前运算阶段、具体运算阶段和形式运算阶段。其中,前运算阶段的儿童还没有"守恒"能力或没有形成"守恒"的概念,思维缺乏观念的传递性。儿童观察事物时往往只能注意表面的、显著的特征,倾向于注意事物的静止状态。思维活动表现的关系单一,不能进行可逆运算。题干中的小明还不能进行可逆运算,他处于的认知发展阶段是前运算阶段。

4. C 【解析】维果斯基认为,儿童有两种发展水平:一是儿童的现有水平,即由一定的已经完成的发展系统所形成的儿童心理机能的发展水平;二是可能(即将)达到的发展水平。这两种水平之间的差异,就是最近发展区。题干中儿童在成人帮助下可以完成更高水平的题目,这一水平和儿童原本水平之间的差距就是最近发展区。

5. C 【解析】顺应是指当有机体不能利用原有图式接受和解释新刺激时,其认知结构发生改变来适应刺激的影响。

6. B 【解析】场依存型的学生对客观事物的判断常以外部线索为依据,其态度和自我认知易受周围环境或背景(尤其是权威人士)的影响,往往不易独立地对事物做出判断,而是人云亦云,从他人处获得标准;行为常以社会为定向,社会敏感性强,爱好社交活动。场独立型的学生对客观事物的判断常以自己的内部线索(经验、价值观)为依据,不易受到周围环境因素的影响和干扰,倾向于对事物的独立判断;行为常是非社会定向的,社会敏感性差,不善于社交,关心抽象的概念和理论,喜欢独处。题干中小青第二次画得比第一次好,是因为第二次有"精确的椭圆轮廓"作为参考,说明小青是以外部线索为依据,其认知风格属于场依存型;小明两次画得同样好,并没有受到"精确的椭圆轮廓"的影响,说明小明是以自己的内部线索为依据,其认知风格属于场独立型。故选B项。

二、多项选择题

1. ABC 【解析】心理发展的不平衡性体现在:一方面表现出个体不同系统在发展的速度、发展的起止时间与到达成熟时期的不同进程;另一方面也表现出同一机能特性在发展的不同时期有不同的发展速率。

2. ABCD 【解析】根据案例描述可知,小松和小刚的认知风格不一样。小松属于场依存型认知风格,他易受暗示,学习欠主动,由外在动机支配,更喜欢结构严密的教学。小刚属于场独立型认知风格,他擅长独立自觉学习,由内在动机支配,更喜欢结构不严密的教学。持深层加工方式的学习者通常是为了学习而学习,会对自己的学习进行自我管理和调节,不大关注别人如何评价自己的表现。小刚因为学习本身很有意思而学习,会对自己的学习进行自我管理和调节。因此,他在学习中加工信息的方式是深层加工。

3. ACD 【解析】"我一走路,月亮就跟我走""花儿开了,因为它想看看我"说明前运算阶段儿童的认知特点是自我中心;"他们的思维又具有只能前推不能后退的表现"说明了前运算阶段儿童认知特点的不可逆性;"同时儿童在注意事物的某一方面时往往忽略其他的方面,对物体的认识受其形态变化的影响"说明前运算阶段儿童的认知特点是尚未形成守恒。所以,答案选A、C、D项。

4. ABD 【解析】自我调控系统是以自我意识为核心的人格调控系统,包括自我认识、自我体验、自我控制三个子系统。

三、判断题

1. × 【解析】生理自我成熟的时间在3岁左右。

2. × 【解析】维果斯基认为,必须区分两种心理机能:一种是靠生物进化获得的低级心理机能;另一种是文化历史发展的结果,即以精神工具(符号)为中介的高级心理机能。人具有动物所不具备的高级心理机能,如概念思维、理性想象、有意注意、逻辑记忆等。故题干说法错误。

3. × 【解析】皮亚杰提出了认知发展的阶段理论,将个体的认知发展分为以下四个阶段:感知运动阶段、前运算阶段、具体运算阶段和形式运算阶段。与前运算阶段相比,具体运算阶段的儿童能够运用逻辑思维解决具体问题,但必须依赖于实物和直观形象的支持才能进行逻辑推理和运用逻辑思维解决问题,不能够进行纯符号运算。因此题干所述为具体运算阶段儿童的思维特征。

四、简答题(参考答案)

1. 皮亚杰认为认知发展是一个构建的过程,是个体在与环境的相互作用中实现的。他提出了认知发展的阶段理论,将个体的认知发展分为以下四个阶段:(1)感知运动阶段(0~2岁);(2)前运算阶段(2~7岁);(3)具体运算阶段(7~11岁);(4)形式运算阶段(11岁~成人)。

2. 维果斯基认为,儿童有两种发展水平:一是儿童的现有水平,即由一定的已经完成的发展系统所形成的儿童心理机能的发展水平;二是可能达到的发展水平。这两种水平之间的差异,就是最近发展区。也就是说,最近发展区是儿童在有指导的情况下,借助成人的帮助所能达到的解决问题的水平与独自解决问题所达到的水平之间的差异,实际上是两个邻近发展阶段间的过渡状态。

第三章 学习理论

一、单项选择题

1. A 【解析】按学习结果,心理学家加涅将学习分为智慧技能、认知策略、言语信息、动作技能和态度五种类型。其中态度是指影响个人对人、事、物采取行动的内部状态。题干中小安在看完电影后对军人产生敬佩之情,立志要当解放军,属于态度的学习。

2. C 【解析】操作性条件作用的基本规律有:强化、逃避条件作用与回避条件作用、消退、惩罚。其中,强化是采用适当的强化物而使机体反应频率、强度和速度增加的过程。A项小明在商场哭闹着想买玩具,妈妈通过买零食来制止他的哭闹,这样会强化小明的哭闹行为,属于强化理论的不合理利用。B项欢欢考试取得好成绩,妈妈就奖励她100元的做法也是不合理的,自我决定理论认为外在动机使用不当会导致内在动机的抵消,妈妈对欢欢的奖励可能会降低其学习的内部动机。C项妈妈允许林林在按时完成作业后看1小时的电视,属于正强化的合理运用。D项睿睿上课迟到,老师的挖苦讽刺属于不合理的惩罚。故选C项。

3. C 【解析】学习的内涵可以从以下几个方面去理解:(1)学习实质上是一种适应活动。(2)学习是人和动物共有的普遍现象。(3)学习是由反复经验引起的;也有观点直接强调学习的发生是由于经验引起的。A项正确。(4)学习是有机体后天习得经验的过程。C项错误。(5)学习的过程可以是有意的,也可以是无意的。(6)学习引起的是相对持久的行为或行为潜能的变化。B、D两项正确。综上,本题选C项。

4. D 【解析】类化又称为概括化、泛化,指的是一种条件反射建立之后,个体可能不仅对条件刺激做出相应的行为反应,而且对与条件刺激相似的其他刺激也做出相应的行为反应。我们在实际的行为学习中举一反三、触类旁通、闻一知十都是类化的表现。

5. A 【解析】根据学习情境由简单到复杂、学习水平由低到高的顺序,加涅把学习分为以下八类。(1)信号学习;(2)刺激—反应学习;(3)连锁学习;(4)言语联结学习;(5)辨别学习;(6)概念学习;(7)原理学习;(8)解决问题的学习。概念学习指对刺激进行分类时,学会对一类刺激做出同样的反应。A项学生掌握了鸟的特征后,能将喜鹊归为鸟类,属于概念学习。解决问题的学习指在不同情况下,使用所学原理或规则去解决问题。B项学生运用所学的加减法

则到超市采购食材属于解决问题的学习。信号学习指学习对某种信号做出某种反应。C项学生听到上课铃后快速走进教室属于信号学习。辨别学习指学会识别多种刺激的异同并对之作出不同的反应。D项学生能区分两个相似的单词的中文含义属于辨别学习。因此答案选A项。

6. C 【解析】奥苏贝尔认为,有意义学习的本质就是以符号为代表的新观念与学习者认知结构中原有的适当观念建立起非人为的和实质性的联系的过程,是原有观念对新观念加以同化的过程。所谓非人为的联系,是指有内在联系而不是任意的联想或联系,指新知识与原有认知结构中有关的观念建立在某种合理的逻辑基础上的联系。所谓实质性的联系,是指表达的语词虽然不同,但却是等值的,也就是说这种联系是非字面的联系。C项小素对概念间的关系的理解符合有意义学习,故C项正确。在机械学习中,学习者没有理解学习符号的真实含义,只是在学习内容与已有的知识结构之间建立一种非本质的、人为的联系。A、B、D三项属于机械学习。

二、判断题

1. × 【解析】强化是采用适当的强化物而使机体反应频率、强度和速度增加的过程。强化有正强化和负强化之分。惩罚是指一个反应之后的一个刺激或事件减少了这个反应发生的可能性。故题干说法错误。

2. × 【解析】操作性条件反射理论强调行为发生在刺激之前,即行为发生后给予强化。

第四章 学习心理

一、单项选择题

1. D 【解析】根据迁移的性质和结果,可分为正迁移、负迁移和零迁移。其中,正迁移是指一种学习对另一种学习的促进作用;负迁移是指一种学习对另一种学习产生阻碍作用。根据迁移发生的方向,可分为顺向迁移和逆向迁移。顺向迁移是指先前学习对后继学习产生的影响;逆向迁移是指后继学习对先前学习产生的影响。"温故而知新"指旧知识对新知识产生了促进作用,即先前学习对后继学习产生了促进作用,因此属于顺向正迁移。

2. A 【解析】操作定向就是了解操作活动的结构与要求,在头脑中建立起操作活动的定向映像的过程。陈老师对每个动作进行示范与讲解,并让学生仔细观察并思考应该怎么做这些动作,这是为了让学生在头脑中建立起操作活动的定向映像。

3. C 【解析】下位学习又称类属学习,是一种把新的观念归属于认知结构中原有观念的某一部分,并使之相互联系的过程。原有观念在包容和概括水平上高于新学习的知识。下位学习包括派生类属学习和相关类属学习。派生类属学习是指新观念是认知结构中原有观念的特例或例证,新知识只是旧知识的派生物。相关类属学习是指新知识扩展、修饰或限定学生已有的旧知识,并使其精确化。A项上位学习又称总括学习,是在学生掌握一个比认知结构中原有概念的概括和包容程度更高的概念或命题时产生的。B项并列结合学习又称组合学习,是在新命题与认知结构中原有的命题既非下位关系又非上位关系,而是一种并列的关系时产生的。题干中新学习的"鲸"的概括水平低于先前学习的"哺乳动物"的概括水平,因此属于下位学习。

而"鲸"是"哺乳动物"的例证,因此属于派生类属学习。答案选择C项。

4. D 【解析】自我价值感理论将动机类型划分为四种,亦将学生分为四类,即高驱低避型、低驱高避型、高驱高避型、低驱低避型。其中,低驱低避型的人又被称作"失败接受者"。他们不奢望成功,对失败也不感到丝毫恐惧或者羞愧,他们内心如同一潭死水,鲜有冲突。他们对成就表现得漠不关心,不接受任何有关能力的挑战。故题干中的小英最可能属于低驱低避型的人。

5. C 【解析】创造性的特征包括:流畅性、灵活性(变通性)、独创性(独特性)。其中,独创性(独特性)指产生不同寻常的反应和不落常规的能力,以及重新定义或按新的方式对所见所闻加以组织的能力。"知人所不知,见人所不见"的意思是:知道别人不知道的,看见别人看不见的,比喻有想法,有独到见解。这体现了创造性的独特性特征。

6. C 【解析】按学习动机起作用时间的长短,可将学习动机分为近景的直接性学习动机和远景的间接性学习动机。远景的间接性学习动机是指由于了解活动的社会意义、活动结果的社会价值而引起的对某种活动的动机,这种学习动机既具有一定的社会性和理想色彩,又与个人的志向、世界观相联系,具有较强的稳定性和持久性,能在相当长的时间内起作用。"为中华之崛起而读书"是由于了解了活动的社会价值而引起的学习动机,因此属于远景的间接性学习动机。

7. C 【解析】手段—目的分析法就是将需要达到的问题的目标状态分成若干个子目标,通过实现一系列的子目标而最终达到总目标。它包括这样一种情况,即有时人们为了达到目的,不得不暂时扩大目标状态与初始状态的差距,以便最终达到目标。题干中小王为了达到坐上地铁去公司这一目的,先向反方向坐了两站扩大了与目标的距离,最终实现了坐上地铁去公司这一目标,这正是采用了手段—目的分析法。

二、多项选择题

1. ABC 【解析】D项中对篮球规则的记忆属于陈述性记忆。

2. BC 【解析】习俗水平是在小学中年级出现的,一直到青年、成年。这一水平包括以下两个阶段:(1)好孩子的道德定向阶段(寻求认可取向阶段);(2)维护权威或秩序的道德定向阶段(遵守法规取向阶段)。

3. BD 【解析】根据学校情境中的学业成就动机的不同,奥苏贝尔等人把动机分为认知内驱力、自我提高内驱力和附属内驱力三个方面。其中,附属内驱力是指个体为了获得长者们(如家长、教师)的赞许或认可而表现出把工作、学习做好的一种需要。附属内驱力是一种间接的学习需要,属于外部动机。故题干中的学生为了得到老师或父母的奖励而努力学习的动机属于附属内驱力(外部动机)。因此,答案选B、D两项。

三、判断题

1. × 【解析】学业求助策略指当学生在学习上遇到困难时,向他人请求帮助的行为。学业求助不是自身能力缺乏的标志,而是获取知识、增长能力的一种途径,是一种重要的学习策略。学业求助包括两个方面:(1)学习工具的利用,如善于利用参考资料、工具书、图书馆、电脑等;(2)社会性人力资源的利用,如善于利用老师的帮助以及同学间的合作与讨论来加深对学

习内容的理解。

2.√　【解析】实物直观指在感知实际事物的基础上提供感性材料的直观教学方式。模像直观指观察与教材相关的模型与图像(如图片、图表、幻灯片、电影、录像、电视等),形成感知表象。实物直观虽然真切,但是难以突出本质要素和关键特征;而模像直观虽然与实际事物之间有一定距离,却有利于突出本质要素和关键特征。因此,一般而言,模像直观的教学效果优于实物直观。但是,这一结论只限于知识的初级学习阶段。故题干说法正确。

四、案例分析题(参考答案)

(1)韦纳的归因理论把人经历过事情的成败归结为六种原因,即能力、努力程度、工作难度、运气、身心状况、外界环境。又把上述六项因素按各自的性质,分别归入三个维度:内部归因和外部归因、稳定性归因和非稳定性归因、可控制归因和不可控制归因。一般来说,如果把成功归结为内部稳定的原因,会使人感到满意和自豪;如果把失败归因为外在因素,则可能会增加行为的积极性。

根据韦纳的理论,案例中五名学生对应的归因特点分别为:

①学生A,属于不稳定、外在、不可控制的归因,认为取得好成绩是运气的结果,即做过同类型的题。②学生B,属于稳定、内在、不可控制的归因,认为成绩不好是能力不足的结果,即认为自己不适合学习数学。③学生C,属于不稳定、外在、不可控制的归因,认为成绩不好是外在环境不好的结果,即认为是老师没有认真阅卷。④学生D,属于不稳定、内在、不可控制的归因,认为成绩不好是身心状况不佳的结果,即认为考试时感冒从而影响发挥。⑤学生E,属于不稳定、内在、可控制的归因,认为成绩不好是努力程度不够的结果,即认为学习不用功而导致没考好,是积极的归因。

(2)教师根据学生的自我归因可预测其此后的学习动机。学生的自我归因虽未必正确,但却是重要的。因为归因促使学生在从了解自己到认识别人的过程中,建立起明确的自我概念,促进自身的成长。而如果学生有不正确的归因,则更表明他们需要教师的辅导和帮助。

教师引导积极归因的措施有:

①长期消极的归因不利于学生的人格成长,这就需要教师利用反馈的作用,并在反馈中给予鼓励和支持,帮助学生正确归因,重塑自信。在师生交互作用的教学过程中,学生对自己成败的归因,并非完全以其考试分数的高低为基础,而是受到教师对他的成绩表现所做反馈的影响。学生B将成绩不好的原因归结于自己能力不足,这时应给予鼓励,肯定其能力,再引导其进行积极的归因。

②通过归因训练改变学生消极的自我认识,提高学习动机。教师在给予奖励时,不仅要考虑学生的学习结果,而且要联系学生学习进步与努力程度的状况来看。在学生付出同样努力时,对能力低的学生应给予更多的奖励;对能力低而努力的人给予最高评价;对能力高而不努力的人则给予最低评价,以此引导学生进行正确归因。案例中,成绩同样为B,学生A和学生B出现两种不同的态度,应根据学生平时表现和成绩变化进行引导鼓励。对学生B应给予最高评价,激发其学习动机。

第五章　教学心理

一、单项选择题

1. A 【解析】美国教育心理学家布卢姆将教学目标分为认知、情感和动作技能三个领域,每一领域的目标又从低级到高级分成若干层次。认知领域的教学目标分为知识、领会(理解)、运用(应用)、分析、综合、评价六级。其中,知识是记住所学的材料,包括对具体事实、方法、过程、概念和原理的回忆。题干中,教师要求学生掌握"雾霾"一词的字音和字形,这属于认知领域中知识水平的学习目标。

2. D 【解析】掌握学习是由美国心理学家布卢姆提出来的一种适应学习者个别差异的教学方法。掌握学习代表着一种非常乐观的教学方法,它假设只要给以足够的学习时间和相应的教学,大多数学生都能够学会学校里的科目。

3. C 【解析】当他人在场或与他人一起从事某项工作时而使个体行为效率下降的现象称作社会干扰,也叫社会抑制。有研究表明,假如所从事的工作技能是熟练的(如运动老手),就会因他人在场而形成社会助长;如所从事的工作技能是生涩的(如技工新手),就会因他人在场而形成社会抑制。

4. C 【解析】从纪律形成的角度,可将纪律分为教师促成的纪律、集体促成的纪律、自我促成的纪律和任务促成的纪律。其中,任务促成的纪律主要指某一具体任务对学生行为提出的具体要求,在学生的学习过程中占有重要地位。题干中的学生认真听讲是因为随堂测试这一具体任务对学生行为提出的具体要求,故属于任务促成的纪律。

5. A 【解析】从众是个体在群体的压力下,放弃自己的意见而采取与大多数人一致的行为的社会现象。题干描述的"随大流"现象是典型的从众效应。

二、判断题

1. ✕ 【解析】合作学习分组的原则之一是组内异质、组间同质。
2. ✓ 【解析】社会惰化无法消除,但是可以有效地减少。

第六章　心理健康与教师职业心理

一、单项选择题

1. B 【解析】学校心理辅导强调面向全体学生,全体学生都是心理辅导的对象。故 B 项说法错误。

2. B 【解析】福勒和布朗根据教师的需要和不同时期所关注的焦点问题,把教师的成长划分为关注生存、关注情境和关注学生三个阶段。其中,处于关注生存阶段的教师非常关注自己的生存适应性,最担心的问题是"学生喜欢我吗""同事们如何看我""领导是否觉得我干得不错"等。题干中的张老师经常担心自己与其他老师和学生的关系,说明他目前所处的教师专业发展阶段是关注生存阶段。故答案选 B 项。

3. C 【解析】玛勒斯等人认为职业倦怠主要表现为三个方面:情绪耗竭、去人性化、个人成就感低。其中,情绪耗竭指个体情绪情感处于极度的疲劳状态,工作热情完全丧失。张老师目前的状态属于情绪耗竭。

4.C 【解析】糟糕至极,表现为一旦遇到什么挫折,就产生一种非常糟糕、甚至是灾难性的预期的非理性信念,从而陷入悲观、抑郁的情绪中而不能自拔。题干中的小辉因为一次模拟考试的失败就认为自己前途无望,故他的不合理信念属于糟糕至极。

二、多项选择题

1.ABCD 【解析】正确理解心理健康的标准:(1)判断一个人的心理健康状况时,应兼顾个体内部协调与对外良好适应两个方面;(2)心理健康概念具有相对性,即心理健康有高低层次之分;(3)心理不健康与有不健康的心理和行为不能等同;(4)心理健康与不健康不是泾渭分明的对立面,而是一种连续状态;(5)心理健康的状态不是固定不变的,而是动态变化的过程;(6)心理健康标准是一种理想尺度,它不仅为我们提供了衡量是否健康的标准,而且为我们指明了提高心理健康水平的努力方向;(7)心理健康与否,在相当程度上可以说是一个社会评价问题。

2.CD 【解析】教师期望效应的特点主要有以下几方面:(1)暗示性。教师把从各方面得到的学生信息汇总和加工后形成对学生的基本看法和期望。教师在传递自己期望的时候,往往意识不到自己对高期望的学生与低期望的学生有着不同的态度和行为方式。(2)层次性。(3)情感性。教师期望转化为学生的内在需要,也是一个情感活动过程。一方面,当学生感受到教师真诚的期望时,就会倾向于接近教师,缩短师生之间的情感距离;另一方面,教师期望要为学生所接受,也必须灌注教师的真诚与爱心,学生一旦体会到教师的期望,就会主动地去接受、理解并努力实现教师期望。反过来,师生间的情感距离则会不断地拉大。(4)激励性。教师期望效应的激励性,也许更多地来自师生间的相互理解。理解是期望的基础,而期望又是理解的具体体现。因此,教师如能对学生进行全面正确的分析,充分理解和尊重学生的长处,形成切合学生实际的期望,就能更好地创造条件,促进学生最大的发展。题干中丁老师鼓励学生,让学生感受到老师的信任,学生的能力随之提高。这体现了教师期望效应的情感性和激励性。

三、案例分析题(参考答案)

(1)A—E是理性—情绪疗法(RET),又称合理情绪疗法。

(2)此疗法的理论支持是ABC理论。我们的情绪反应C是由B(我们的信念)直接决定的。可是许多人只注意A与C的关系,而忽略了C是由B造成的。B如果是一个非理性的观念,就会造成负向情绪。若要改善情绪状态,必须驳斥(D)非理性信念B,建立新观念并获得正向的情绪效果(E)。

(3)理性—情绪疗法的目标是信赖、重视个人自己的意志、理性选择的作用,强调人能够"自己救自己"。

(4)这种疗法最关键的阶段是驳斥非理性信念。

第四部分　教育法律法规

一、单项选择题

1. A　【解析】根据《学生伤害事故处理办法》第九条第四项规定,学校组织学生参加教育教学活动或者校外活动,未对学生进行相应的安全教育,并未在可预见的范围内采取必要的安全措施的情形下造成的学生伤害事故,学校应当依法承担相应的责任。根据《学生伤害事故处理办法》第二十七条规定,因学校教师或者其他工作人员在履行职务中的故意或者重大过失造成的学生伤害事故,学校予以赔偿后,可以向有关责任人员追偿。本题中学校对马老师有追偿权。

2. D　【解析】我国教育法律体系的纵向结构为:(1)我国《宪法》中有关教育的条款。(2)教育基本法律。(3)教育单行法律(部门教育法)。(4)教育行政法规。(5)地方性教育法规。(6)教育规章。其中,教育行政法规是行政法规的形式之一,是由最高国家行政机关(国务院)依据《中华人民共和国宪法》和教育法律制定的关于教育行政管理的规范性文件。教育行政法规的名称一般有三种:条例、规定、办法或细则,如《教师资格条例》。

3. D　【解析】《中华人民共和国宪法》由最高国家权力机关(全国人民代表大会)制定,具有最高的法律地位和法律效力,是国家的根本大法,是其他一切法律法规制定的依据。

4. C　【解析】根据《中华人民共和国教师法》第三十九条规定,教师对学校或者其他教育机构侵犯其合法权益的,或者对学校或者其他教育机构作出的处理不服的,可以向教育行政部门提出申诉,教育行政部门应当在接到申诉的三十日内,作出处理。教师认为当地人民政府有关行政部门侵犯其根据本法规定享有的权利的,可以向同级人民政府或者上一级人民政府有关部门提出申诉,同级人民政府或者上一级人民政府有关部门应当作出处理。张某认为县教育局侵犯了其合法权益,因此,受理的机关应该是同级人民政府或者上一级人民政府有关部门。

二、判断题

1. ×　【解析】国务院没有权力制定并发布教育单行条例。国务院有权制定教育行政法规。

2. ×　【解析】根据违法主体的法律地位、违法行为的性质和危害程度的不同,教育法律责任主要可分为行政法律责任、民事法律责任和刑事法律责任三种。在特定情况下还可以追究违宪责任。所以它并不只是一种民事责任。

3. ×　【解析】《中华人民共和国著作权法》第三十一条规定,出版者、表演者、录音录像制作者、广播电台、电视台等依照本法有关规定使用他人作品的,不得侵犯作者的署名权、修改权、保护作品完整权和获得报酬的权利。中小学生的作文也是作品,是受我国《著作权法》保护的文字作品。题干中教师出版学生的优秀作文,应向学生支付相应的报酬。

第五部分　新课程改革与教师职业道德

一、单项选择题

1. D　【解析】"教师是学生学习能力的培养者""教师是学生人生的引路人"是"从教师与学生的关系看,新课程要求教师应该是学生学习的促进者"的体现。

2. C　【解析】实施素质教育是我国当前教学改革的主题,坚持整体教学改革和实验是我国当前教学改革的基本策略,建立合理的课程结构是我国当前教学改革的重心。

3. D　【解析】主动性是现代学习方式的首要特征,它对应于传统学习方式的被动性。二者在学生的具体学习活动中表现为:"我要学"和"要我学"。

4. D　【解析】新课程改革倡导交往与互动的教学观,认为教学不只是教师教学生学的过程,更是师生交往、积极互动、共同发展的过程。

5. B　【解析】《基础教育课程改革纲要(试行)》提出的具体目标之一是"体现课程结构的均衡性、综合性和选择性"。其中,新课程结构的综合性是针对过分强调学科本位、科目过多和缺乏整合的现状而提出的。它体现在三个方面:(1)加强学科的综合性;(2)设置综合课程;(3)增设综合实践活动课程。题干中"又开设了科学、艺术等综合课程"体现了课程结构具有综合性。

6. B　【解析】"师也者,教之以事而喻诸德者也"的意思是:教师的职责是既要教学生有关具体事物的知识,又要让学生知晓立身处世的品德。强调教师既要教书,又要育人,这体现了教师职业道德要求的双重性特点。

7. B　【解析】题干表明教师要不断学习,补充自己的知识,才能"留下来东西",才能持续不断地奉献自己。这体现了教师职业道德规范中的终身学习的职业要求。

8. D　【解析】2008年修订的《中小学教师职业道德规范》中关于"教书育人"方面所规定的具体职业行为要求之一是:培养学生良好品行,激发学生创新精神,促进学生全面发展。

二、填空题

1. 关爱学生　终身学习
2. 研究者
3. 尊重、赞赏

图书反馈

重磅！考题有奖征集！

「凡提供当年度考题者，根据考题完整度，可获得500元以内奖励。」

具体请联系QQ：1831595423

（温馨提示：所提供考题须是当年度考题，且真实有效。）

亲爱的考生：

感谢您对山香教育的信任和支持，您的建议是我们前进的动力！为进一步提高图书质量，我们特向全国各地的考生开展图书反馈活动。

凡通过图书反馈链接提供山香图书意见反馈者，均可获得相关网课。

图书反馈链接

联系方式：400-600-3363　　　　研发部QQ：1831595423

招教网
招考资讯平台

山香官网
考编服务平台

山香网校
线上学习平台

图书订正链接
勘误更新平台